여성관음의 탄생

이 연구는 아모레퍼시픽 재단의 학술연구비 지원을 받아 수행되었음.

여성관음의 탄생

한국 가부장제와 석굴암 십일면관음

김신명숙 지음

if
BOOKS

1 | 중국 하이난섬 남산사에 있는 해수관음상 108m
사진출처: 자유로운 미디어 저장소
wikimedia, Николай Максимович wikimedia, By Gary Lee
Todd – Beijing Capital Museum, CC BY-SA 4.0

2 | 일본 미야기현 센다이시에 세워진 대관음상 100m

사진출처: 자유로운 미디어 저장소 wikimedia,
By Hruygo - Own work, CC BYSA 4.0

_____

3 | 중국 원나라 관음상

사진출처: 자유로운 미디어 저장소 wikimedia,
By Gary Lee Todd - Beijing Capital Museum, CC BY-SA 4.0

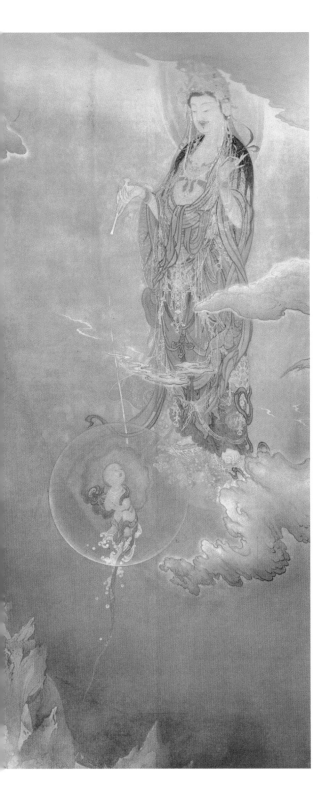

4 | 중국 저장성 보타산에
세워진 남해관음

사진출처:
자유로운 미디어 저장소 wikimedia,
By Smwy09 - Own work,
CC BY-SA 3.0

5 | 근대 일본화의 아버지라
불리는 가노 호가이가 그린
〈비모관음 悲母觀音〉

사진출처:
자유로운 미디어 저장소 wikimedia,
BKanōHōai 狩野芳崖

6 | 황해도 개성 관음사 관음굴에 봉안된 관음상

사진출처: 국립문화재연구원

7 | 경주 남산 삼릉골 마애관음보살상

10 — 11

8 | 통일신라 금동관음보살입상. 8세기 중엽

사진출처: 문화재청 국가문화유산포털

---

9 | 백제 금동관음보살입상 7세기 초. 부여 규암리 출토

사진출처: (재)문화유산회복재단

10 | 석굴암 십일면관음상

사진출처: 문화재청 국가문화유산포털

10-1 | 경주박물관에 전시돼 있는 십일면관음상 복제품

사진제공: Daniela Schenker

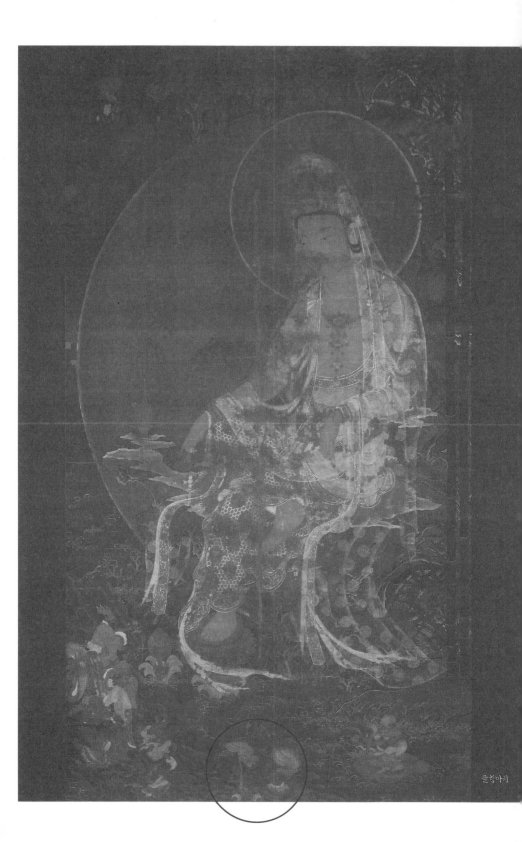

11 | 일본 대덕사에 소장된 수월관음도(왼)와
관음의 발 아래 위치한 만병(항아리)을 확대한 사진(오른).
미술사학자 강우방은 이 만병이 만물을 생성시키는 근원이라고 해석한다.
여신신앙의 자궁 같은 상징이라고 할 수 있을 것이다.

사진출처: 강우방, 『수월관음의 탄생』 글항아리, 2013.

12 | 김홍도의 남해관음도

사진출처: 한국데이터산업진흥원

13 | 김홍도의 백의관음도

14 | 경상남도 양산시 신흥사 대광전 벽에
그려진 관음삼존도

사진제공: 불광출판사 ⓒ 최배문

맨 오른쪽이 어람관음이다.
여성인 어람관음의 얼굴에도 수염이 있다.

15 | 남종진 作 모자관음

16 | 중국 남해관음상. 요나라 혹은 금나라. 미국 넬슨-앳킨스 박물관 소장

사진출처: 자유로운 미디어저장소 wikimedia

17 | 유방암 생존자들을
위한 가슴이 하나인 관음
Kimberly Eve Snyder 作

사진출처: Sandy Boucher,
『She appears!』

18 | 19번 관음상의 보관에 있
는 여신상은 유명한 구석기 시대
여신상인 로셀의 비너스다.

사진출처: 위키피디아, Venus of
Laussel in Bordeaux museum.

Kwan Yin with Great Mother Headdress, Karen Vogel

19 | 머리에 쓴 보관 중앙에 아미타불이 아니라 위대한 어머니
여신상이 자리한 관음상. Karen Vogel 作

사진출처: Sandy Boucher, 「She appears!」

20 | 서양에서 새롭게 등장한 33관음 중 하나인
무외(無畏, fearlessness)관음. Antonia Baginski 作.

사진출처: Daniela Schenker, 『Kuan Yin』

21-1

21-2

21 | 관음카드

21-1 관음오라클 카드 'KUAN YIN ORACLE'
21-2 'Wild KUAN YIN ORACLE' 카드 중 44번

21-3

21-4

21-3 여신을 주제로 만든 카드 'THE GODDESS ORACLE' 중 '관음'
21-4 'Wild KUAN YIN ORACLE' 중 3번.

22 | 서양여성들이 만난 여신관음에 대해 알려주는 책들.
『그녀 나타나다!』(2015)와 『관음』(2007)

차 례

제 3 부 | 〈안락국태자경〉과 석굴암: 원앙부인과 요석관음

제 4 부 | 여신관음을 찾아서

관음은 여자? 남자?
트랜스젠더?

관세음보살은 여성일까, 남성일까?

보통의 한국인들에게 관음의 성을 물으면 대개는 당혹스런 표정을 짓는다. 한국사회에서 관음의 성은 모호하기 때문이다. 그러나 잠시 멈칫대다가 이렇게 답하는 경우가 많다.

"여자 아니에요? 그런 것 같은데….."

어릴 적부터 가끔씩 절을 방문해온 나도 관음을 여자로 알고 있었다. 아무도 그렇게 가르쳐 주지 않았지만 부지불식간에 그런 인식이 형성된 것이다.

하지만 불교에 대한 지식이 있다는 사람일수록 "여자"라는 답은 하지 않는다. 관음 같은 보살은 성을 초월하므로 그런 질문은 부적절하다는 태도가 가장 흔하고, 경전에 근거해 남자라고 대답하는 경우도 있다. 〈수월관음도〉를 예로 들며 양성적이거나 중성적인 보살이라고 하기도 한다. 다른 한편, 성적 소수자들의 존재가 부각되면서 관음을 트랜스젠더라고 하는 이야기도 들린다. 원래 남성이었다가 중국에서 여성으로 변신했기 때문이다.

성적 정체성이 분명한 다른 신이나 신격들과 달리 관음의 성은 이처럼 문제적이다. 모호하고 미끄러지며 경계를 가로지른다. 남성인가 하면 여성이고 중성적인가 하면 다젠더multi-gender적이다.

그런데 관음이 보여주는 이 특유의 성격에 '신의 성별'이라는 고질적 난제에 대한 해답이 있을 수 있다. 이 책이 관음의 여성화 과정을 탐구하며 젠더문제에 주목하는 이유다.[1] 신의 젠더문제는 세계적으로 남성중심적 신성이 문제로 부각되고 신성의 젠더균형이 이슈가 되면서 문화적으로도 큰 조명을 받고 있는 주제다.[2]

동아시아에서 관음의 젠더는 주로 여성으로 인식된다. 중국관음은 여성으로 탈바꿈했고, 일본관음도 상당 부분 여성화됐다. 한국관음 역시 중국에 비해서는 정도가 약하지만 유사한 여성화 과정을 거쳐왔다. 이 변화는 지금도 진행 중이다.

관음은 도대체 어떤 보살이기에 이런 독특한 성변화 과정을 거쳐 온 것일까?

대승불교의 대표적 보살: 고통에 빠진 중생들을 구원

관음은 관세음觀世音의 줄임말이다. 산스크리트어로는 아발로키테스바라Avalokitesvara인데 관세음 혹은 관자재觀自在로 번역되었다. 관세음은 "음성을 관찰한다"는 뜻으로, "사람들이 이 보살의 이름을 부르기만 하면 구원을 받는다"는 의미를 담고 있다.

관음은 대승불교 초기 경전인 『반야경』부터 불교발달사에서 가장 늦게 등장하는 밀교경전들에 이르기까지 빠지지 않고 등장한다. 대승불교의 가

장 우뚝한 보살로서, 아미타불을 협시하기도 하지만 단독으로도 널리 숭배
돼왔다.

관음의 신격을 규정하는 보살이란 지위는 대승불교에서 이상적 인간상
으로 새롭게 등장한 것이다. 중생과 부처 중간에 자리하며 자비와 지혜로 중
생을 구제한다.

그런데 인도에서 보살은 기본적으로 남성으로 여겨졌다. 남성의 몸이어
야 깨달음의 상태를 표상할 수 있다고 보았기 때문이다. 보살은 깨달음을 추
구하는 범부보살과 신격화된 초월적 보살로 나뉜다. 후자의 경우 관음, 문
수, 보현, 지장보살 등이 대표적인데 이들은 애초부터 부처의 남성성을 계승
하고 있었다.

관음신앙은 대승불교 보살사상의 초기부터 형성되어 불교의 성숙기를
거쳐 현대에 이르기까지 확산되며 지속되었다. 특히 고통에 빠진 중생들을
구원하는 구제불로서 대승불교 신앙의 중추적 위치를 차지한다. 관음신앙을
제외하고는 대승불교를 말할 수 없다고 할 정도다. 이는 한국에서도 마찬가
지여서 관음이 한국불교의 중심신앙이라고도 한다.[3]

따라서 관음신앙을 설파하는 경전들도 많다. 가장 유명한 것은 관음의
위대한 구원능력을 설하는 『묘법연화경』(약칭 『법화경』)의 「관세음보살보
문품」이다. 「보문품」은 따로 『관음경』으로 독립될 정도로 인기를 끌었다.
「보문품」에 의하면 관음은 화난火難, 수난水難 등의 재해나 검난劍難, 옥난獄
難 등의 위험 뿐 아니라 음욕이나 성냄에서 오는 고통들로부터 중생을 구제
한다. 특히 아들이나 딸을 얻고자 예배 공양하는 사람들에게 자식을 점지하
는 능력이 있다.

관음신앙은 대승불교 전체의 신앙, 사상, 의례들을 아우르면서 확장돼왔
다고 해도 과언이 아니다. 지역적으로도 인도를 넘어 중국, 한국, 일본, 티벳

등지로 확산돼 나갔다. 그 결과 관음은 전체 아시아인의 절반이 숭배하는 신격이라는 명성을 누리고 있다.

중생구제를 위해 다양한 모습으로 나타나

관음신앙에서 독특한 것은 응신應身사상이다. 관음은 중생을 고통에서 구하기 위해 상황에 따라 몸을 나투어 다양한 모습으로 출현한다.

응신사상은 대승불교의 특징적 교설로, 경론에 따라 약간의 차이가 있다. 『대승기신론』에 의하면 불신佛身에는 법신法身과 보신報 그리고 응신의 세 가지가 있다. 이를 삼신론이라고 한다. 법신은 진여실상의 진리 그 자체를 말한다. 보신은 육신을 갖고 활동하는 법신불이라고 할 수 있다. 응신은 세속적으로 나타나는 부처님의 몸이다.

그런데 이 중 응신사상은 모든 불보살에게 적용될 수 있음에도 불구하고 유독 관음신앙과 관련해 발전해왔다. 「보문품」에 의하면 관음은 33응신을 나투어 보문시현普門示現, 여러 모습으로 나타남과 원통무애圓通無碍, 서로 구분 없이 통함의 자재신력自在神力으로 널리 중생을 구제한다. 「보문품」은 관음이 변화하는 모습을 33가지 다른 몸들로 제시하는데 그중 여자의 몸을 취한 경우는 일곱이다. 즉 비구니신身, 우바이여자신도신, 장자부녀신, 거사부녀신, 재관부녀신, 바라문부녀신, 동녀童女신이다. 관음은 성의 경계도 자유롭게 넘나들며 여자의 몸도 취한다는 것이다. 관음의 응신사상은 『능엄경』에도 담겨 있는데 여기서는 32개 형상으로 나타난다.

「보문품」의 33응신은 우리가 아는 33관음도의 관음들과 다르다. 33관음은 중국에서 만들어진 도상들이기 때문이다. 18세기 후반 중국에서 간행된

『불상도휘』佛像圖徽에 소개돼 있다.[4]

그런데 관음은 신앙의 발전과정에서 또 다른 변화의 양상을 보여왔다. 밀교의 등장과 함께 십일면관음, 천수천안관음, 6관음[5] 등 새로운 형태의 관음들이 출현한 것이다. 이들은 중생구제를 위한 힘이 더 증장된 강력한 신격들이다. 이에 따라 본래 모습의 관음을 성관음聖觀音, 변화된 모습들을 변화관음으로 지칭하게 되었다.

이상에서 알 수 있듯 관음은 다양한 몸으로 응신할 수 있을 뿐 아니라 스스로도 하나에서 여섯으로 그리고 서른셋의 몸으로 분화해왔다. 이를 통해 변화와 다양성이 관음이란 신격을 이해하는 중요한 키워드임을 알 수 있다. 광대무변한 신력神力을 갖춘 관음의 응신과 변화신은 사실상 일정한 수에 제한되지 않는다.

젠더 역시 공한 것이다: 사리불을 가르친 천녀

원래 남성이었던 관음은 어떤 이유로 여성으로 바뀌었을까?

교리적으로는 두 가지 근거를 제시할 수 있다. 하나는 성의 경계도 넘는 응신사상이고 다른 하나는 방편설, 즉 중생구제를 위해 상황에 따라 일시적인 수단과 방법을 취한다는 교설이다. 관음은 방편으로서 어떤 몸도 취할 수 있으므로 변성이 가능했다는 것이다. 그런데 이러한 사상의 배경에는 성에 대한 불교 특유의 관점이 자리한다.

대승불교는 모든 존재가 상호연기相互緣起에 의해 발생하므로 자성自性이 없이 공空하다는 교리를 핵심으로 한다. 따라서 젠더 역시 근본적으로 실체가 없이 공한 것이다. 여성이나 남성이나 본질적이고 불변하며 독립적으로 존재하는 본성을 갖지 않는다. 여성성과 남성성 역시 마찬가지다. 그리고 실체적 자아를 부정하는 무아無我의 가르침은 젠더가 에고의 뿌리 깊은 술수들 중의 하나임을 알게 해 젠더 관념을 무력화한다.

따라서 남성이었던 관음이 여성화한 것은 불교 교리로 볼 때 하등의 문제가 없다.[6]

불교가 설하는 젠더의 공성은 『유마경』 제7품에 나오는 천녀天女와 사리불의 대화에 가장 잘 나타나 있다. 이 대화에서 천녀는 깨달음을 얻기 위해 여성의 몸을 버리라는 사리불에게 교리를 근거로 그를 비판한다. 모든 존재가 고정된 상이 없듯이 성/젠더에도 본성이 없기 때문에 그의 지적이 잘못됐다는 것이다. 천녀는 사리불의 몸을 여성으로 변하게 해 젠더의 공성을 시현해보이기도 한다. 관음의 여성화와 관련해 매우 흥미로운 부분이 아닐 수 없다.

천녀와 사리불의 대화

사리불이 말했다.

"당신은 왜 여인의 몸을 바꾸지 않습니까?"

천녀가 말했다.

"내가 12년 전부터 줄곧 여인의 상相을 찾아보았지만 찾을 수 없었습니다. 그런데 뭘 바꾼단 말입니까? 비유컨대 요술쟁이가 요술로 여인을 만들어 놓았다고 합시다. 어떤 사람이 그 허깨비에게 "당신은 왜 여인의 몸을 바꾸지 않소?" 하고 묻는다면 그것이 올바른 질문이 된다고 생각하십니까?"

사리불이 말했다.

"말이 안 되지요. 허깨비에게는 고정된 상定相이란 게 없는데 어찌 그것을 바꾼다 하겠습니까?"

천녀가 말했다.

"모든 존재 또한 이와 같아 고정된 상이 없는 것입니다. 그러니 어찌 여인의
몸을 바꾸지 않느냐고 물을 수 있겠습니까?"

이렇게 말하고 천녀는 신통력으로 사리불을 천녀로 변하게 하고 자신은 사리
불같이 변했다. 그리고 이렇게 물었다.

"당신은 왜 여인의 몸을 바꾸지 않습니까?"

천녀의 모습을 한 사리불이 대답했다.

"내가 어떻게 여인의 몸으로 바뀌었는지 알 수 없습니다."

천녀가 말했다.

"사리불이여, 만약 당신이 이 여인의 몸을 능히 바꿀 수 있다면 다른 모든 여
인도 능히 몸을 바꿀 수 있을 것입니다. 사리불이 여인이 아니면서 여인의 몸
을 나타내듯이 모든 여인도 또 그와 같은 것입니다. 비록 여인의 몸을 나타내
고 있지만 여인이 아닌 것입니다. 그러므로 부처님께서 '모든 존재는 남자도
아니고 여자도 아니다'라고 말씀하신 것입니다."

그리고 천녀가 신통력을 거두어들이니 사리불이 전과 같은 몸으로 돌아왔다.

천녀가 물었다.

"사리불이여, 여인의 몸의 특징女身色相이 지금 어디에 있습니까?"

사리불이 말했다.

"여인의 몸의 색상은 있는 것도, 없는 것도 아닙니다."

천녀가 말했다.

"모든 존재도 그와 같아서 있는 것도 아니고 없는 것도 아닙니다. 이것이
부처님께서 설하신 것입니다."

현대에 더 부각되고 있는 여성관음

그런데 관음의 성전환은 교리적 이유에서 실행된 게 아니다. 동아시아 지역으로 신앙이 전파되고 실천되는 과정에서 자연스럽게 발생했다. 이 자연스런 성전환의 저류에는 각국의 토착 여신신앙이 작용했다고 여겨진다.

중국에서 관음은 관음낭낭娘娘이라고도 하는데 '낭낭'은 여신을 의미하는 도교 용어다. 불교와 도교가 습합된 상황이 담겨 있다. 도교에는 서왕모를 비롯해 수많은 여신들이 존재한다. 한국관음과 일본관음 역시 여성화의 저변에는 토착 여신신앙이 작동했다. 자세한 내용은 1장과 2장에 소개돼 있다.

관음의 성전환은 보살의 특성과도 관련된 것으로 보인다. 보살은 중생에게 이익과 행복을 주고, 중생의 고통을 덜어주는 자비행의 실천자인데 이는 여성적 특성으로 여겨지기 때문이다. 『승만경』, 『잡비유경』 등에는 보살의 중생제도가 자식을 키우고 돌보는 모성에 비유되어 있다. 또 '어머니'는 보살행의 가장 중요한 상징어로 사용된다. 한국불교계에서는 여신도를 보살이라고 불러왔다.

주목되는 것은 관음을 여성으로 인식하고 표상하는 경향이 현대에 들어 더 강화되고 있다는 사실이다. 일례로 서울의 길상사에는 성모 마리아와 합쳐진 관음상이 모셔져 있다. 그 이전에도 양양 낙산사와 남해 보리암에 여성 해수관음상이 들어서 관음의 성/젠더에 대한 대중의 인식에 큰 영향을 미쳐왔다.

그런데 이러한 경향은 중국과 일본의 경우 더 뚜렷하고 인상적이다. 20세기 중반 이후 이곳저곳에 거대한 여성관음상들이 경쟁이라도 하듯 솟아올랐기 때문이다. 2005년 중국 해남도 남산사에 세워진 해수관음상은 높이 108미터에 이른다. (사진자료 1 참조)

일본에는 도쿄만을 비롯해 센다이, 홋카이도, 후쿠시마, 후쿠오카 등 열도 곳곳에 높이 수십 미터에서 백 미터에 이르는 대관음大觀音상들이 들어섰는데 대부분 여성상이다. 일부는 갓난아이를 안고 있다. (사진자료 2 참조)

그런가 하면 베트남 다낭에도 최근 '레이디 붓다'Lady Buddha라고 불리는 거대한 해수관음상이 들어섰다. 현대에 들어 동아시아권에서 여성관음 신앙이 거대하게 부상하고 있는 것이다.

서구에서 등장한 여신관음

그런데 이런 변화에 못지않게 흥미로운 것은 서구로 간 관음의 놀라운 행보다. 관음신앙은 불교가 미국을 비롯한 서양으로 전파되면서 서양인들의 삶에도 뿌리를 내렸다. 그런데 신앙의 발전과정에서 여성적 신성을 찾던 사람들과 만나 여신으로 또 한번의 변신을 하게 된 것이다.[7] 그 흐름은 20세기 후반에 뚜렷해져 점점 더 확산되고 있는 추세다. 인터넷에는 서양여성들이 여신인 관음을 찾고 신앙하는 웹사이트들, 챈팅과 노래, 리추얼 등이 증가일로에 있다.

이런 현상을 주도한 그룹은 크게 둘이다. 하나는 페미니즘 의식을 가진 미국불교계의 여성들이고 다른 하나는 여신운동 진영이다. 두 진영 모두에서 관음은 여신으로 불린다.

미국불교계는 동아시아 불교계에 비해 페미니즘적 의식이 강하고, 여성들의 역할이 크다. 미국여성들은 현재 수행자, 교사, 지도자로 참여하면서 불교를 탈가부장제적으로 변화시키고 있다. 특히 많은 여성이 스승의 자리에서 수행을 지도한다.

여신운동은 1970년대 초 제2물결 페미니즘의 자장 안에서 미국에서 시작된 페미니스트 영성운동이다. 북미대륙에서 가장 왕성하지만 영국에서도 활발한 움직임을 보여왔고 그 외 유럽 지역, 오스트레일리아, 뉴질랜드 등지로도 확산됐다. 이들은 기독교 유대교 등 기존종교의 남성유일신과 남성 중심성이 성차별과 여성억압의 심층적 토양이라고 보고, 이에 대한 대안으로 여신을 내세웠다.

인류 최초의 신이 여신이었고 이후 역사시대 초기까지도 여신신앙이 주류였다는 역사적 사실이 이들에게 큰 힘이 되었다. 게다가 여신을 숭배했던 선사시대와 일부 청동기시대 사회들이 현재의 가부장제 사회들보다 더 나은 문화와 생활을 누렸다는 해석이 나와 큰 호응을 받았다. 그들에겐 가부장제가 시작되기 이전 여신숭배시대와 여신전통이 하나의 이상ideal으로 여겨진다.

지금까지 50년 세월 동안 여신운동은 서양 뿐 아니라 세계의 다채로운 여신전통들을 탐구해왔다. 그리고 그것을 자원으로 삼아 현대여성들의 욕망과 경험에 맞는 새로운 영성을 추구하고 있다. 관음은 그 과정에서 중국에서 온 동아시아의 여신으로서 여신 만신전에 편입된 것이다. 그러나 관음은 단지 전 세계 무수한 여신들 중 하나가 아니다. 여신 만신전을 대표하는 우뚝한 여신들 중 하나로 높은 인기와 위상을 누리고 있다. 서양여성들에게도 호소력이 큰 자비의 여신이라는 점, 동아시아에서의 드높은 위상이 배경으로 꼽힌다.

그런데 여신운동 진영에서 신앙하는 관음은 불교교리와 달리 본성적인 여성성을 발산하는 경향이 강하다. 가변적 여성이 아니라 실체적 여성으로 표상되는 것이다. 동아시아 여성관음이 아이를 점지하는 역할에 그친다면 서구 여신관음은 자궁을 가진 존재로 스스로 출산할 수 있다. 그러므로 임신한 관음상도 등장했다.

이 여신관음은 실제 여성들의 육체적 경험을 공유함으로써 여성들에게 훨씬 더 친근하게 다가설 뿐 아니라 그러한 경험에 신성성을 부여한다. 하지만 남성들과는 공감과 소통이 어렵다. 동아시아에서 관음이 남성들에게도 널리 신앙돼온 역사를 생각하면 이러한 변화는 문제적이라고 할 수 있다. 이 책 제4부에서는 이 문제와 관련해 미래의 신성이란 관점에서 우리가 주목해야 할 관음의 트랜스적 속성을 언급한다. 관음의 모호하고 유동적인 성/젠더가 좋은 자원이 될 수 있기 때문이다.

한국관음 다시보기: 원효와 여성관음

동아시아의 여성관음과 서구에서 등장한 여신관음은 한국의 관음신앙을 다시 살펴보게 만든다. 관음신앙이 한국불교의 중심신앙이라면 이는 그만큼 더 의미 있는 작업일 것이다.

한국관음의 여성화는 어느 정도나 실현됐는가? 아직도 여성관음을 불편해 한다면 그 이유는 무엇인가? 한국관음이 여성화된 과정은 어떠했는가? 그 과정에도 토착 여신신앙이 작용했는가? 그렇다면 불교 유입 당시 한반도에 존재했던 여신신앙의 정체는 무엇인가? 역사적으로 한국여성들과 관음의 관계는 어떠했는가? 여성관음이 한국사회의 성평등을 위해 지니고 있는 잠재적 가치는 무엇인가?

이 책은 이러한 의문들이 생산해낸 것이다. 특히 관음이 한국에 들어온 후 여성화된 역사적 맥락과 과정을 중점적으로 탐구했다. 구체적 내용은 제2부와 제3부에 담겨 있다.

한국불교계는 여성관음을 공식적으로 인정하는 데 인색하지만 한국의 관음은 매우 이른 시기부터 여성으로 등장한다. 『삼국유사』에 등장하는 관음은 대개 여성으로 응신하고, 아이의 점지와 양육 등 여성성과 관련된 영험을 보인다. 또 한국관음의 유일한 본생담인 〈안락국태자경〉에서 관음의 전생은 원앙부인이란 여성으로 설정돼 있다. 〈안락국태자경〉은 조선 초 『월인석보』에 처음 등장한다.

『삼국유사』에 등장하는 여성관음들 중 특히 흥미로운 경우는 원효와 만난 관음이다. 여신신앙에 뿌리를 둔 그녀들은 새로이 헤게모니를 잡아가는 불교의 가치관을 비판한다. 그녀들은 불교 유입 이후 여신신앙과 불교의 갈등을 증언하는 동시에 외피적으로나마 불교와 타협할 수밖에 없었던 여신신앙의 시대적 운명을 알려준다.

한국의 여성관음에 대한 인식이 중국이나 일본보다 낮은 것은 여성관음의 도상이나 조각상이 드물기 때문일 수도 있다. 그러나 문헌자료에서는 여성관음이 주류다. 그리고 과거의 비대칭적 공백을 메꾸려는 듯 현대에 들어 여성관음상들이 속속 들어서는 중이다. 한국관음의 여성화는 지금도 진행형인 것이다.

새롭게 드러난 석굴암의 정체

한국 여성관음의 역사에 대한 탐구는 기대하지 않았던 성과를 선물했다. 대표적 여성관음상인 석굴암 십일면관음과 〈안락국태자경〉을 통해 석굴암이 새로운 정체를 드러낸 것이다. 구체적으로 석굴암 본존불과 십일면관음이 원효와 요석공주를 모델로 조성됐을 가능성이 큰 것으로 나타났다.

『삼국유사』에서 신라의 여신들이 관음으로 변신했듯, 요석공주가 관음으로 등장한 것이다.

아미타불과 관음 등 여러 불보살들의 전생 이야기를 담고 있는 〈안락국 태자경〉은 다른 나라에서 유사작품이나 모본이 될 만한 것을 찾을 수 없어 국내창작물로 판단된다. 석굴암 또한 세계적으로 유례가 없는 독특한 석굴 사원으로서 신라문화의 독창성을 구현하고 있다. 그리고 불교미술사에서 석 굴암 십일면관음이 한국 여성관음의 정점을 보여준다면, 〈안락국태자경〉의 원앙부인은 불교설화사에서 같은 역할을 맡고 있다.

가장 놀라운 것은 〈안락국태자경〉에 전생이 소개된 불보살들과 석굴암 주실에 모셔진 불보살상들이 거의 일치한다는 사실이다. 이는 〈안락국태자 경〉이 석굴암의 불보살상들을 근거로 창작됐을 가능성을 말해준다. 〈안락국 태자경〉에서 원앙부인의 남편이자 아미타불의 전생으로 등장하는 사라수왕 은 원효를 모델로 창작된 인물로 보이고, 석굴암 본존불 역시 원효불로 조성 된 것 같다. 자세한 내용은 제3부에 담겨 있다.

석굴암은 세계문화유산이라는 타이틀이 말해주듯 한국역사가 창조해낸 최고의 보물로 인정된다. "다른 모든 것들이 사라져도 석굴암만 있으면 된 다"는 말이 있을 정도로 한국문화의 정수로 꼽히는 문화유산이다.

그러나 그 위상에 맞지 않게 알려진 것이 너무 없다. 석굴암의 실체를 알 려주는 역사자료가 너무나 빈약하기 때문이다. 『삼국유사』가 전하는 김대 성 창건설화가 거의 유일한데, 역사적 신빙성이 약한 설화에 그친다. 그러 므로 누가 왜 조성했는지, 왜 "산 정상부 암벽 아래 샘물 위"라는 궁벽하고 어려운 곳, 기피되는 곳을 입지로 잡았는지 설득력 있는 답을 찾을 수 없었 다. 심지어 본존불의 명호에 대해서도 "석가불이다, 아미타불이다" 합의가 되지 않은 상태다.

이 책은 최초로 석굴암과 관련된 이 모든 질문들에 대해 총체적 가설을 제시한다. 석굴암 건축 당시 신라의 종교문화적, 정치적 상황을 젠더사적 관점에서 분석하며 탐구한 결과다. 이제 한국관음의 여성화 과정을 추적하는 흥미로운 역사여행을 시작하자!

제 1 부   동아시아 여성관음과
            서구 여신관음

1 중국의 여성관음: 묘선공주 이야기

인도불교가 중국에 전파된 것은 대개 1세기 경인 서한 말 동한 초로 알려져 있다.

관음신앙도 이에 따라 중국에 유입됐는데 늦어도 3세기 무렵에는 중국 각지에 널리 유포되었다. 관음의 여성화는 이후 관음신앙이 중국화하는 과정에서 발생했다.

아발로키테스바라는 인도나 티벳 스리랑카, 혹은 동남아시아에서 여신으로 숭배된 적이 없다. 그런데 왜 유독 중국에서 독특한 성변화가 발생한 것일까? 그 역사적 배경과 과정은 어떤 것이었을까? 분석이 쉽지 않은 이 복잡다단하고 흥미로운 상황에 대해 지금까지 여러 견해들이 제시돼 왔다.

관음과 관련된 여신들

우선 인도불교의 관음 자체에 여신이 습합돼 있었다는 견해가 있다.

인도에서 관음이 분화되는 과정에서 힌두교의 여신들이 흡수돼 여성적 성격의 관음들이 생겨났다는 것이다. 그런가 하면 이란의 여신 아나히타와의 관련성이 제기되기도 한다. 아나히타는 물의 여신이자 풍요의 여신으로서 간다라 지역에 유입됐는데 관음처럼 물병을 들고 있다. 수월관음이나 양류관음이 들고 있는 버들가지도 그녀와 관련돼 있다.[8]

티벳과 몽고에서 숭배되는 타라 여신도 자주 거론된다. 관음의 화신이거나 배우자, 딸로 등장하는 그녀는 다라관음이란 형상으로 관음화되기도 했다. 티벳불교에는 타라가 관음의 눈물에서 생겨났다는 신화가 전해진다. 아무리 많은 중생을 구제해도 여전히 무수한 중생들이 윤회를 벗어나지 못하는 것을 보고 관세음보살이 눈물을 흘리자 그 눈물에서 푸른 연꽃이 자라났고 거기서 타라가 태어났다고 한다. 가없는 구제행을 여성과 연관시키는 이 신화에 관음 여성화의 모티브가 담겨 있다고 보는 것이다.

다른 한편, 관음이 중국에 유입된 후 서왕모와 관련되어 여성화되었다는 설도 제기되었다. 서왕모는 민간도교 신앙에서 왕모낭낭이라고 불렸는데 관음도 관음낭낭으로 불렸다. 그런가 하면 다른 도교여신인 천후성모[9]도 관음 여성화와 관련된 여신으로 거론된다.

중국 여성관음의 뿌리를 도교의 여신들에게서 찾는 것은 자연스런 시도라고 할 수 있다. 불교 유입 당시 중국의 고유종교는 도교였으므로 그 신앙체계를 통해 불교가 이해됐고, 이후 상호작용을 통해 두 종교가 발전했기 때문이다. 이는 불교 유입 초기에 부처가 황제나 노자와 함께 불로불사의 비밀을 가르칠 수 있는 신격으로 여겨졌던 데서도 알 수 있다.

관음의 성변화를 중국에서 출간된 경전에서 찾는 견해도 있다. 원래 산스크리트어로 된 「보문품」에는 관음의 응신이 16개 밖에 안 되고 모두 남성으로 되어 있었다. 그런데 구마라집이 번역한 「보문품」에 관음이 여성으로 응신한다는 내용이 새롭게 등장했다고 한다. 또 불교경전들에 여성보살들이 남성으로 몸을 바꾸는 내용들이 있어 '성변화'라는 생각이 이미 존재하고 있었던 것도 관음의 성변화를 초래했을 것이라고 추정한다.

이 밖에도 여러 이론들이 더 있지만 누구나 언급하는 가장 분명한 근거는 묘선공주 설화다. 이는 인도관음이 아닌 중국관음의 탄생을 말해주는 본생담(불보살이 되기 전의 전생담)이기 때문에 이론의 여지가 없다.

이 설화를 소개하기 전, 먼저 중국 관음신앙의 전개를 성전환의 측면에서 훑어볼 필요가 있다. 이를 위해 췬팡위 교수의 책『관음: 아발로키테스바라의 중국적 변환』에 실린 내용을 간략히 소개한다. 췬팡위는 관음의 성전환 과정을 가장 풍부한 자료들을 바탕으로 폭넓게 연구한 학자다. 그녀는 관음의 여성화를 도교여신들과 직접 연결시키기보다는 종교문화사적 맥락에서 찾았다.

여성 백의관음의 등장

췬팡위는 관음이 중국에 성공적으로 착근하게 된 종교사적 배경을 두 가지로 든다.

첫째, 관음은 계급과 젠더, 심지어 도덕적 자질까지 가리지 않고 구제요청에 응답하는 자비로운 구원자인데 중국에는 그러한 신이 존재하지 않았다. 관음은 또 영적 깨달음 뿐 아니라 물질적 만족과 평안한 죽음, 사후의 구원까지 약속하는 새로운 신격이었다. 관음 이전에 어떤 중국의 토착신도 이같은 능력을 모두 갖춘 경우는 없었다.

둘째, 관음이 유입되기 전 중국에는 여신들이 존재했으나 어떤 여신도 지속적이고 왕성한 숭배의 대상이 되지 못했다. 토착여신들의 경쟁력이 관음에 비해 약했던 것이다. 그러므로 관음은 새로운 여신으로 자신의 입지를 확산시킬 수 있었다.

관음은 인도에서 남성이었으므로 중국에 소개됐을 때 여성으로 여겨지지 않았다. 10세기까지 돈황에 그려진 많은 관음상들은 콧수염을 지니고 있었다.

관음이 여성으로 인식되고, 예술가들이 여성관음 이미지들을 창조하기 시작한 것은 11세기 무렵 송대 초기였다. 당나라 때까지도 관음은 주로 남성으로 여겨졌고, 예술에서 그렇게 표현되었다. 관음의 성전환이 완성된 것은 원나라 시기인 것으로 보인다. (사진자료 3 참조)

그리고 명대인 15세기 이후 관음은 완전한 여성으로 인식되고 재현돼 왔다.

그러나 이와 달리 정통 불교승려들은 관음을 여성으로 인정하기를 거부해왔다. 오늘날에도 사찰에 안치되는 관음상들은 대개 당대 시기에 확립된 전통에 따라 만들어지고 있어, 남성적이거나 비성적인 형상을 하고 있다.

중국에서 관음 형상의 변화는 10세기 수월관음과 같은 새로운 도상들이 출현하면서 시작됐다. 수월관음은 중국화한 첫 번째 관음으로서 이후 다른 중국관음들의 탄생을 예고했다. 중국적 관음도상의 등장은 관음신앙이 중국 땅에 확실히 뿌리내렸음을 말해주는 것이다. 명왕조가 시작되면서부터는 관음을 다섯, 서른둘 혹은 쉰셋의 형태들로 묘사하는 그림들이 세트로 나타났다. 그리고 33관음도가 만들어져 일본 등지로 전파됐다. 이는 인도와는 상관없는 동아시아적 현상이었다.

중국에서 등장한 관음의 다양한 형상들은 『법화경』 「보문품」이나 『능엄경』에 담긴 관음의 응신사상에 근거한 것이겠지만 사실상 경전과 크게 일치하는 것은 아니다.

33관음도 중 중국인들에게 특히 숭앙된 것은 수월관음과 백의관음이다. 백의관음은 수월관음에서 유래한 것으로, 아이를 주는 능력으로 인기를 끌었다. 하지만 이 둘은 경전적 근거가 없다. 어람관음과 합리관음 그리고 마랑부관음도 중국의 전설과 관련된 관음들이다.[10] 이 중 양성적인 수월관음을 제외한 나머지 관음들은 다 여성이다.

여성관음들 중에서도 특히 백의관음의 등장은 관음이 여성적이고 중국적인 외양을 갖게 되는 시발점이 되었다. 중국 여성관음은 백의관음과 가장 밀접한 관련을 맺고 있다.

관음은 중국의 여신

그런데 왜 유독 중국에서 관음이 성변화를 겪게 된 것일까?

그 이유를 알아보려면 먼저 관음신앙 유입 이후 중국의 종교와 문화가 어떤 흐름을 보였는지부터 살펴야 한다. 그 흐름 속에서 관음의 변화도 발생했을 것이기 때문이다.

중국 땅에 전해져 퍼져나가던 불교는 수당 시대에 이르러 새로운 발전단계를 맞는다. 천태종, 화엄종, 정토종, 선종 등 고유의 불교종단을 창설하는 수준에 이른 것이다. 그런데 이 종단들의 소의경전인 『법화경』과 『화엄경』 그리고 정토계 경전들에 관음의 비중이 컸기 때문에 관음의 명성은 높아졌다. 그리고 고유 종단의 창설과 함께 창조적으로 개화하기 시작한 불교 예술에서 관음은 점점 더 선호하는 대상이 되었다.

그런데 중국 불교종단들은 송대 이후 또 한번 뚜렷한 변화의 흐름을 탄다. 교종과 선종, 선종과 정토종이 서로 습합되는 경향이 강해진 것이다. 뿐만 아니라 유교나 도교와도 만나며 삼교합일의 흐름이 강하게 나타나기 시작했다.

그런데 그러한 과정에서 사찰불교와 신유교는 남성적이고 가부장제적인 특성을 드러내고 있었다. 선불교는 불이不二의 가르침에도 불구하고 여성 수행자들에게 남성과 같은 기회를 허락하지 않았다. 더 나아가 여성으로 태어나는 것이 나쁜 업의 결과라는 교리를 가르쳤다.

정토교는 또 서방정토에 여성이 없을 것이라는 약속으로 여성을 비하했다. 따라서 여성적 상징이나 여신들에 대한 경배와는 거리가 멀 수밖에 없었다. 신유교 역시 매우 남성중심적이고 가부장적이며 위계적인 사고체계를 갖고 여신들에 관심을 두지 않았다. 또 현실 속 여성들의 지적, 영적 노력을 지원하지도 않았다.

췬팡위는 관음의 여성화를 이 같은 제도불교와 신유교의 가부장제적 태도에 대한 반동으로 해석한다. 양이 너무 강하고 음이 약한 불균형 상태가 원인이었다는 것이다. 만약 신유교와 제도불교가 여성적 상징들을 중시하고 여성수행자들을 받아들였다면 관음은 성전환을 하지 않았을 것이라는 얘기다.

그러니까 여성관음은 여성성이 격하되고 배제된 사회문화적 상황에서 일종의 균형추 같은 존재로 탄생한 셈이다. 그리고 송대 이후 천후성모, 벽하원군 등 다른 여신들의 등장에 모델이 되었다고도 한다. 도교의 여신들이 관음을 여성화시켰다기보다 오히려 여성화된 관음이 여신들을 부흥시키는 데 도움을 주었다는 말이다.

어느 쪽 입장을 취하든 한 가지는 분명하다. 관음과 도교여신들이 긴밀한 상호관계 속에서 서로를 만들어왔다는 사실이다. 아마도 그것이 "집집마다 관음을 숭배한다家家觀世音"는 말이 있을 정도로 높은 중국관음의 인기를 만든 요인이기도 할 것이다.

실제로 중국의 관음신앙은 불교의 경계를 넘어선 것으로 평가된다. 관음 낭낭이라는 칭호가 그러한 현실을 잘 말해준다. 중국의 관음은 불교여신이라기보다 전체 중국인들이 경배하는 '중국의 여신'이라는 편이 옳을 것이다.

관음의 전생, 묘선공주

관음신앙이 전파되면서 중국 각지에서는 관음에 대한 전설들이 생겨나기 시작했다.

그중에서도 중국인들에게 여성관음을 각인시키는 데 결정적 역할을 한 것은 묘선공주 설화다. 최초의 기록은 1100년 한림학사 장지기가 작성한 『여주향산대비보살전汝州香山大悲菩薩傳』으로 알려져 있다.

장지기는 한 스님을 통해 얻게 된 묘선공주 이야기를 여주 향산사에 비석을 세워 기록했다. 이후 이 설화는 여러 문헌들에 계속 소개됐고, 큰 인기를 끌며 중국 전역에 퍼졌다. 줄거리는 다음과 같다.

향산 동북쪽에 오랜 옛날 어떤 나라가 있어 장왕이 다스리고 있었다. 묘선은 왕의 셋째 딸이었다. 그녀는 태어날 때부터 상서로운 기운을 나타냈으며 천성적으로 불심이 깊었다. 어릴 때부터 선행을 하면서 수행에 정진했을 뿐 아니라 주위사람들까지 교화했다.

이런 딸을 못마땅하게 여긴 왕은 그녀를 위의 두 언니처럼 결혼시키려 했다. 그러나 묘선은 결혼을 거부하고 출가하기를 원했다. 어머니까지 나서 설득했으나 묘선의 태도에는 변함이 없었다. 화가 난 왕은 그녀를 후원의 초가집 아래 버리고 음식도 끊었다. 그리고 비구니를 불러 묘선을 절에 데려가 설득하도록 했다. 하지만 그것도 통하지 않자 비구니들은 그녀를 괴롭히기 시작했다.

그러나 묘선은 가람신의 도움을 받아 꿋꿋하게 대처해 나갔다. 화가 난 왕은 마침내 묘선을 잡아 교외로 가서 머리를 베라 명했다. 그런데 묘선이 죽임을 당하려 할 때 용산의 산신이 폭풍과 천둥번개를 일으켜 그녀를 구해냈다. 분노한 왕은 군사를 이끌고 가 비구니 무리를 모조리 참수하고 도량을 불태워 버렸다.

산신에게 구출된 묘선은 그의 안내로 향산에 이르러 수행을 시작했다. 산 정상에 집을 짓고 풀로 옷을 지어 입고, 나무로 끼니를 때우며 살았다.

그렇게 3년이 흘렀을 때 부왕이 큰 병에 걸렸다. 그간의 죄업 때문이었다. 어떤 신통한 의사도 고칠 수 없는 심각한 상태였다. 그런데 하루는 신이한 스님이 대궐 앞에 찾아와 병을 고칠 방도를 알려주었다. 한 번도 화를 내지 않은 사람의 눈과 손으로 만든 약을 써야 한다는 것이었다. 그리고 그 사람이 향산에 있다고 알려줬다. 왕이 보낸 사신을 만난 묘선은 아버지의 병이 위중한 줄 알고 자신의 양 눈과 양 손을 빼고 잘라 사신에게 주었다.

스님이 지은 약을 먹고 씻은 듯이 나은 왕은 일가족을 이끌고 향산을 찾았다. 고마운 마음을 전하고 공양과 사례를 하기 위해서였다. 마침내 가족을 만나게 된 묘선은 그제야 자신의 정체를 밝혔다. 충격을 받은 왕은 대성통곡하며 천지신령께 발원을 시작했다. 묘선의 눈과 손을 회복시켜 달라는 것이었다. 그러자 갑자기 묘선이 사라져 버렸다. 그리고 천지가 진동하고 광명이 비추는 가운데 천수천안대비관음의 장엄한 상이 보였다.

왕과 부인, 비빈들은 그 형상을 보고 큰 소리로 울부짖으며 참회했다. 잠시 후 묘선이 다시 몸을 나타냈는데 천개의 눈이 온전히 갖춰지고 자리에 앉아 합장한 채로 장엄하게 열반에 든 모습이었다. 왕은 다비식을 마친 후 그곳에 사찰을 짓고 13층의 탑을 세웠다.

묘선공주 이야기를 통해 관음은 중국여성으로 탈바꿈했다. 중국에서 태어나 살았으며, 유교의 효 사상을 체화하고 있던 중국여성이 관음이 된 것이다. 그리고 그 결과 관음은 중국인들의 신으로 온전히 자리매김되었다. 묘선공주를 통해 비로소 중국의 전통적 신의 모델에 부합될 수 있었기 때문이다.

보타산의 남해관음

신의 계보가 따로 있던 고대 그리스와 달리 중국에서 신들은 실재하는 인간으로 묘사되었다. 즉 보통의 여성과 남성이 죽은 후에 신격화되는 것이다. 만약 현존하는 신이 원래 인간이 아니었다면 중국인들은 인격화의 노력을 통해 그 혹은 그녀를 인간으로 변화시킨다. 따라서 관음 역시 중국에서 여신으로 자리 잡기 위해 묘선이라는 중국여성이 되는 과정을 거쳐야 했던 것이다.

향산의 묘선공주 이야기는 송대 이후 보권(寶卷, 중국 강창문학講唱文學의 한 형태), 소설, 희곡 등 다양한 형식으로 변주되며 널리 퍼져 나갔다. 향산은 관음의 성지가 되었고, 묘선공주의 인기는 갈수록 높아졌다.

그런데 현재 중국의 대표적 관음성지는 향산이 아니라 절강성의 보타산이다. 역사의 전변 속에서 향산사가 관음성지 자리를 항주의 상천축사로 내주게 되었고 이후 보타산이 그 자리를 이어받았기 때문이다. 12세기 무렵부터 보타산을 찾은 순례자들에게 관음은 '흰옷 입은 성모'처럼 나타났다. 이후 16세기에 들어 보타산 관음의 명성이 높아지기 시작했으며, 18세기 이후부터 대표적인 관음성지로 자리 잡게 됐다.

보타산의 관음은 여성인 남해관음南海觀音이다. 향산이 곧 보타산이라는 인식 아래 양자가 습합되면서 묘선이 남해관음으로 흡수되었기 때문이다. 남해관음에게는 33관음도 중 수월관음, 백의관음, 양류관음 등의 요소들이 혼합되어 있기도 하다. 현재 보타산에는 1997년에 세워진 33미터 높이의 남해관음상이 자리한다. (사진자료 4 참조)

남해관음은 『서유기』에 등장해 삼장법사와 손오공 일행을 돕는 존재이기도 하다. 보타산의 남해관음을 대중화한 중요한 문헌으로는 16세기에 나온 『남해관음전전南海觀音全傳』이 있다. 묘선공주 이야기를 기본으로 해서 향산과 보타산을 동일시하는 한편으로 선재동자와 용녀를 관음을 수행하는 인물로 새롭게 등장시켰다.[11]

남해관음의 도상에서 흥미로운 것은 관음 위를 맴도는 흰 앵무새다. 흰 앵무새는 불교의 경전이나 도상들에서 찾아볼 수 없는 것이다. 쳰팡위는 이의 유래를 『산해경』에서 서왕모를 수행하는 세 마리 파랑새에서 찾는다. 관음이 여성화하면서 서왕모가 지닌 속성을 취득하게 된 것이다.

송자관음과 성모 마리아상

중국에서 여성화한 관음은 자연스레 여성들의 삶의 문제와 관련해 숭배되었다. 그 결과 아이를 낳게 해주는 송자관음送子觀音 신앙이 나타났다. 이 관음은 아이를 안거나 무릎에 놓고 있는 어머니의 모습인데 백의관음의 변형이다. 둘은 따로 분리할 수 없을 정도로 연결돼 있다.

앞서 말했듯 백의관음은 여성화된 중국관음의 최초 형태로 10세기 이후 출현했다. 이후 그녀는 점차 아이를 점지하는 여신으로 인식되었고, 명대에 이르러 그러한 인식이 확고해졌다. 그런데 백의관음은 아이를 주는 능력은 있어도 어머니는 아니었다.

아이와 함께 있는 어머니로서의 관음, 즉 송자관음이 새로 나타난 것은 명대 이후다. 그런데 이 도상의 출현에 성모 마리아상이 작용했다고 보는 학자들이 여럿이다. 당시 중국에 들어왔던 스페인 선교사들에 의해 성모 마리아상이 유입됐고 그것이 관음상에 영향을 미쳤다는 것이다. 중국에 기독교가 공식적으로 소개된 해는 635년이다. 당시 기록에도 수도사들이 아이콘과 성상들을 들여왔다고 하므로 관음과 마리아가 서로에게 영향을 미쳤다는 추정은 설득력이 있다.

결론적으로 중국의 여성관음을 대표하는 도상은 역시 백의관음이다. 여성관음 중에서만 대표적인 게 아니라 관음도상 전체를 볼 때도 그렇다. 하지만 중국의 여성관음을 백의관음으로 등치해버리는 것은 정확하지 않다. 그녀는 백의관음 뿐 아니라 수월관음, 송자관음, 남해관음 모두를 다 품고 있는 복합적 존재이기 때문이다. 그리고 이 여성관음은 중국불교가 한국과 일본으로 계속 전파되면서 두 나라에도 큰 영향을 미쳤을 것이다.

그러나 한국관음과 일본관음의 여성화를 중국의 영향으로만 설명할 수는 없다. 두 나라의 관음신앙은 고유의 종교문화적 토양에서 각자 내재적 발전과정을 거쳤기 때문이다. 아직은 말하기 조심스럽지만 두 나라 관음의 여성화 과정이 중국보다 빨랐을 가능성도 있다.

2 일본과 한국의 여성관음

일본의 관음은 성전환을 완성한 중국관음에 비해 여성화의 정도가 못 미치는 것으로 평가된다. 하지만 일본 역시 불교 도입 후 관음신앙 전반에 걸쳐 여성화가 지속돼 현재 일본에서 여성관음을 만나기는 매우 쉽다. 특히 자모관음慈母觀音은 이름에서 알 수 있듯 어머니관음으로서 보통 갓난아기를 안고 있다. 중국의 송자관음에서 기원했다.

일본에는 또 안전한 출산과 양육을 보장해주는 자안관음子安觀音도 있다. 갓난아기에게 젖을 물린 모습이 많은데 일본 고유종교인 신도의 출산여신이 관음화한 것으로 해석된다.

신도는 여신신앙 전통이 강해 일본 황실의 시조신도 여신인 아마테라스다. 일본의 선사시대인 조몬시대의 여신상들은 세계적으로 유명하다. 이때 만들어져 전해지는 수많은 여신상들은 그들의 원초적 신앙대상이 여신이었음을 증언해준다.

후쿠오카 성복사 절신원에 모셔져 있는 자안
관음상은 뜻밖에도 우리 명성황후와 관련된
이야기를 갖고 있다. 명성황후를 시해한 낭인
이 참회의 마음으로 그녀를 위해 조성한 청동
관음상에서 유래했다고 한다. 현재의 관음상
은 석상으로 한 손에 연꽃봉오리를, 다른 손에
아기를 안고 있다.

명성황후와 관련된 자안관음상

신비스런 처녀와 관음

여신전통이 강했던 일본에 불교가 전해진 것은 6세기 중반 백제를 통해
서였다. 그리고 얼마 지나지 않은 7~8세기 이후 관음은 대중적 신앙의 대상
으로 부상했다. 그런데 일본의 불교 역시 신도와 만나는 신불습합의 과정을
거칠 수밖에 없었다. 그리고 그 과정에서 관음은 토착여신들과 만나게 됐다.
오키나와의 설화집 『유로설전遺老設傳』에 실린 이야기 하나는 그 습합의 과
정을 보여주는 좋은 예다.[12] 후텐마 읍 동쪽 동굴에 안치된 관음상에 대한 유
래담이다.

그런데 이 유래담에는 다른 전설 하나가 붙어있다. 한 성소에 대해 서로
다른 이야기가 수록돼 있는 것이다. 하나는 한 가난한 아내가 관음의 도움
으로 종살이에서 벗어나 잘 살게 되었다는 전형적인 영험담이다. 다른 하나
는 관음과 상관없는 신비스런 처녀에 대한 이야기로, 내용은 다음과 같다.

마을에 천성이 정숙하고 자색이 뛰어난 처녀가 있었다. 그녀는 늘 규방에 틀어박혀 사람들 앞에 나타나지 않았고 혼인도 거부했다. 그녀의 여동생은 혼인을 했는데 남편이 소문을 듣고서 그녀를 보고 싶어 했다. 여동생은 자기가 언니와 이야기하고 있을 때 슬쩍 들어와 보라고 했다. 결국 언니는 그에게 모습을 보였는데, 그 길로 밖으로 나가버리는 것이었다. 그리고 후텐마의 동굴 속으로 사라졌다. 집안사람들이 종적을 찾았으나 도무지 찾을 수 없었다. 사람들은 그녀를 신으로 모시고 복을 빌었다.

위 설화는 관음상이 모셔진 동굴이 원래 여신의 성소였음을 말해준다. 혼인을 거부하고 비밀스럽게 살던 여자가 신으로 모셔졌었는데 불교가 유입되면서 그녀의 자리를 관음이 차지하게 된 것이다. 그런데 동굴에 관음상이 봉안됐음에도 불구하고 토착여신 설화가 계속 살아남아 서로 다른 이야기가 공존했던 것으로 보인다. 중국관음의 여성화에 도교여신들이 긴밀히 연관돼 있듯, 일본 역시 마찬가지였던 것이다.

곤경에 처한 여성을 구제하다

일본 여성관음의 역사적 자취는 가장 오래된 불교설화집인 『일본영이기日本靈異記』에 담겨 있다. 823년경 완성된 이 책에는 총 20편의 관음설화들이 있다. 다른 불보살들에 비해 압도적 다수다.

이 이야기들에서 관음은 노인이나 승려, 새로 나타나기도 하지만 여성으로도 화현한다.

특히 주목할 부분은 내용이다. 관음설화들은 『금석물어집今昔物語集』,

『고본설화집古本說話集』,『우치습유물어宇治拾遺物語』등 다른 설화집들에도 많이 실려있는데 가장 보편적인 내용이 여성구제담이기 때문이다. 즉 곤경에 처한 여성이 관음보살의 도움을 받았다는 내용이다. 관음과 여성들 사이의 긴밀한 상관성을 보여준다.

흥미로운 것은 관음에게 구제받은 여성들 중 신라 왕비도 있다는 것이다. 관음사찰로 유명한 나라현의 장곡사와 관련된 설화다.

『우치습유물어』에 실린 내용은 다음과 같다.

신라국 왕비가 다른 남자와 정을 통하다 왕에게 발각됐다. 그녀는 머리가 밧줄에 묶인 채로 높은 곳에 매달리는 상황에 처하게 됐다. 다급해진 왕비는 일본의 장곡사 관음에게 구해달라고 기원했다. 그러자 금으로 된 발판이 내려와 왕비는 이를 밟고 고통에서 벗어날 수 있었다. 며칠 후 왕비는 용서를 받았다. 그 뒤 왕비는 사자를 장곡사에 보내 많은 보물을 헌상했다.

혼외정사를 감행한 여성을 관음이 구원해준다는 내용은 경전에 없다. 이 설화는 관음의 구제력이 현실 속 여성들의 다양한 요구와 매우 폭넓게 만났던 일본 관음신앙의 한 측면을 말해준다. 다른 한편 신라와 일본 간 관음신앙의 교류를 시사하기도 한다.

밀교계 여성관음들: 여의륜관음과 준제관음

일본 관음신앙의 한 특징은 6관음 등 밀교계 관음에 대한 신앙이 두드러졌다는 것이다. 그런데 그중 가장 뚜렷하게 여성화한 관음은 여의륜관음과 준제관음이다. 여의륜관음이 여성화된 것은 일본에서만 보이는 독특한 경우다.

여의륜관음은 손에 여의주와 법륜을 들고 중생의 소원을 들어주는 관음으로, 보통 여섯 개의 팔을 갖는다. 이 관음은 중국에서 유입된 후 9세기 중엽부터 사찰연기설화 등을 통해 여성적 특징들을 보이기 시작했다. 여신전통과 습합되면서 다산과 풍요, 출산 등과 관련됐고 여성을 구원하는 존재로 숭배됐다. 교토 근처에 있는 석산사는 일본의 천황과 귀족들이 아이를 얻기위해 여의륜관음에게 기도하던 곳이었다.

여의륜관음 신앙으로 일본에서 유명한 사찰 중 하나는 오사카에 있는 관심사다. 이 사찰은 여의륜관음을 본존으로 모신다. 금당 제단의 중앙에 모셔진 여의륜관음상(9세기)은 그 신비한 아름다움으로 유명한데, 전체적으로 육감적이고 여성적인 느낌이 강하다.

일본 오사카 관심사의 여의륜관음

12세기 후반의 진언종 의례문헌에는 여의륜관음이 옥녀玉女라는 여성으로 화현한다. 온전한 여성화가 성취된 사례다. 그녀는 천황에게 무한한 행운을 가져다줄 뿐 아니라 그가 죽은 후 아미타정토에 왕생하도록 이끄는 존재였다.

준제관음 역시 일본에서 여신으로 숭배됐다. 인도여신 쿤디에서 유래했다고 하는 이 관음은 인도와 중국에서도 여신으로 여겨졌다. 준제관음은 칠구지불모七倶胝佛母라고도 하는데,

'7억 부처를 낳을 수 있는 어머니'라는 뜻이다. 한국에서 많이 지송되고 있는 『천수경』에도 "칠구지불모 대준제보살"이라는 이름이 등장한다.

어람관음과 마랑부관음

중국에서 창조되어 숭배된 어람관음과 마랑부관음도 일본에서 인기를 끌었다. 이 관음들과 관련된 설화에는 불심이 돈독한 여성이 주인공으로 등장한다. 마랑부관음의 유래담을 간단히 소개하면 아래와 같다.

어느 곳에 한 미녀가 살고 있어 여러 사람이 다투어 아내로 삼으려 했다.
그러자 여자는 『법화경』을 암송하는 남자에게 시집갈 것이라 했다.
이에 마씨 성을 가진 청년이 이를 암송하여 결혼할 수 있었다. 그런데 결혼한
날 저녁 여자가 급사하고 말았다. 장례를 지낸 뒤 세월이 지나 여자의 무덤을
파 보았는데 황금고리로 연결된 뼈들이 나타났다. 사람들은 이때부터 여자
가 관세음보살이 되었다고 믿게 되었다.

어람관음은 손에 물고기가 가득한 어람魚籃을 들거나 큰 물고기를 타고 있는 모습이다.

당나라 때 생선을 팔았던 아름다운 여성이 설화의 주인공이다. 그런데 전체적인 내용이 마랑부관음과 거의 같다. 두 관음은 젊은 여성으로서 미색을 이용해 사람들을 교화하고 수행으로 이끄는 역할을 공유한다. 신앙의 현장에서도 서로 융합되거나 연관되어 숭배됐다.

중국에서는 송대 이후 특히 17세기에 두 관음에 대한 신앙이 성행했다.

이는 일본에도 전해져 같은 시기 일본에서도 어람관음이 인기를 얻기 시작
했다. 일본 도쿄의 미타 지역에는 어람관음을 모시고 있는 어람사가 있다.
에도시대 초기에 건립된 이 사찰 연기설화에 따르면 어람관음상이 중국에서
왔으며 많은 기적들을 행했다고 한다. 20세기 후반에는 가마이시 시 등에 수
십 미터 높이의 거대한 어람관음상이 들어섰다.

마랑부관음은 어람관음만큼 대중적 인기를 끌지는 못했지만 비슷한 시
기에 선승들과 지식층, 그리고 황실에서 선호되었다. 오시에押繪라는 전통
기법의 모자이크 그림으로 만들어진 아름다운 마랑부관음상이 여럿 전한다.

관음은 이상적인 어머니

백의관음 역시 일본에서 여성관음으로 인기를 끌었다.

자모관음, 자안관음은 백의관음과 구분되지 않는다. 일본 불교예술의 대
표적 작품 중 하나인 가노 호가이의 〈비모관음悲母觀音, 1888〉도 백의관음이
다. 이 그림에서 관음은 정병을 거꾸로 든 채 서 있고, 그 발 아래 태아 느낌
의 아기가 둥근 거품 속에 자리 잡고 있다. 그런데 막 아이를 탄생시킨 듯한
관음의 얼굴에는 콧수염이 달려있다. (사진자료 5 참조)

그 이전 에도시대의 여성적 관음상들에는 대개 콧수염이 없었다. 호가이
의 스승 가노 쇼센타다노부도 수염이 없는 여성 백의관음을 그렸다. 〈비모관
음〉은 이런 흐름에 역행하는 반전이라고 할 수 있다. 그런데 호가이는 관음
에 대한 생각을 이렇게 밝힌 적이 있다.

인간의 자비심이라는 면에서 어떤 것도 자식에 대한 어머니의 사랑에 비견될

수 없다. 관음은 이상적인 어머니로서 만물을 생성시키고 양육하는 위대한 자비심의 소유자다. 그녀는 모든 창조와 신성한 현현들의 기원이기도 하다.

관음을 이상적 어머니로 여기면서도 그는 왜 아기까지 등장하는 관음도에 굳이 콧수염을 그린 것일까? 그의 의도를 알 수는 없으나 중국처럼 온전한 여성화를 이루지 못한 일본관음의 한 측면을 보여주는 것인지도 모른다.

그런데 앞서 간단히 소개했듯 현대 일본에서는 관음이 매우 강력한 여성화의 도정을 보여주고 있다. 열도 이곳저곳에 세워진 거대한 대관음들은 대부분 백의관음 혹은 자모관음의 형상이다. 일본에는 또 낙태나 유산으로 사라진 태아들을 천도하는 수자공양관음水子供養観音이라는 독특한 관음도 생겨났다.

일본에서 만들어진 관음상들 중에는 마리아관음도 있다. 에도시대에 기독교 탄압으로 신앙을 숨겨야 했던 기독교인들이 마리아상을 관음상처럼 만든 것이다. 대개 자안관음이나 자모관음의 형상으로, 몸의 한 부분이나 내부에 슬쩍 십자가를 표시하거나 넣기도 했다.

마리아관음은 특히 나가사키 지역에서 많이 사용됐다. 비록 배경은 다르지만 중국에서 관음신앙이 마리아신앙과 만났듯이 일본에서도 유사한 양상이 나타난 것이다.

왕성했던 신라의 관음신앙

한국불교는 삼국시대에 중국으로부터 전래되었다. 그리고 현재까지 1600년 동안 동아시아 불교교류라는 국제적 흐름 안에서 내재적인 발전과 변화를 지속해왔다.

고구려는 4세기 후반 가장 먼저 불교를 받아들였는데 전래 초기부터 관음경전들이 들어왔던 것으로 추정된다. 국내의 고구려 관음신앙 자료는 승려 보덕이 금강산 보덕굴에서 관음예찬을 닦아 관음보살을 3번 친견했다는 기록이 유일하다.

백제에 불교가 전래된 시기는 고구려와 거의 같다. 중국에서 서해를 통해 유입되었으므로 관음신앙 역시 해안에서 항로를 따라 전파된 것으로 추정된다. 특히 변산반도 일대가 손꼽힌다. 일본 법륭사에 소장된 백제관음은 백제의 관음신앙을 말해주는 중요한 유물이다. 이 목조관음은 남성상으로, 6세기에 백제 위덕왕이 일본왕실에 보낸 것이라고 한다. 백제의 관음신앙은 일본의 초기 관음신앙에 큰 영향을 끼친 것으로 평가된다.

삼국 중 관음신앙 자료가 가장 많이 전하는 나라는 역시 신라다. 수적으로도 압도적이고 구체적인 신앙실천의 양상도 알 수 있다. 관음신앙은 특히 통일신라시기에 융성했다.

한국의 관음신앙은 중국의 절대적인 영향 아래 수용되고 발전되었음을 부인할 수 없다. 『삼국유사』 삼소관음중생사 조에 실린 이야기에도 그러한 상황이 보인다. 중국의 화공이 신라의 중생사에 와서 관음보살상을 만들었는데 그것이 아이를 점지하고 보호하는 등 많은 영험을 보였다는 것이다. 이 관음상은 전후문맥으로 보아 십일면관음으로 여겨진다. 신라에서는 십일면관음이 아이를 점지하는 관음으로 여겨졌던 것 같다.

한국관음 역시 발전과정에서 상당한 정도로 여성화의 과정을 밟았다. 특히 삼국의 통일전후를 막론하고 신라에서 그 경향이 두드러졌다. 신라에 편중돼 있는 역사적 자료들 때문에 그렇게 보일 수도 있겠지만 고구려나 백제와 다른 신라의 특수성도 원인이었을 것이다.

『삼국유사』 속 여성관음들

한국의 관음신앙 역시 중국이나 일본과 마찬가지로 토착화의 과정에서 여신들과 습합되는 양상을 보였다. 『삼국유사』에는 관음이 등장하거나 관음신앙과 관련된 기사가 13편에 이른다. 그중 관음이 여성으로 응신한 경우는 6편이다. 아이의 점지와 양육 등 여성성과 관련되거나 여성의 기도에 응답하는 사례는 4편이다.

이 설화들에서 관음은 벼 베는 여인, 월경수건 빠는 여인, 출산하는 여인, 남성을 혹하게 하는 여인, 노부인, 승려의 아내, 비구니 등으로 등장한다.

『삼국유사』의 관음은 『일본영이기』에 비해 여성화의 정도가 훨씬 강하다. "『삼국유사』의 관음은 여성관음"이라고 해도 과히 틀리지 않을 정도다. 또 일부 기사들에서 토착여신들의 관음화 현상을 어렵지 않게 읽을 수 있다. 그리고 남아있는 관음상들도 석굴암 십일면관음이 보여주듯 여성성이 강한 것들이 여럿 있다.

그런데 여성관음이 주류이던 신라의 관음신앙은 고려시대 이후 분화된 양상을 보인다. 문헌자료나 무속 등에서는 여성관음이 계속 주류를 유지한 반면 불상이나 불화에서는 남성관음 혹은 양성적 관음이 대세로 자리 잡았기 때문이다. 사실상 여성관음상을 찾기가 힘들다.

고려불화를 대표하는 수월관음은 여성적 상징들과 외양에도 불구하고 콧수염을 지니고 있다. 한국에는 아이를 안고 있는 관음상이 거의 없다시피 하고, 여성 백의관음상도 찾기 어렵다. 중국이나 일본과 다른 한국 여성관음의 역사에 대해서는 제2부와 제3부에서 자세히 살펴본다.

3 서구로 간 관음: 여신관음의 등장

잘 알려져 있듯 불교는 이제 더 이상 아시아에 국한된 종교가 아니다. 세계적으로 영향력을 확장시키고 있는 명실상부한 세계종교다. 특히 20세기 후반 미국을 비롯한 서구사회에서 불교에 대한 관심이 크게 증가했다. 문화적 변동에 따른 대안적 종교의 탐색, 아시아 불교도들의 이민행렬, 중국과 티벳, 베트남 승려들의 미국행 등이 맞물린 결과였다.

그 결과 미국에는 다양한 불교종파들이 거의 다 유입됐는데 관음은 비록 이름과 형상은 다를지라도 모든 종파들에 다 존재했다. 그리고 시간이 흐르면서 서구사회에서도 신앙의 대상으로 부상했다. 그 양상은 다양했고 새롭기도 했다. 말하자면 서구관음이 등장하게 된 것이다. 특히 미국의 관음신앙은 페미니즘과 만나면서 동아시아 관음과 다른 새로운 여성관음을 탄생시켰다.

불교가 미국에 들어와 일반인들 사이에서도 수용되기 시작한 시기는 1960년대에서 1970년대였다. 그런데 이때는 제2물결 페미니즘이 분출한 시기이기도 했다. 둘은 시대의 요구에 따라 만나게 됐는데 그 선두에 기독교나 유대교 등 남성중심적이고 배타적인 기존종교에 염증을 느낀 사람들이 있었다. 그들에게 절대자 남성유일신이 없는 불교는 매력적이었고, 교리나 수행도 더 합리적인 것으로 여겨졌다.

관음은 특히 페미니스트 신자들에게 주목을 받았다. 남성인 부처와 보살들 그리고 아라한들 사이에서 여성보살로서 그 존재가 두드러졌기 때문이다. 관음의 여성젠더는 가부장적 남성신에게 거부감을 느낀 남성들에게도 호소력을 발휘했다.

남성신이 지배하는 유대교나 기독교를 떠난 여성들에게 관음은 환영할 만한 대안이었을 뿐 아니라 성모 마리아를 떠올리게 하는 존재였다. 이 점이 낯선 문화에서 온 외래신인 관음에 대한 거리를 좁혔다. 관음은 또 불교 안에 여성의 자리를 제공해주는 존재이기도 했다. 자비의 체현으로 중생구제를 위해 어떤 형태도 취할 수 있는 속성, 동아시아의 강력한 여신이라는 위상도 관음의 성공적 착근을 견인했다.

관음의 다양한 형상들 중 미국불교도들이 가장 선호하는 이미지는 동아시아 여성보살이다. 대체로 흰 두건을 쓰고 흐르는 듯한 흰옷을 입고서 버들가지나 정병을 들고 있다. 자애로운 모습의 그녀는 한마디로 '불교의 자비의 여신'이다. 십일면관음이나 천수관음 같은 다른 도상들은 잘 보이지 않는다.

선구적 페미니스트 불교학자이자 수행자였던 고 리타 그로스는 대승불교의 대표적 두 여신으로 관음과 반야바라밀을 거론했다. 미국의 유명한 불교 페미니스트인 샌디 바우처도 관음을 자비의 여신으로 소개한다. 그녀들에게 관음은 자신의 삶 속에 뿌리를 내린 '미국불교의 여신'이다. 이들이 재현하는 관음은 성평등의 관점에서 여성의 신성과 주체성을 담지하고 있어 동아시아 여성관음과 분명한 차이를 보인다. 서구 여신관음은 20세기 페미니즘이 탄생시킨 현대적 관음이다.

관음, 여신운동과 만나다

미국에서 등장한 새로운 여신관음은 미국불교 밖에도 존재한다. 바로 여신운동이 탄생시킨 관음이다. 미국불교 내 여신관음과 경계가 모호하고 상당한 유사성을 보이긴 하지만 입지는 서로 다르다. 동서고금을 막론하고 모든 여신들을 찾는 여신운동에서 관음이 차지하는 위상과 미국불교에서 관음의 위상도 다를 수밖에 없다. 하지만 여신운동에서도 관음은 동아시아의 한 여신에 그치지 않고 매우 높은 인기를 누리고 있다. 타라, 칼리, 두르가 등 비서구 종교의 인기 있는 여신들보다 더 큰 관심과 사랑을 받고 있는 듯하다.

그런데 여신운동에서 관음은 불교여신이라기보다 "중국에서 온 여신"으로 여겨지는 경향이 있다. 불교의 경계를 넘어 보편적인 여성적 신성으로 확장돼 있다.

여신운동의 선구자 중 하나인 부다페스트는 관음을 자비의 여신이자 중국의 위대한 어머니라고 소개한다. 아이를 점지하는 여주女主로 우주의 여성적인 모든 것을 체현하는 신이다. 관음이 들고 있는 정병은 자궁의 상징으로 읽힌다. 여신운동의 영향력 있는 저술가인 패트리샤 모나간은 묘선공주 설화를 통해 관음을 소개한다. 다른 무엇보다 중국여성이 신격화된 존재로 이해하는 것이다. 관음이 불교의 보살이며 때로 남성으로 표상된다는 소개가 있긴 하지만 매우 소략하다.

여신원형을 통한 여성심리 탐구로 유명한 진 시노다 볼린에 의하면 관음은 '할머니 원형'이다. 관음의 자비를 의식수준에서 깨달으려면 할머니 나이가 되어야 하기 때문이다.

인터넷에서 만날 수 있는 서구 여신관음은 더 과감한 변신을 보인다. 그녀는 여신 만신전에 이난나나 이시스, 칼리같은 고대 여신들이나 아프로

디테 같은 그리스 여신들과 함께 소개돼 있다.

점술도구인 여신 오라클Goddess Oracle 카드에서도 수십 명의 다른 여신들과 함께 섞여 있다. (사진자료 21 참조)

그녀는 우주적 어머니거나 신성한 어머니이기도 하고, 빛의 여신이자 사랑의 여신이기도 하며 위대한 치유자이기도 하다. 다산의 여신으로도 등장한다.

관음의 형상이나 이미지 역시 전통적 도상을 벗어나 새로운 형태를 취하는 경우가 많다. 첫눈에 관음임을 알기 힘들 정도로 현대적 변형을 가하기도 한다. 뿐만 아니라 관음여신을 찬양하는 새로운 노래, 춤, 리추얼 등이 현대 여성들의 영적 욕구에 부응해 계속 생산되고 있다. 구글에서 '관음Kuan Yin'을 검색하면 무수하게 많은 관련자료들을 볼 수 있다.

이처럼 흥미로운 지구적 상황은 한국의 관음신앙을 젠더와 여성적 신성의 관점에서 다시 살펴볼 것을 요청한다. 한국의 관음은 얼마나 여성화되어 있으며 여성화의 역사적 과정은 어떠했는가, 신성의 젠더와 그 균형 문제 그리고 한국사회의 성숙을 위해서 우리가 관음신앙에 기대할 수 있는 지점들은 무엇인가 등등 탐구해 볼 영역들이 많다.

그런데 한국관음의 여성화과정을 살펴보기 위해서는 불교 유입 당시 이 땅을 지배하고 있던 토착신앙에 대한 이해가 선행돼야 한다.

제 2 부   # 한국 여성관음의 역사

1 고대 한국의 여신신앙

불교가 수용된 4~6세기 한반도에는 그때까지 고유의 발전과정을 거쳐온 토착신앙들이 존재했다. 선사시대부터 이어지며 사람들의 일상 속에 뿌리 내린 그 신앙들은 자연처럼 당연한 것이었다. 신라에 불교가 수용되는 과정에서 발생한 이차돈의 순교는 당시 토착신앙의 완강했던 세력을 말해준다.

선사시대 한반도 토착신앙의 중심에도 위대한 여신이 있었던 것으로 보인다. 이 여신은 한반도 뿐 아니라 선사시대에서 역사시대 초기에 걸쳐 전 세계적으로 숭배되었다. 잘 알려져 있듯 인류 최초의 신은 여신이었다. 위대한 여신은 생명의 수여자이자 거두는 자로서 탄생-죽음-재생의 생명 순환 과정을 관장하는 거대하고 경외할 존재였다.

위대한 여신의 자취는 여러 여신상징들을 담고 있는 선사시대의 암각화들에 남아있다. 이 역시 세계적으로 나타나는 현상이다. 울주 천전리 암각화, 포항 칠포리 암각화, 고령 장기리 암각화 등은 선사시대 한반도 여신신앙을 증언해주는 중요한 유적들이다.

억압되고 밀려나며 파편화되긴 했지만 마고할미나 설문대할망, 개양할

미 등 거대한 몸집을 과시했던 창조여신들의 구비설화 또한 선사시대 여신
의 존재를 전하는 흔적들이다. 하늘만큼 높고 산처럼 우람했던 그녀들의 몸
집은 자연의 위대한 힘을 표상한다.*

신라와 가야의 대여신들: 서술성모와 정견모주

선사시대 여신신앙은 고대국가들이 건국된 후에도 큰 변화 없이 지속되
었다. 『삼국유사』와 『삼국사기』 등 문헌에 전하는 토착신들은 대개 여신이
거나 여신으로 추정된다. 일부 남신들이 있지만 후대에 등장했거나 남성영웅
들이 사후에 신격화된 것일 뿐 여신들에게서 보이는 원초적이고 토착적인 신
성과는 거리가 있다.

고대국가 건국 이후 여신들은 주로 산신으로 숭배됐다. 정확히 말하자면
당시 산신의 대부분은 여신이었다. 신라 산천제사에서 제일 큰 제사大祀를
받았던 경주의 내림·혈례·골화의 세 산 신들은 여성으로서 호국신이었다.
또 서술성모(선도성모라고도 한다), 치술산 신모, 운제산 성모 등 여러 여산
신들이 숭배됐다.

『삼국유사』에 의하면 서술성모는 신라의 가장 우뚝한 대여신이었다.
그녀는 건국 이후 항상 제사를 받았으며 "그 서열도 여러 망제望祭, 산천제사
의 위"에 있었다. 또 "오랫동안 나라를 지켜온" 수호신이기도 했다. 무엇보
다 성모는 박혁거세와 알영 부부의 어머니로서 신라왕실의 시조신이었던
것으로 추정된다. 신라의 여신신앙에 대해서는 뒷부분에서 보다 구체적으

---

* 세계 여신의 역사와 한국 여신신앙에 대한 전반적인 소개는 필자의 책 『여신을 찾아서』
  에 자세히 담겨 있다.

로 소개한다.

가야의 여신신앙도 강력했다. 수로왕의 어머니 정견모주는 가야를 대표하는 신으로서 가야산신으로 숭배됐다. 그녀 역시 가야왕실의 시조신이었다. 최치원은 『석순응전』에서 "대가야국 월광태자가 정견모주의 십세손"이라고 밝혔다.*

고구려의 대여신, 유화

고구려의 여신신앙은 국가적 제사의 장소였던 수혈隧穴을 통해 알 수 있다.[13] 이 동굴에 모셔진 수신隧神은 주몽의 신모神母 유화거나 그녀가 뿌리를 두고 있는 더 오래된 여신으로 여겨진다. 중국기록인 『주서』에 의하면 고구려에서 부여신이란 이름으로 숭앙된 그녀는 시조신으로서 나라 제사를 받았다.

> 또 신묘神廟는 두 곳인데 하나는 부여신夫餘神으로 나무를 깎아 부인상을 만들어 모시고, 다른 하나는 등고신登高神인데 이는 그 시조인 부여신의 아들이라고 한다. 이 두 곳에는 모두 관아를 설치하고 사람을 보내 지키게 했는데, 하백의 딸과 주몽을 말하는 것이다.

"하백의 딸"은 유화를 가리킨다. 위 기록에 대해 고려대 최광식 교수는 주몽이 부여에 두고 온 어머니를 시조신으로 받든 것으로 본다. 고구려 건국에 중요한 역할을 한 것으로 보이는 그녀 역시 호국신적 측면이 있었다.

---

* 서술성모와 정견모주에 대한 자세한 내용은 『여신을 찾아서』 16장, 18장, 20장 참고.

『삼국사기』에 의하면 고구려가 망할 때 유화의 소상塑像이 3일간 피눈물을 흘렸다고 한다.

그런데 여신으로서 유화의 속성은 이름에도 담겨 있다. '버드나무 꽃'이라는 그녀의 이름이 버드나무를 여신으로 숭배했던 오래된 여신전통에 뿌리를 둔 것으로 보이기 때문이다. 버드나무는 유라시아 지역 전반에서 숭배되던 신성한 나무였다. 버드나무 가지를 들고 있는 양류관음도 이와 관련된 것으로 보인다.

버드나무 여신은 고구려의 영토였던 지역에 살고 있는 만주족의 신화에도 등장한다. 세상을 창조한 아부카허허인데 그녀와 관련된 장대하고 흥미진진한 신화가 전한다. 그녀 역시 만주족의 시조신으로 바뀌기도 했다. 아부카허허는 지워져 버린 유화의 성격을 추론하는 데 좋은 참조자료로 여겨지고 있다.[14]

유화는 고구려 뿐 아니라 부여에서도 태후신으로 숭배되었다. 뿐만 아니라 고려시대까지도 그녀에 대한 제사가 이어졌다. 개성 선인문 안에 사당을 세워 유화를 동신성모東神聖母로 모셨던 것이다. 성모상은 나무로 만들어졌으며 중국을 비롯한 외국에서 사신이 오면 이곳에서 제사를 지냈다. 이러한 정황들은 그녀가 한국 토착신앙사에서 차지하는 높은 위상을 말해준다.

백제 멸망 때 나타난 거대한 여인의 시체

백제는 잘 알다시피 온조와 비류 등 고구려에서 내려온 집단이 건국한 나라다. 그 때문인지 고구려나 신라의 대여신들에 비견할 만큼 뚜렷이 부각된 여신이 없다.

하지만 변산반도 일대에 전해져 내려온 개양할미 설화는 백제 지역에서도 여신신앙이 왕성했음을 알려준다. 서해바다를 걸어다니며 어부들을 보호하고 풍어를 선사했던 개양할미는 현재 부안 수성당에 모셔져 있다. 원래 구낭사九娘祠, 아홉 여신을 모신 사당으로 불렸던 수성당은 국내 최대의 해양제사터였다. 발굴 결과 3세기 후반 마한시대부터 조선시대 후기에 이르기까지 수많은 유물들이 출토되었다. 수성당 일대는 국제적 해상교류의 중심지여서 대가야, 일본, 중국의 유물들도 나왔다.

특히 5~6세기 유물들이 많아 백제 때 개양할미에 대한 신앙이 드높았음을 알 수 있다. 당시는 당집이 없이 노천제사를 지냈을 것으로 추정된다.

수성당의 원래 성소는 당집 아래쪽 깎아지른 절벽 아래에 숨듯이 자리한 해식동굴이다. 인근 죽막동 사람들은 당굴 혹은 여울굴여우굴이라고 부른다. 개양할미가 거주한다고 알려진 오래된 성소다. 당굴의 역사는 선사시대까지 이어져 있다.*

『삼국유사』와 『삼국사기』에도 백제의 여신신앙을 알려주는 정보가 스치듯 소개돼 있다. 둘 다 백제멸망 시기에 등장한다.

『삼국유사』 문무왕법민 조에는 이런 구절이 있다.

왕이 처음 왕위에 올랐던 용삭 신유년(서기 661년)에 사비泗沘 남쪽 바다에
여자 시체가 있었는데, 키가 73자였고 발의 길이가 6자였으며 음문의 길이
가 3자였다. 혹은 키가 18자로 건봉 2년 정묘(서기 667년)에 있었던 일이라
고도 한다.

『삼국사기』 의자왕 19년(서기 659년)에는 "여자의 시체가 생초진에 떠

---

* 수성당의 여신신앙에 대해서는 『여신을 찾아서』 13장 참고.

내려 왔는데 길이가 18자"였다는 기록이 등장한다. 사비는 백제의 수도였던 부여고, 생초진도 부여 지역에 있었던 나루터로 추정된다.

두 기록은 구체적인 부분은 좀 다르나 기본적으로 같은 내용이다. 백제 멸망 시기에 부여의 강과 바다에서 거대한 몸집의 여자 시체가 발견됐다는 것이다. 73자면 대략 22미터의 키다.

이 여자가 여신을 상징하고 있음은 비현실적으로 거대한 몸집 뿐 아니라 음문, 즉 성기가 특별히 언급된 데서도 알 수 있다. 뒤에 설명하겠지만 여성 성기는 여신신앙의 가장 핵심적인 상징이기 때문이다. 설문대할망 설화에도 그녀가 엄청나게 큰 성기를 벌려 바다의 물고기들을 잡아들였다는 이야기가 있다. 설문대泄門大 라는 이름도 배설기관이 크다는 의미로 큰 성기를 함의한 것일 수 있다.

어쨌거나 위 기사들이 전하는 내용은 백제를 표상했던 거대한 여신이 백제의 멸망과 함께 죽었다는 것이다. 백제 측 기록에서는 멸망을 예고하는 존재로, 신라 측 기록에서는 멸망 직후 멸망을 확인시켜주는 존재로 등장했다. 이름을 알 수 없는 그녀는 고구려의 유화나 신라의 서술성모처럼 나라의 수호신이었을 것이다.

청동기 시대 여성 수장과 알영

기록으로 남은 고대 여신신앙은 찾기도 힘들거니와 너무 단편적이고 함축적이다. 불교와 유교가 한국사회를 지배하게 되면서 주변화되고 억압당하다가 대부분 역사에서 지워져 버렸기 때문이다.

깜짝 등장한 영산강의 여자수장

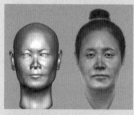

5~6세기경 영산강 일대는 여성수장이 다스렸던 것으로 나타났다. 인골분석을 통해 복원한 얼굴모습과 그녀가 착용했던 금동신발, 그리고 그녀가 묻혔던 정촌고분
사진출처: 국립나주문화재연구소

최근 들어 고대사학계의 남성중심적 시각을 뒤흔드는 고고학적 성과들이 나오고 있다. 그 중에서도 가장 큰 충격을 준 것은 2019년 10월 언론에 보도된 국립나주문화재연구소의 발표내용이다. 영산강 지역의 최고수장이 묻힌 것으로 판단되는 나주 정촌고분의 주인공이 인골분석 결과 40대 여성으로 밝혀졌기 때문이다. 그것도 한 명이 아니라 두 명이 시차를 두고 묻혔다. 수장직을 여자들끼리 주고받았을 가능성이 보인다.

발표내용을 요약하자면, 5세기 후반에서 6세기초에 영산강 유역을 다스린 수장이 여성이었으며 금동관과 금동신발을 착용했을 정도로 지위가 높았다는 것이다. 이 놀라운 소식은 백제 멸망과 함께 사서에 시체로 등장한 거대한 여인을 상기시키는 한편으로, 과거 영산강 일대의 여신신앙에 대한 상상력을 자극한다. 실제로 정촌고분을 비롯해 나주지역의 고분들에서는 여신신앙의 대표적 상징인 알을 닮은 대형옹관들이 출토됐다. 또 나주 영동리 고분에서는 역시 여신의 상징으로 해석되는 뱀의 뼈가 출토됐고, 피장자들이 모계혈족으로 드러났다.

하지만 위에 소개한 앙상한 기록으로도 최소한 통일신라 이전까지 한반도에는 매우 강력한 여신들이 존재하고 있었음을 알 수 있다.

유화와 서술성모, 정견모주는 나라를 세운 건국 왕들의 어머니로서 시조신으로 숭배되었다. 고대국가가 성립되기 이전 신앙의 중심에 있던 위대한 여신들이 남성영웅들이 새로 세운 나라의 정통성 보증을 위해 건국신화에 포섭된 것으로 이해된다.

고대국가 건립 전에는 여신신앙을 배경으로 여성지도자들이 적지 않았을 것이다. 이는 기원전 6~5세기 고대국가 성립 후에도 여성권력이 막강했음을 보여주는 정촌고분 사례를 통해서도 추정할 수 있지만 실제로 이를 증언하는 고고학적 성과도 나왔다. 평창군 하리 석관묘 발굴결과다.

청동기 시대의 이 유적에서는 아홉 개의 무덤 중 가장 큰 곳에서 비파형 동검과 함께 인골이 출토돼 큰 주목을 끌었다. 비파형 동검은 지도적 인물의 무덤에서 나오는 유물이기 때문이다.

그런데 2018년 2월 강원대학교 중앙박물관은 인골 분석결과 피장자가 20대 여성으로 판단된다고 발표했다. 부족을 이끈 여성 수장 혹은 제사장의 존재가 사상 최초로 알려진 것이다.

이렇게 잊혔던 역사는 역사서들에도 약하게나마 흔적을 남겼다.

우선 박혁거세의 부인이었던 알영부터가 그렇다. 알영은 왕에게 종속된 왕비가 아니라 스스로 자기 신화를 가진 주체적이고 신성한 여성이었다. 그녀는 계룡鷄龍의 몸에서 나왔는데 계룡은 서술성모의 여러 호칭들 중 하나다.

알영의 신성성은 김부식조차도 알영을 혁거세와 함께 이성二聖, 두 성인이라고 칭한 데서 알 수 있다. 김부식은 여자는 비천하며 여왕은 어지러운 세상에서나 있는 존재라고 한탄했던 유학자다. 당시 제정일치 사회에서 이성은 이왕二王과 등치될 수 있다. 하리 석관묘의 여성 수장이 말해주는 여성 권력의 역사가 그녀에게 닿아있는 것이다.

실제로 알영은 혁거세와 나라를 공동 통치했던 것으로 보인다. 그녀는 왕과 함께 신라 6부를 돌며 백성들을 위로하고, 농사와 누에치기를 독려해 땅의 이로움을 얻도록 했다.

여신이 중심인 신라 토착신앙에서 사제는 주로 여성이었다. 알영도 서술성모의 여사제였을 것이다. 계룡, 계림鷄林으로 불렸던 서술성모의 대표적 상징은 닭이다. 그런데 알영은 닭의 부리 같은 입술로 태어났다. 성모의 신성이 모계전통에 따라 혁거세보다 알영에게 이어진 것이다. 혁거세도 신성한 존재지만 성모가 표상하는 신성의 적통은 알영에게 있다. 알영은 동물과 인간이 합쳐진 형상이라는 점에서 혁거세보다 더 원초적 신성을 표출한다.

『삼국유사』는 "신라인들이 닭신을 받들어 존경한다"는 소문이 인도에까지 전해졌다고 하는데, 이를 통해 신라의 신앙에서 서술성모가 차지했던 중심적 위상을 알 수 있다. 신라의 다른 이름인 계림국은 성모의 호칭을 담고 있어 성모가 신라의 정체성을 표상했음을 알려준다.

신라의 여사제 제도: 신성한 왕실여성들

기록에 등장하는 신라의 첫 왕실여사제는 알영의 딸인 아로다.

제2대 남해왕은 누이인 아로에게 시조묘 제사를 맡겼다. 알영의 신성성도 딸에게 전해진 것이다. 이후 신라의 왕실여사제 전통은 왕비나 공주 같은 왕실여성들을 통해 지속됐다. '신성한 여성'의 전통이 이어진 것이다. 이들 중에는 운제성모와 치술신모처럼 사후에 여산신으로 좌정한 경우도 있다.

운제성모는 남해왕의 부인이고, 치술신모는 박제상의 부인이자 실성왕의 딸이다. 가배축제를 이끌었던 유리왕의 두 딸도 여사제로 여겨진다.

신라의 왕실여사제 계보는 최소한 19대 눌지왕대까지 이어진 것으로 보인다. 왕실 여성들의 이름을 통한 추정이다. 건국초기부터 왕실에는 비슷한 이름을 가진 여성들이 자주 등장한다. 알영, 아로, 아루, 아효, 아니, 아류 등이 그것이다. 운제부인은 아루부인이라고도 했고, 19대 눌지왕의 비도 아로부인이다. 이 일련의 유사한 'ar'계 명칭들은 여사제를 가리키는 것으로 해석된다. 이 왕실여성들은 서술성모-알영의 계보를 이으면서 여성적 신성을 담지했던 존재들이다.

그런데 그들은 혁거세-알영의 이성 혹은 이왕 체제도 계승해 나갔을 것이다. 이는 황남대총 발굴 결과를 통해 추정할 수 있다. 신라 최대의 무덤인 황남대총은 무덤 두 개가 남북으로 표주박처럼 붙어 있다. 남쪽 묘가 왕의 묘이고 북쪽 묘가 왕비의 묘다. 그런데 왕비 묘에서는 정교하고 화려한 금관이 나온 반면, 왕의 묘에서는 그보다 격이 떨어지는 금동관이 출토됐다.

세계동아시아고고학회 회장을 지낸 사라 넬슨은 출토유물들의 분석을 바탕으로 왕과 왕비가 나라를 공동으로 통치했을 거라고 추정했다. 왕의 역할은 주로 전쟁과 관련됐고, 평상시의 정치적 종교적 통치권은 왕비(여왕)에게 속했다는 것이다. 넬슨은 이른 시기 신라에서는 부부가 함께 왕권을 행사했다고 본다. 그렇다면 혁거세-알영의 이성체제가 최소한 황남대총의 두 주인공에 이르기까지 지속된 셈이다. 황남대총은 4~5세기에 축조된 것으로 편년된다. 표주박처럼 붙어있는 무덤의 형상은 당시의 이성 혹은 이왕 체제를 상징하는 게 아닐까? 이런 맥락에서 보면 선덕여왕은 느닷없이 돌출한 게 아니라 건국 이후 한동안 지속됐던 여왕의 계보를 잇는 존재다.

신라의 왕실여성들을 신성한 존재로 보는 인식은 신라 멸망 이후에도 오

래 살아남았다. 삼척과 안동 지역에서 조선시대까지 봉행됐던 오금잠제라는
제의가 한 예다. 이 제의에서는 오금잠烏金簪, 즉 검은 비녀를 신라공주라며
신봉했다. 정약용은 『목민심서』에서 안동의 오금잠제에 대해 언급하면서 신
라공주 오금잠신이 있다고 했다.[15]

원화는 여사제: 성류굴에 남은 자취

신라사의 수수께끼 중 하나인 원화도 토착신앙의 여사제들로 여겨진다.
사서들은 원화가 진흥왕 때 나라의 인재를 뽑기 위해 생겨났다가 곧 화랑
에 의해 대체됐다고 전한다. 그러나 신라의 강력했던 여신신앙과 오랜 여사
제 전통을 고려하면 원화제도 혹은 그 모체가 오래전부터 존재했을 가능성이
크다. 어쩌면 가배축제를 이끌었던 유리왕의 두 딸이 그 기원인지도 모른다.
원화조직도 두 명의 원화를 받들었기 때문이다.

원화나 화랑이라는 이름에 담긴 꽃花은 우리 무속의 가장 근원적인 상징
이다. 원화와 화랑은 풍류도를 수행했는데 이는 토착신앙과 다르지 않다.
종교학자 유동식 교수는 풍류도가 "고대신앙이 5세기경 들어온 외래종교와
만나 승화된 것"이라고 해석한 바 있다. 범부 김정설은 "무릇 무속은 샤머니
즘계의 신앙풍속으로서 신라 풍류도의 중심사상"이라고 보았다. 고대 토착
신앙을 현재 우리가 아는 무속과 등치시킬 수는 없으나 무속의 원류는 토착
신앙이라고 해야 할 것이다.

원화가 화랑보다 먼저 생겼다는 사실은 풍류도의 여성중심적인 성격을
시사한다. 원화가 여사제였다면 그들이 섬기는 여신도 있었을 것이다. 여사
제는 통상적으로 여신의 영매이기 때문이다.

이와 관련해 주목을 끄는 것이 최근 울진 성류굴에서 발견된 진흥왕 관련 명문이다. 560년에 진흥왕이 다녀갔는데 "여자 둘이 교대로 보좌하며 펼쳤다女二交右伸"는 문구가 있기 때문이다. 아마도 이 둘은 원화였을 가능성이 높다.

성류굴은 『삼국유사』에 등장하는 장천굴로 판단되는데 이 굴에는 2천년 된 신이 살고 있었다. 그런데 동굴은 고구려의 수혈, 부안 수성당 당굴의 경우에서도 알 수 있듯 여신의 성소다. 따라서 여신의 성소인 장천굴을 진흥왕이 원화를 거느리고 찾은 것 같다. 당시까지도 왕실이 여신신앙을 중요시했음을 알 수 있다.

그런데도 원화가 화랑으로 대체된 데는 진흥왕이 벌였던 정복전쟁이 큰 배경으로 작용했던 것 같다. 동서양을 막론하고 전쟁은 가부장제의 성립과 깊이 관련돼 있기 때문이다.

울주에 있는 천전리각석에는 어사추여랑왕, 매왕妹王 등의 글씨가 있다. 지소부인의 남편 사부지갈문왕의 누이를 가리키는 호칭이다. 그녀는 사부지갈문왕과 그곳을 찾아 동물을 제물로 바치며 제사를 올렸다. "성덕광묘聖德光妙하다"고 표현된 그녀는 여사제였던 것으로 보이는데, 왕으로 불릴 만큼 권위가 있었던 것이다. 당시까지도 신라에서는 왕이라는 칭호가 최고통치자인 국왕에게만 독점되지 않았다.

한편 석탈해를 거둬 키운 아진의선, 소지왕에게 비판적 충고를 한 노구老嫗, 진지왕대의 도화녀, 김유신과의 사랑으로 유명한 천관녀 등도 왕실 밖에서 활동했던 여사제들로 해석된다. 아진의선은 『삼국사절요』에 아진포 촌장으로 기록돼 있기도 하다.

여사제는 고구려의 기록에도 슬쩍 모습을 보인다. 보장왕 때 주몽의 사당에서 봉직했던 무녀라든지 산상왕 때 제사와 관련된 일화에 등장하는 주통촌녀酒通村女 등이다. 특히 대무신왕 때 비류수가에 나타난 신비스런 여인은 여사제의 신이한 능력까지 보여준다. 그녀가 들고 놀았던 솥은 저절로 뜨거워져 밥을 짓는 마법의 솥이었다.

2 여신신앙의 핵심적 상징 : 여근

선사시대에 뿌리를 둔 여신신앙은 경전에 근거하지 않는다.

교리보다 제의를 통해 신성을 체험하고 이해했기 때문이다. 고구려·동예·삼한 등 고대 한반도에 존재했던 나라들의 제천의례를 설명하는 '음주가무'는 그 제의의 성격을 말해준다.

문자에 의지하거나 묶여있지 않았던 그들은 자신들이 느끼고 이해한 신성을 여러 상징들이나 자연물로 표현했다. 그것들은 실사적實寫的이거나 기하학적인 암각화이기도 했고, 토기의 문양이나 장식이기도 했으며 동굴·샘·나무 같은 자연물이기도 했다. 또 인격화한 신상을 만들기도 했다.

한반도 여신신앙의 핵심적인 상징은 여근, 즉 여성의 성기와 자궁이다. 생명을 창조하는 신성한 기관이기 때문이다. 이는 한반도 뿐 아니라 세계 여신신앙들에서 보편적으로 나타나는 현상이다. 선사시대 여신상징들을 '여신의 언어'로 처음 해독해낸 고고신화학자 마리야 김부타스는 여성성기가 가장 오래된 파르스 프로 토토Pars Pro Toto, 전체를 대변하는 부분 상징이라고 말했다. 성기가 여신의 신성성 전체를 표상하는 것이다.

포항 칠포리 여근암각화

포항 칠포리에는 여성성기를 사실적으로 묘사해놓은 선사시대 암각화가 있다.

스무 개가 넘는 성기들이 집중적으로 새겨져 있는데, 가운데 줄을 그은 역삼각형도 있다. 역삼각형은 외부에서 본 치골부위를 양식화한 것으로 기하학적으로 표상한 여근이다. 이에서 파생된 것이 서구에서 성배의 상징으로 이해되는 V다.

위대한 여신이 수천 개의 이름을 갖고 있었듯 여신신앙의 핵심인 여근도 수많은 상징들로 표상돼 왔다. 역삼각형, 알, 동굴, 샘, 연못, 우물, 성혈, 계곡, 거북, 꽃….

여신을 숭배했던 우리 선조들은 우주, 자연과 몸 그리고 순환하는 삶의 주기 등 곳곳에서 성스런 여근을 보았다. 그것은 창조력이자 생산력이고 죽음 이후 돌아가는 근원이기도 했으며 치유와 보호를 기원하게 하는 신통한 힘이기도 했다.

동굴과 샘, 알과 성혈, 꽃과 솥

동굴은 형태 자체가 여근을 닮아 있다. 동굴이 여신의 성소였다는 사실은 고구려의 수혈, 부안 수성당의 당굴 뿐 아니라 단양의 마고할미 동굴, 여근바위라 불리는 영암 월출산 베틀굴, 여러 지역의 할미굴 등의 사례를 통해 알 수 있다.

제주도에도 동굴의 여신이 있다. 산방굴에서 태어나 인간 세상의 풍파를 겪고 다시 돌아온 산방덕이다.[16] 현재는 산방굴사라는 절이 들어서 있다. 중국의 서왕모도 오래전 표범의 꼬리와 호랑이 이빨을 지니고 있던 때 동굴에서 살았다.

샘이나 연못이 여근상징이라는 것은 선덕여왕이 말해준다. 영묘사에 옥문지玉門池가 있는데 옥문이 여근이라는 것이다. 여근이 연못으로 표상되고 있다. 우물 또한 같은 상징이다. 여왕은 여근곡女根谷이란 지명도 언급해 계곡 또한 여신의 성소였음을 알 수 있다.

한반도에서 특히 두드러지는 여근상징은 알과 성혈이다.

여신신앙에서 알은 동서양을 막론하고 자궁을 의미한다. 신라와 가야, 고구려의 건국설화에서 혁거세와 수로, 주몽이 모두 알에서 출생한 이유다. 알영閼英의 '알'은 알을 음차한 것으로 보이는데, 신라 왕비들의 이름에 등장하는 'ar'계 음도 마찬가지일 것이다. 이는 알 모양 타원형 장식들이 줄줄이 달려있는 신라 왕족의 금허리띠와도 연결된다. 알 상징이 왕실 여성들의 이름과 왕족이 패용했던 금허리띠에 같이 쓰인 것이다.*

전국 도처의 바위들에서는 옛사람들이 파놓은 크고 작은 구멍들이 쉽게

---

* 신라 금관과 금허리띠, 가야 금동관이 담고 있는 여신상징에 대해서는 『여신을 찾아서』 18장과 20장 참고.

발견된다. 특히 고인돌 덮개돌에 많다. 바위 전체에 구멍들이 밀집되어 있는 경우도 있다. 이 구멍들을 성혈性穴, 즉 성적인 구멍이라고 한다. 여성의 성기, 여근의 상징이다. 이는 성혈이 알구멍이라고 불려온 데서 알 수 있다. 성혈이 많은 바위는 알바위, 알터 등으로 불렸다. 우리 조상들은 바위에 성혈을 파면서 아이도 많이 낳고 삶이 풍요로워지기를 빌었다.

원화라는 이름에 담긴 꽃과 비류수가의 여인이 들고 놀던 솥도 자궁을 상징한다.

제주도 무속에서 출산신 삼승할망은 꽃으로 아이를 점지한다. 꽃이 생명을 낳는 것이다. 중국 남부의 쫭족도 아이를 점지해주는 꽃할머니 신앙을 전승하고 있다. 꽃이 지고 열매가 맺는 과정을 보면서 자연스럽게 생겨난 인식일 것이다. 고대 중국에서도 꽃봉오리는 여근의 상징이었고, 일본 농사제의인 꽃 주술에서 꽃은 생명의 태반으로 여겼다. 원화源花는 '근원의 꽃'이라는 뜻이니 더욱 생명의 근원인 자궁과 통한다.

솥도 동서양을 막론하고 자궁의 상징으로 여신과 관련돼 있다. 웨일스의 여신 케리드웬의 솥이 유명한데, 우리도 조왕 솥이 있다. 조왕은 부엌의 여신이다. 제주도에는 솥을 재물 신으로 모시는 솥할망 신앙이 있었다. 서구에서 솥은 성배와 교환 가능한 상징이다.

솥, 잔, 토기 등 무언가를 담을 수 있는 용기들은 세계적으로 자궁의 상징으로 쓰였다. 아이를 품는 자궁도 일종의 용기처럼 인식됐기 때문일 것이다. 이는 한국도 예외가 아니다. 특히 선사시대부터 만들어져 삼국시대에 많이 보이는 둥근바닥토기는 바닥이 둥글어 전체적으로 알을 연상시킨다. 그것이 자궁이라는 사실을 분명히 하기 위해서였을 것이다.

바리와 그릇

토기 뿐 아니라 다른 그릇 종류도 자궁의 상징으로 쓰였다.

이는 바가지를 출산신인 삼신의 신체로 여긴 삼신바가지 민속에서 알 수 있다. 또 우리 무속여신들의 이름을 통해서도 드러난다. 제주의 가믄장아기는 부모가 누구 덕에 잘 사느냐고 묻자 "내 배꼽 아래 선그믓(성기) 덕"이라고 대답했다가 쫓겨난 당돌한 여신이다. 그런데 가믄장은 검은 나무바가지, 즉 나무그릇을 뜻한다. 그것이 성기의 힘을 표상하는 여신의 이름으로 쓰인데서 둘 사이의 관련성을 알 수 있다. 그녀의 언니들은 은장(은그릇)아기, 놋장(놋그릇)아기다.

그릇이 자궁의 상징이라는 사실은 바리공주 이름에도 담겨 있다. 흔히 바리라는 이름을 "버려졌다"는 뜻으로 해석하지만 그렇지 않다. 우리 여신전통에서 보자면 자궁을 상징하는 바리로 보는 게 타당하다. 바리는 놋쇠로 만든 여자의 밥그릇을 말한다. 민속신앙에서 바리가 자궁을 상징했음은 원효 관련 구비설화에서도 보인다.

경상남도 울주군 온양면 발리에는 옥련정이라는 샘이 있다. 그런데 마을 사람들은 그 샘에서 원효가 바리를 덮어쓰고 태어났다고 말한다. 그래서 바리를 뜻하는 한자 발鉢이 동네이름이 되었다는 것이다.[17] 탄생설화에 등장한 바리는 그것이 자궁의 상징임을 시사한다. 샘도 자궁인데 굳이 바리를 덧붙인 것은 발우와 관련시켜 불교적 색채를 입히려 한 것 같다. 어쨌거나 바리를 마을이름으로 쓴 것은 자궁의 생산력과 풍요, 보호력으로 마을이 평안하기를 기원한 것으로 보인다. 이러한 풍수지리적 바램은 민중의식에서 매우 보편적이었다.

한국 뿐 아니라 다른 지역의 여신신앙 전통들에서도 신성한 여근은 생명을 창조할 뿐 아니라 비를 부르거나 액을 막아주고 공동체를 수호하는 강력한 힘의 상징이었다. 세계적으로 도시나 나라의 수호신들에 여신이 많은 이유다.

하늘도 여신이었다: 하늘자궁

고대 여신신앙이 우리에게 알려주는 놀라운 정보 중 하나는 하늘도 여신이었다는 것이다.

한국 뿐 아니라 세계의 여신전통들에서 하늘은 흔히 여신으로 여겨졌다. 이집트의 하늘여신 누트, 수메르의 하늘의 여왕 이난나, 일본의 해의 여신 아마테라스가 좋은 예다. 서왕모도 천계의 여신이다.

지리산 성모천왕과 가야산 정견천왕^{정견모주의 이칭}은 이름에 하늘을 담아 하늘여신의 전통을 전해준다. 앞서 말했듯 고대의 산신들은 대개 여신이었는데 산신은 천신이기도 했다. 하늘을 향해 솟구친 산이야말로 하늘과 소통하는 성소로 여겨졌기 때문이다. 결국 지난 시절 이 땅에는 수많은 하늘의 여신이 있었던 셈이다.

성모천왕이나 정견천왕 뿐 아니라 서술성모도 하늘나라 선녀들을 부린 하늘여신이었다. 또 마고할미나 설문대할망 설화들에도 하늘여신의 흔적이 남아있다. 암각화와 문헌기록, 무속신화와 전설, 지금도 어딘가에 살아있는 오래된 민속들은 우리 여신들의 기본값이 하늘자궁이었음을 증언한다.*

하늘을 구체화하면 해와 달, 별이 된다. 그런데 해와 달은 알 모양이다. 별은 검은 하늘에 파인 성혈^{알구멍}들이다. 이는 별자리를 표시한 성혈들을

---

* 한국의 하늘여신 전통에 대해서는 『여신을 찾아서』 14장, 18장 참고.

통해 추정할 수 있다. 국문학자 김무조 교수는 '하늘'이 크다는 뜻의 우리말 '한'과 '알'이 합쳐진 '큰 알'의 의미라고 해석한 바 있다. 하늘의 고어는 '하눌'이고 방언으로 '하날'이 널리 쓰였다.

부여를 세운 동명왕에 대한 중국 측 기록 『논형』은 그 어머니가 하늘로부터 내려온 "달걀만 한" 기운을 받아 임신했다고 한다. 하늘자궁에 대한 인식이 담긴 표현이다. 수로왕이 탄생할 때 하늘에서 붉은 줄(탯줄)이 내려왔다는 금관가야 건국설화도 마찬가지다.

생명을 탄생시키는 하늘자궁은, 자궁상징들이 대체로 그렇듯, 죽은 생명들의 귀의처이기도 했다. 삼한 사람들은 사후에 하늘로 날아간다고 믿었고, 주몽과 혁거세도 죽은 뒤 하늘도 올라갔다는 설화를 남겼다.

검파형 암각화라고 불리는 한국 고유의 암각화가 있다. 선사시대 여신상인데 이 암각화의 맨 윗부분은 V 혹은 U 자로 크게 파여 있다. 하늘자궁의 상징으로 해석된다.

하늘자궁에 대한 인식은 앞서 소개한 만주족의 창조여신 이름에도 담겨 있다. 아부카허허라는 이름에서 '아부카'는 하늘, '허허'는 여자를 뜻한다. 그런데 '허허'는 원래 여성의 성기를 의미했다고 한다. 하늘과 여성성기가 결합된 이름이니 하늘자궁이 되는 것이다.

포항 칠포리 검파형 암각화

불교와 유교의 유입: 여신신앙의 주변화

이 땅의 풍요롭던 여신신앙은 불교와 유교가 유입되어 헤게모니를 쥐게 되면서 점차 주변화되었다. 그와 함께 신성한 여근이 표상했던 강력한 힘도 약화되었을 것이다.

그러나 한편으로는 새로운 움직임도 등장했다. 대중포교를 꾀했던 신진 불교세력이 여신신앙과 상징들을 불교적으로 전유해 나가기 시작한 것이다. 그 과정에서 여신의 성소였던 동굴은 고승의 수도처나 불보살의 봉안처로, 여신의 생식력을 상징하던 샘이나 우물, 바위구멍 등은 고승들의 신통력과 관련된 곳으로 탈바꿈했다. 꽃 역시 본래의 의미가 퇴색되며 불교적 의미망 안에 새로이 포섭되었다.

천왕인 여신들의 거주처였던 신성한 산꼭대기에도 불보살들이 들어섰으며 주변 성소들에는 사찰들이 새로이 건립됐다. 서술성모의 산인 서술산^{선도}산 꼭대기에 마애삼존불이 들어선 게 좋은 예다. 불교는 토착신앙의 성소들을 접수해가면서 새로운 불교신화들도 만들어 전파했다. 그 결과 낙산이나 오대산 등 불교식으로 개명한 산들이 등장했고, 그 산에는 여신 대신 불보살의 진신이 상주하게 됐다.

더 나아가 신라 땅이 본래 불교와 인연이 깊었다는 불국토사상까지 등장했다. 오래전 신라에 전불시대前佛時代 석가모니를 비롯한 과거칠불의 시대의 가람들이 있었다거나, 과거칠불 중 하나인 가섭불이 황룡사에서 설법을 했다거나 하는 이야기들이 생겨난 것이다. 석가모니 이전 가람터로 지목된 일곱 군데는 토착신앙의 성소들이었다. 한 예로 흥륜사가 들어선 천경림은 건립과정에서 이차돈의 순교를 부를 정도로 중요한 성소였다. 결국 불교세력은 토착성소들을 지우고 불교화하기 위해 불국토 이데올로기를 사용한 셈이다.

　이처럼 불교화의 과정이 다층적, 전방위적으로 진행되면서 여신의 성소와 상징, 신화들은 불교의 맥락에 흡수되거나 지워질 수밖에 없었다. 그리고 이런 경향은 먼저 뿌리를 내려가던 유교에 의해 가속화되었다. 유교의 가부장제가 남성중심적인 불교와 만나면서 여성존중 전통과 여신신앙을 한층 더 억압하고 밀어냈기 때문이다. 이와 관련한 내용은 제3부에서 다룬다.

3 초기불교와 여신신앙의 만남

불교가 처음 이 땅에 등장했을 때 사람들의 반응은 어떠했을까?

토착신앙의 세계 이해와 가치관, 다양한 의례들이 일상화돼 있던 고대인들에게 불교는 매우 낯설고 이해하기 어려운 사상이자 신앙이었을 것이다. 초월적 깨달음을 추구하는 불교는 삶의 풍요와 안락을 원하는 토착신앙과 기본적으로 길항관계에 있기 때문이다. 죽음 후의 재생을 믿으며 생명탄생을 최고의 경사로 여겼던 토착신앙과 달리 불교는 현세의 삶을 고통이라고 보면서 윤회의 고리에서 벗어나 해탈하고자 한다. 전자가 현세긍정적이라면 후자는 현세부정적이다.

『삼국사기』 법흥왕 조에는 불교공인 무렵 신라인들이 승려를 어떻게 보았는지를 알려주는 내용이 있다. 불교를 수용하려는 법흥왕을 말리며 신하들이 한 말이다.

"지금 중들을 보니 머리를 깎고 이상한 옷을 입었으며, 말하는 논리가 괴상하여 정상적인 도道가 아닙니다."

신라는 고구려나 백제에 비해 150년 정도나 불교공인이 늦었는데, 무엇보다 토착신앙 세력의 반발 때문이었다. 하지만 결국 천경림에 흥륜사가 들어섰고, 불교는 서서히 신라 땅에 퍼져나가기 시작했다. 불교공인은 왕권강화 의도와 맞물린 것이었기 때문에 왕실의 적극적 후원도 이어졌다.

초기불교의 과제: 젠더관계의 재구성

그러나 외래의 이질적인 종교가 착근하는 과정은 결코 쉽지 않았을 것이다. 상충하는 여러 지점들 중에서도 난제는 젠더관계의 재구성이 아니었을까? 여성을 존중하고 신성이 여성성에서 발현하는 여신신앙과 남성중심적인 불교는 처음부터 서로를 난감하게 했을 것이다.

이러한 상황은 초기 승려들의 활동에서 간접적으로 읽힌다. 그들이 중국에서 들여온 불경 중에는 특이하게 여성 관련 불경이 눈에 띈다. 『승만경』이나 『전단향화성광묘녀경栴檀香火星光妙女經』 같은 것들이다. 『승만경』의 주인공은 승만부인이고 『전단향화성광묘녀경』도 내용은 전해지지 않으나 이름으로 보아 여성 관련 불경일 것이다. 여신 중심 토착신앙에 불교가 뿌리를 내리려니 여성이 주인공인 경전들이 선택됐던 것 같다. 『승만경』은 특히 진덕여왕의 이름이 승만일 정도로 왕실에 영향을 미쳤다.

지금 우리에게는 낯설지만 불교여신들도 신라에서 숭배됐다. 힌두교의 풍요와 아름다움의 여신 락슈미, 지혜와 학문·음악의 여신 사라스와띠가 각각 불교화한 길상천녀와 변재천녀다. 최치원은 선덕여왕을 길상천녀와 동일시했고, 변재천녀는 영취산의 산신으로 숭배되었다.

역사기록들에는 소략하지만 불교 전파를 위해 토착신앙과의 접점을 찾앉던 초기 포교승들의 노력이 담겨 있다. 그들은 병을 치유하는 능력이나 밀교의 주술적 힘을 선전했을 뿐 아니라 민중에게 익숙한 여신상징들도 포교에 사용했다. 불교대중화에 성공한 대표적 인물인 원효는 물론이고 그와 동시대를 살면서 대중포교에 먼저 나섰던 것으로 보이는 혜공과 대안 같은 승려들에게서 그러한 정황이 보인다.

대안의 발우와 바리

대안은 『송고승전』 원효전에 소개된 인물이다.

형색과 차림새가 특이했던 그는 항상 저자거리에서 동으로 만든 발우를 치며 "크게 편안하시오大安, 크게 편안하시오"라고 외쳤다고 한다.

그는 왜 동발우를 치고 다녔을까?

발우는 불교기물이지만 식기지 두드리는 용도와는 거리가 있다. 그런데도 치고 다니며 사람들의 이목을 모은 것은 그것이 자궁상징인 바리(혹은 그릇)와 같아 민중포교에 효과적이었기 때문일 것이다. 이는 그가 발우를 치며 편안함을 기원했다는 데서 추정할 수 있다.

정신적 깨달음을 추구하는 불교의 상징체계에서 승려의 밥그릇은 편안함과 크게 관련되지 않는다. 식욕 같은 본능적 욕망은 오히려 통제의 대상이다. 반면 자궁은 토착신앙에서 풍요와 보호력 등을 함의한 최고의 상징이었으니 민중들에게 큰 편안함으로 즉각 이해됐을 것이다.

이 발우는 『삼국유사』에 실린 원효 설화에도 등장한다. 원효가 태어난 장소에 있던 사라수裟羅樹와 관련된 부분에서다. 사라수는 밤나무인데 밤의 크기가 매우 커서 한 알만 넣어도 발우가 가득 찼다고 한다.

발우에 꽉 찰 정도로 튼실한 밤알이 왕성한 생산력이나 풍요를 의미하고 있음은 읽기 어렵지 않다. 알상징인 밤알과 자궁상징인 발우가 합쳐져 상징적 힘이 배가돼 있다. 특히 벌어진 밤송이는 여성성기를 연상시키는데 실제로 민간에는 그러한 인식이 존재해왔다. 결국 원효의 신성함이 토착적 여신 상징을 이용해 표현된 셈이다. 이 설화는 대안의 발우포교가 어떤 맥락에서 시작됐는지를 보다 확실하게 말해주고 있다.

혜공의 삼태기와 거북

혜공은 선덕여왕 대의 고승으로 원효의 스승 역할을 했던 인물로 여겨진다. 어렸을 때부터 죽을 때까지 기이한 행적을 많이 보였다고 전한다. 그의 대중포교 행적은『삼국유사』이혜동진 조에 실려있다.

> 드디어 출가하여 이름을 혜공이라 바꾸었다. 항상 작은 절에 살며 매번 미치광이 행세를 했으니, 크게 취해서 삼태기를 지고 거리에서 노래하고 춤을 추곤 했다. 그래서 사람들은 그를 부궤화상負簣和尙 삼태기 진 중이라 불렀고 그가 머무는 절을 부개사라 했으니, 곧 우리말로 삼태기를 말한다. 혜공은 또 절의 우물 속으로 들어가면 몇 달씩 나오지 않았기 때문에, 우물 이름도 그의 이름을 따서 지었다.

크게 취해 거리에서 노래하고 춤을 추곤 했다는 그의 포교 행태는 잘 알려진 원효의 대중포교를 떠올리게 한다.『삼국유사』원효불기 조와『송고승전』원효전에는 비슷한 내용이 담겨 있다. 이는 술 마시고 노래하고 춤추는 행위가 특정 승려의 일탈적 기행이 아니라 초기 포교승들이 공유했던 대중 포교 방식이었을 가능성을 시사한다.

그런데 음주가무는 한반도 고대 토착신앙의 제의들과 관련해 등장하는 전형적인 표현이다. 실제 신라의 토우들은 신라인들이 즐겼던 가무의 실상을 보여주고 있다.

불교에서는 음주가무를 계율로 금한다. 그런데 초기 포교승들은 그 계율을 어긴 것이다. 불교 전래 초기여서 계율에 대한 인식이 낮아서였을까? 그럴 가능성도 있겠지만, 그보다는 낯선 불교를 알리는 데 토착신앙의 제의행태를 취할 현실적 필요 때문이었던 것 같다. 이는 혜공의 상징이 된 삼태기를 통해 추정할 수 있다.

그는 왜 삼태기를 지고 춤을 추었을까? 그 모습을 상상해보면 바로 연상되는 민속놀이가 있다. 바로 거북놀이다. 불과 수십 년 전까지만 해도 한국 시골 마을에서는 삼태기를 뒤집어쓰고 거북놀이를 했다.[18]

그런데 거북 역시 자궁의 상징이다. 거북의 둥근 등은 임신한 여성의 배를 닮아 있다. 또 거북은 백여 개의 알을 낳는 다산성을 자랑한다. 가락국 설화에서 가야인들은 수로왕 탄생을 기다리며 "거북아 거북아 머리를 내밀어라" 노래를 불렀다. 여기서 '거북이 머리를 내미는 일'은 출산 행위에 대한 비유다. 그렇기 때문에 하늘에서 붉은 줄(탯줄)을 내려 황금알들을 보낸 것이다.

대가야 토제방울 사진출처: 대동문화재연구원

이러한 거북신앙은 대가야 지역이던 고령군 지산동의 한 어린이 무덤에서 발굴된 토제방울도 말해준다. 2019년 3월 발굴된 이 방울의 한쪽 면에는 거북의 등과 머리가 새겨져 있다. 이 방울은 거북의 알을 형상화한 것으로 보이는데, 줄에 매달린 알 형태의 물체도 보인다.

또 춤추는 형상의 인물상들도 있다. 거북을 알상징과 결합시킨 이 방울은 가야인들의 거북신앙이 어떤 내용이었는지를 말해준다. 방울에는 죽은 아이의 재생에 대한 염원이 담겼을 것이다.

혜공은 토착신앙의 거북제의를 빌려와 불교를 알린 듯하다. 신라와 가야는 원래 같은 문화권이어서 동물 토우 중에 거북이 등장한다. 또 가야가 신라에 병합되면서 가야의 거북신앙이 신라에 흡수됐을 것이다. 그러한 정황은 『삼국유사』 수로부인 조에 담겨 있다.*

혜공은 또 우물에 자신의 이름을 붙이는 전략을 써서 여신의 성소를 불교화했다.

승려와 삼태기

삼태기는 불교대중화 과정에서 승려들이 애용한 도구였던 것 같다.
삼태기는 거북을 닮기도 했지만 용기라는 점에서도 자궁을 상징했을 것이다.
『삼국유사』에 따르면 경덕왕 때의 승려인 충담사도 삼태기를 등에 졌다. 또 문수보살도 고승인 자장 앞에 삼태기를 메고 나타났다. 그는 삼태기에 죽은 강아지를 담아 와 뒤집어 털었는데 강아지가 사자보좌로 변했다. 죽은 강아지가 사자로 재생한 셈이니 삼태기가 재생의 자궁을 상징했음을 말해준다.

---

* 수로부인과 거북신앙에 대해서는 『여신을 찾아서』 20장 참고.

삼태기는 뒤에 소개되는 보덕각시 설화에도 등장한다.

흥미로운 건 이 설화의 내용이다. 이 설화에서 문수보살은 남루한 복색의 늙은 거사로 등장하고, 자장은 그를 알아보지 못한다. 문수가 신통력을 보이고 떠난 후에야 자장은 그를 좇아갔으나 결국 만나지 못한 채 몸을 던져 죽고 만다.

허무하고 이상한 죽음이다. 중국기록인 『속고승전』에 실린 찬양일변도의 내용은 물론 일반적인 고승담과 다른 서사다.

정통 불교세력이 아닌 곳에서 생산된 이야기일 가능성이 높다.

원효의 무애박과 알

원효의 대중포교 방식에서 토착신앙과의 관련성을 찾은 학자는 이미 여럿이다. 유동식 교수는 원효가 불교사상 가장 창의적인 승려였는데 그 창조력의 저변에는 무교적 전통, 즉 토착신앙의 전통이 있다고 진단했다. 원효가 화랑도와 긴밀한 관련이 있었을 것이라고도 한다. 특히 가무로써 포교했다는 사실은 그가 지녔던 무교적 성격을 말해준다는 것이다.

민족문화에 조예가 깊었던 시인 조지훈도 원효의 사상 밑바닥에서 우리 고유의 사상과 신앙을 찾으려 했다. 고려대학교 민족문화연구소 초대소장을 지낸 그는 원효의 불교를 토착불교, 국선國仙불교라 명명했다. 토착적 풍류도를 원효사상의 기저로 본 것이다. 그는 신라의 고유신앙을 샤머니즘의 만신사상이라고 표현했다. 한편 화쟁사상, 회통불교로 알려진 원효의 폭넓은 불교사상이 범종파적일 뿐 아니라 범종교적이었다는 견해도 있다.

이제 『삼국유사』가 전하는 원효의 대중포교 양상을 들여다보자.

원효가 이미 계를 어겨 설총을 낳은 후에는 세속의 옷으로 바꿔 입고 스스로를 소성거사라고 했다. 우연히 광대들이 춤출 때 사용하는 큰 박을 얻었는데 그 모양이 기이했다. 그래서 그 모양에 따라 도구를 만들어『화엄경』의 한 구절인 "일체 무애인無㝵人, 장애가 없는 자유로운 사람은 한 번에 생사에서 벗어난다"라는 구절에서 따서 무애라 이름 짓고, 노래를 지어 세상에 퍼뜨렸다. 일찍이 이 무애를 가지고 수많은 마을에서 노래하고 춤추며 교화시키고 읊조리며 다녔다.

요석공주와 만나 파계한 후 소성거사가 된 원효의 포교 행적이다.

그는 왜 포교도구로 큰 박을 사용했을까? 그 역시 토착신앙에서 박이 지니는 상징적 의미를 차용하려 했기 때문일 것이다. 박은 알을 상징하는데 이는『삼국유사』신라시조 혁거세왕 조에 나온다.

사내아이(혁거세)가 알에서 나왔는데 그 알이 박처럼 생겼다. 우리나라 사람들이 박을 박朴이라 했기 때문에 성을 박이라 했다.

박이 알을 상징하므로 광대들도 춤을 출 때 박을 사용했을 것이다. 큰 박은 그만큼 풍요로운 생산력을 의미한다. 그런데 원효는 알을 상징하던 박을 무애의 상징으로 바꿔버렸다. 그는 박 뿐 아니라 혜공이 차용했던 거북상징도 받아들여 불교화한 것 같다.

이는 그가 추었던 무애무를 통해 짐작할 수 있다. 고려시대 문인 이인로는 당시까지 전해졌던 무애무를 보고 글을 써『파한집』에 남겼는데 "목이 여름 자라 같다"고 표현했다. 거북춤을 연상시키는 문구다. 원효와 혜공은 매우 가까운 사이였다.

무애무와 비구니의 광대춤

무애무는 그 기원이 광대춤에 있는 것으로 보아 희극적인 춤이었을 것이다. 그리고 아마도 주술적이기도 했던 것 같다. 이는 『삼국유사』 경흥우성 조에 등장하는 비구니를 통해 짐작해볼 수 있다.

경흥이 갑자기 병이 나서 한 달이나 되었는데, 이때 한 비구니가 찾아와서 문안을 드리면서 『화엄경』 속의 "착한 벗이 병을 고쳐준다"는 이야기를 해주며 말했다.
"지금 스님의 병은 근심으로 생긴 것이니 즐겁게 웃으면 나을 것입니다."
그리고는 열한 가지 모습을 만들어 각각 광대와 같은 춤을 추니, 그 모습은 뾰족하기도 하고 깎은 듯도 하여 변하는 모습이 이루 다 형용할 수 없을 정도였다. 모두 너무 우스워서 턱이 빠질 지경이었고, 법사의 병도 자신도 모르게 씻은 듯 나았다. 그러자 비구니는 문을 나가 남항사에 들어가 숨었는데, 가지고 있던 지팡이만 십일면원통상(십일면관음보살상) 탱화 앞에 있었다.

경흥은 신문왕 때의 고승이다. 원효는 신문왕 6년에 죽었다. 경흥의 병을 고치기 위해 비구니가 춘 광대춤은 무애무와 관련됐을 가능성이 있다. 『화엄경』이 언급된 것도 두 춤의 공통점이다. 만약 그렇다면 원효의 무애무도 치병 등의 효능이 있는 무당춤 비슷한 것으로 민중들에게 인식됐던 게 아닐까? 원효는 아래에 소개된 『금강삼매경소』 관련 설화에서도 병을 치유하는 신통력과 관련돼 있다.

『금강삼매경소』와 소뿔

지략이 뛰어났던 원효는 포교과정에서 토착신앙의 주요상징들을 적절히 잘 차용했던 것 같다. 그의 대표적 저작 중 하나인『금강삼매경소』의 저술과 관련된 설화에도 그런 정황이 드러난다. 먼저『삼국유사』에 실린 내용을 보자.

또 바다용의 권유로 길에서 조서를 받아『삼매경소』를 지었는데, 글을 지을 때 붓과 벼루를 소의 두 뿔 사이에 놓았기 때문에 각승角乘이라고도 하였으니, 이것은 본각本覺과 시각視覺의 숨은 의미를 나타낸 것이다.

불교에서 소는 심우도에 등장하는 소처럼 깨달음과 관련된 상징으로 쓰인다. 따라서 위의 내용을 불교적 맥락에서만 이해해왔다. 하지만 자세히 들여다보면 소 자체보다 뿔이 강조돼 있음을 알 수 있다. 각승이라는 용어부터가 그렇다.

그런데 소뿔은 신라 토착신앙에서 매우 중요한 상징이었다. 최고위 관등을 각간角干이라 했고, 김유신은 태대각간太大角干이란 특권적 지위를 받았다. 뿔이 지닌 힘과 권위를 짐작할 수 있다. 천마총에서는 실제 소뿔 20개도 출토됐다. 무덤에서 발견된 소뿔은 그것이 신앙적 의미도 지녔음을 시사한다.*

『삼국유사』의 위 설화는『송고승전』이 출전이다. 그런데 그에 의하면 원효

* 신라, 가야의 토착신앙과 세계 여신신앙의 소뿔상징에 대해서는『여신을 찾아서』 3장, 18장, 20장 참고.

가 『금강삼매경소』를 저술하게 된 이유가 왕비의 병을 낫게 하기 위해서였다. 불교교리의 현창이 아니라 병을 치유하려는 주술적 맥락이 전면에 드러나 있는 것이다. 이러한 상황은 위 설화에 등장한 소뿔이 토착신앙에서 유래했을 가능성을 높여준다. 『금강삼매경소』 설화에서도 불교전파를 위해 원효가 구사했던 토착화전략을 읽을 수 있는 것이다.

신라에서 여성관음이 등장하게 된 경로도 그러한 전략과 잇닿아 있었을 것이다. 물론 그 경로는 일방향이 아니라 쌍방향이었다. 토착신앙 세력도 신흥종교로서 헤게모니를 장악해 나가던 불교에 적응할 수밖에 없었기 때문이다. 토착신앙과 불교의 습합은 양자 모두의 전략적 이해관계가 교차하면서 발생하고 진행되었다.

비구니와 여신의 만남: 여성관음의 탄생을 예고하다

『삼국유사』는 그러한 역동적 과정을 구체적으로 보여주는 설화 두 개를 담고 있다. 원광서학 조와 선도성모수희불사 조에 담긴 내용들이다. 둘 다 진평왕 때 일어난 사건으로, 당시 원효는 탄생 전이거나 출가 전이었다.

원광서학 조에서는 고승 원광이 삼기산의 신과 만나 관계를 맺는다. 그런데 그 신이 원광의 당나라 유학을 인도하는 것으로 보아 현실적으로는 토착신앙 세력의 힘이 더 컸던 것 같다.

삼기산신은 산신이라는 점 뿐 아니라 "커다란 팔뚝이 구름을 뚫고 하늘 끝에 닿아 있을" 정도로 거구라는 점에서 여신으로 보는 게 타당하다. 그런데 그녀는 "나이가 3천 세에 가깝고 신술神術도 가장 뛰어나다"고 자신을 과시한다. 하지만 불교로 세력이 넘어가는 어떤 사건이 있었던 듯 이야기 말미에 아무런 이유도 없이 죽어버린다. 게다가 죽은 그녀의 몸은 늙은 여우로 비하돼 있다.

선도성모수희불사 조에서는 선도성모(서술성모)가 비구니 지혜의 꿈에 나타나 불전을 수리할 황금을 제공한다. 그리고 오악五岳의 신군神君을 그리고 점찰법회를 개설하라는 명을 내린다.[19] 절에 오악의 산신상을 모시고 점복적인 성격의 법회를 열라는 것이다. 불교 안에 무속을 받아들이라는 명령이다. 그 결과 지금도 한국사찰들에는 산신각, 산령각 등이 들어서 있다.

비구니 지혜의 꿈에 나타났다는 선도성모 설화는 신라에서 여성관음을 출현시킨 모태적 공간을 구체적으로 보여준다. 바로 여사제 전통을 잇는 비구니와 토착여신이 만나는 무불습합의 공간이다. 비구니와 여신의 만남은 여신의 관음화를 예고한다.

토착여신들이 특히 관음과 습합될 수 있었던 데는 무한한 응신능력이나 자비 등 관음의 특성이 작용했을 것이다. 또 관음신앙의 신행적 내용이 토착신앙과 만날 수 있는 접면이 넓었던 것도 큰 이유로 들 수 있다. 그 접면에서는 다음의 몇 지점들이 보인다.

첫째, 관음신앙이 현세의 고통으로부터 중생을 구제하는 현세이익적 신앙이라는 점이다. 그런데 물질적 풍요와 치병, 재난의 예방과 구제, 기복 등은 고대 토착종교들의 보편적 목적들이다. 둘째, 자식을 원하는 사람의 소원을 들어주는 관음의 능력이 출산과정을 관장하던 여신의 기능과 상통한다. 셋째, 아미타 신앙에서 미타불을 협시하는 관음은 극락왕생의 인도자인데, 이 역시 죽음과 사후 재생과정을 담당한 여신의 기능과 상통한다.

4 여성관음의 등장과 원효

『삼국유사』에서 관음보살이 여성으로 처음 등장하는 시기는 문무왕대다. 낙산이대성관음정취조신 조와 광덕엄장 조에 등장하는 관음들이다. 그런데 공교롭게도 두 설화 모두에 원효가 등장한다. 먼저 낙산이대성관음정취조신 조에 실린 내용을 보자.

> 그 뒤(의상대사가 낙산 해변의 굴에서 관음진신을 친견하고 낙산사를 창건한 후)에 원효법사가 와서 예를 올리려고 했다. 처음에 남쪽 교외에 이르렀는데, 논 가운데서 흰옷을 입은 여자가 벼를 베고 있었다. 법사가 희롱삼아 그 벼를 달라고 하자, 여자도 희롱조로 벼가 영글지 않았다고 대답했다. 법사가 또 가다가 다리 밑에 이르자 한 여인이 월경수건을 빨고 있었다. 법사가 물을 달라고 청하자 여인은 그 더러운 물을 떠서 바쳤다. 법사는 그 물을 엎질러버리고 다시 냇물을 떠서 마셨다. 이때 들 가운데 서 있는 소나무 위에서 파랑새青鳥 한 마리가 말했다.
> "불성을 깨닫지 못한 중!"

그리고는 홀연히 숨어서 보이지 않았고, 다만 그 소나무 아래에 신발 한 짝이 떨어져 있었다. 법사가 절에 이르러 보니 관음보살상의 자리 밑에 또 아까 보았던 신발 한 짝이 있었다. 그제야 원효법사는 전에 만났던 성녀聖女가 관음의 진신이라는 것을 알았다. 그래서 사람들은 그 소나무를 관음송觀音松이라고 했다. 법사가 신성한 굴로 들어가 다시 관음의 진신을 보려고 했지만 풍랑이 크게 일어나 들어가지 못하고 떠났다.

간단히 말하자면 원효가 여성으로 나타난 관음을 두 번이나 만났지만 알아보지 못했고, 결국 의상이 친견했던 관음진신을 보기는커녕 굴에도 들어가지 못했다는 이야기다. 관음보살의 놀라운 영험을 말해주는 전형적인 관음설화와는 다른 종류다.

그런 점에서 이 설화는 매우 독특할 뿐 아니라 내용 역시 불교적 관점으로는 이해가 쉽지 않다. 한국 불교사의 최고봉으로 존숭되는 원효를 조롱 내지 비판하는 내용부터가 그렇다. 이는 자장의 허무한 죽음을 전하는 앞서의 설화와도 연결된다. 원효와 자장 모두 보살을 친견하고도 알아보지 못한 것이다.

위 설화의 이해가 쉽지 않은 이유는 여신신앙의 코드로 서사가 직조돼 있기 때문이다. 이 설화의 출처는 고본古本이라고 돼 있는데 정체가 불분명하지만 정통 불교전적이 아닐 것이다.

원효가 만난 여신들

이야기에 등장하는 두 여인은 관음으로 습합된 토착신앙의 여신들이다.

그러나 이름만 바뀌었을 뿐 그녀들의 정체성은 그대로다. 의상이 친견한 관음도 개양할미처럼 해변의 굴에서 숭배되던 여신이 관음화한 것으로 보인다. 낙산사가 자리한 동해안 일대의 해신신앙에서도 주신은 여신들이었다.

　　원효가 처음 만났던 벼 베던 여인은 곡신일 것이다. 고구려에서 곡신으로 숭배됐던 유화와 같은 존재다. 그런데 원효와 그녀의 만남에서는 성적인 낌새가 풍긴다. 서로 간에 희롱했다는 표현이 그렇다. 그런데 여인은 원효의 성적인 접근을 거부한다. 이유는 "벼가 영글지 않았기稻荒" 때문이다.

　　무슨 뜻일까?

　　그녀는 출가승인 원효의 불임성을 지적하고 있는 것이다. 영글지 않은 벼는 볍씨로 쓸 수 없다. 즉 생산력이 없는 것이다. 출가한 승려는 성생활을 계율로 금지하니 영글지 않은 벼와 마찬가지다. 그러니 공연히 수작 걸지 말라는 조롱이다.

　　머쓱해진 원효가 길을 더 가다가 다리 밑에서 만난 여인은 출산의 여신으로 보인다. 월경수건은 출산능력을 표상하기 때문이다. 그런데 원효는 그녀가 떠준 피가 섞인 물을 버렸다. 그리고 파랑새에게 "불성을 깨닫지 못한 중"이란 호된 비난을 들은 것이다.

　　왜일까?

　　여신신앙에서 월경피는 생명을 탄생시키는 신성한 것이다. 고인돌 유구에서 흔히 발견되는 붉은 흙은 죽은 이를 재생시킨다고 믿어진 월경피를 모방한 것이다. 임신 중에는 월경이 그치므로 고대인들은 그 피가 생명을 만든다고 생각했다. 우리 〈성주풀이〉나 제주무가에는 임신 중 피를 모아 아기를 만든다는 내용이 등장한다. 경주 나정에서 출토된 '生'자가 쓰인 기와들 중 일부는 붉은 물감이 칠해져 있었다. 구석기 여신상으로 유명한 빌렌도르프의 비너스와 로셀의 비너스도 원래 온몸에 붉은 칠을 하고 있었다.

그런데 원효는 벼 베는 여인이 불임성의 문제를 지적했음에도 불구하고 신성한 월경피를 더럽게 여겨 버리고 말았다. 여신신앙의 가치를 받아들이지 못한 것이다. 그 결과 그는 관음의 진신이 거처하는 신성한 굴로 들어갈 수 없었다. 풍랑이 크게 일어나 막았다는데 동해안 사람들은 그것이 해랑신海娘神의 소관이라고 믿었다.[20] 결국 바다의 여신이 그의 발길을 막은 셈이다.

신성하고 강력한 힘을 가진 월경피, 그리고 동지팥죽

생명을 탄생시키는 월경피는 그 신성한 힘으로 병을 치료하거나 액을 막아주는 효험이 있는 것으로 여겨졌다. 18세기 초 수년간 부산에 머물렀던 한 일본인은 『유년공부』라는 설화집을 쓰면서 한국인들이 월경피를 약처럼 복용한다고 기록했다.

월경피를 이용한 액막이 주술은 전라남도 진도군에서 마을 여성들이 중심이 돼 벌였던 도깨비굿에서 나타난다. 굿이 시작되면 맨 앞에 선 인솔자가 월경피가 묻은 속곳을 긴 간대에 걸고 휘저으며 마을의 집들을 돌아다녔다. 그것이 도깨비를 물리치는 힘이 있다고 믿었기 때문이다.

새알심이 들어있는 붉은 팥죽은 월경피와 알을 표상하는 것으로 보인다. 그래서 동지팥죽이 액막이 효능이 있다고 믿어졌을 것이다. 팥죽과 관련해 전승돼 온 민담에서는 붉은 팥물이 말이나 염소같은 동물의 피 대용으로 쓰였다고 한다. 원래 월경피를 의미하던 것이 훗날 변형된 것으로 보인다.

여신신앙을 옹호하는 관음

위 설화가 만들어진 과정은 알 수 없다. 그러나 『삼국유사』 이전의 다른 기록들에서도 보이는 것으로 보아 상당히 널리 퍼져있던 유명한 이야기였던 것 같다.

12세기 후반 고려의 문인인 임춘은 낙산 서쪽에 있던 관음송을 보고 시를 지었다. 또 고려 후기의 문신인 정추는 월경수건을 빨았던 샘물인 냉천冷泉을 시로 읊었다. 관음송과 냉천은 조선 초까지도 중요한 유적지로 손꼽혔다.

어찌됐든 위의 관음설화는 불교가 아니라 여신신앙의 입장에 서 있다. 여신들이 관음으로 나타나 원효를 조롱하고 비판한 것이다. 이는 설화에 등장하는 파랑새를 통해서도 유추할 수 있다. 파랑새는 한국민중에게도 친숙한 서왕모의 메신저이자 상징이었다.

선사시대부터 새는 뱀과 함께 여신의 대표적 상징으로 세계 여신전통 곳곳에 등장한다.* 한국에서도 영취산신 변재천녀의 메신저는 까마귀였고, 유화는 비둘기를 보내 주몽에게 씨앗을 전했다. 결국 여신의 메신저인 파랑새가 원효에게 꾸지람을 내린 것이다.

출가승인 원효는 우주만물의 생식력과 탄생의 신성함을 인정하지 않는 존재다. 여신신앙의 입장에서 이런 존재가 달가울 리 없다. 사라수 설화에 등장하는 발우에 꽉 차는 큰 밤과 영글지 않은 벼의 엇갈리는 대비가 흥미롭다. 전자가 불교계의 관점이라면 후자는 불교의 외피만 받아들인 토착신앙 세력의 입장이다. 여신을 대변할 불교의 신으로 관음이 선택된 것이다.

이러한 정황은 고려의 다른 기록들이 낙산관음과 관련한 원효의 행적을

---

* 새여신과 뱀여신 전통에 대해서는 『여신을 찾아서』 4장 참고.

다르게 소개하는 데서도 나타난다. 앞에 소개한 임춘은 〈동행기東行記〉에서 원효와 의상 두 법사가 굴에서 관음보살을 친견했다고 한다. 또 고려 말에 쓰인 불영사의 기록은 신라고비新羅古碑의 내용이라면서 의상과 원효 두 법사가 낙산으로 가서 대비상(관음상)을 참례했다고 한다. 원효가 관음을 친견하고 참례하는 데 문제가 없는 것이다. 사찰불교계나 식자층에서는 원효를 비판하는 설화가 수용되지 않은 것 같다.

나체로 기도한 의상

강원도 양양에는 낙산사 창건과 관련해 『삼국유사』 설화와 결이 다른 이야기들이 전해졌다. 한 예로 양양문화원에서 출간한 향토지(1976)에는 다음과 같은 흥미로운 내용이 실려 있다.

"(…)의상조사께서 입산하는 도중 돌다리 위에서 이상한 청조(파랑새)를 만났으므로 쫓아 들어가 본즉 청조는 석굴 속으로 들어가버리고 보이지 않았다. 대사는 이것을 더욱 이상하게 여기고 굴 앞에 있는 해중반석 위에 나체로 정좌하여 칠일칠야를 지성으로 기도드렸더니 하루는 벽파 속에 홍련이 솟아오르고 그 홍련 속에서 관음보살이 출현하였으므로(…)."

여기서 의상이 나체로 정좌해 기도했다는 것은 해랑신에게 사람들이 남근상을 바쳐온 역사를 볼 때 명백히 성적인 함의를 갖는 것이다. 이로써 민중들은 현대까지도 섹슈얼리티의 성스러움을 불교의 성스러움과 회통시켜왔음을 알 수 있다. 의상이 관음을 친견할 수 있었던 것은 설화적 맥락에서 볼 때 원효와 달리 여신에게 기꺼이 성적 서비스를 제공했기 때문일 수 있다.

5 출산하는 관음의 등장

『삼국유사』에는 월경수건 빨던 여인의 계보를 잇는 관음이 또 등장한다. 남백월이성노힐부득달달박박 조에 등장하는 관음이다. 그녀는 아름다운 낭자로 응신해 노힐부득과 달달박박 두 승려를 찾는다. 그리고 암시적 가르침을 알아듣지 못한 원효와의 만남이 답답했는지 구체적으로 "길을 가르쳐 주려" 왔다고 방문 목적을 밝힌다.

성덕왕이 왕위에 오른 지 8년째 되는 해였다. 날이 저물려고 하는데, 스무 살가량의 한 낭자가 매우 아름다운 얼굴에 난초와 사향의 향기를 풍기면서 북암(달달박박의 거처)에서 하룻밤 자고 가겠다고 청하고는 글을 써서 바쳤다.

나그넷길 해 저물어 온 산이 어두운데
길 막히고 성은 멀어 마을도 없다오.
오늘은 이 암자에서 묵으려 하는데
자비로운 스님은 화내지 마시오.

박박이 말했다.

"절은 깨끗하도록 노력해야 하는 곳이니 그대가 가까이 할 곳이 아니오.
어서 떠나시오. 이곳에 지체하지 마시오."

이렇게 말하고는 문을 닫고 들어가 버렸다.

낭자는 남암(노힐부득의 거처)으로 가서 또 전과 같이 부탁했다.

그러자 부득이 말했다.

"그대는 어디서 이 밤중에 왔소?"

낭자가 대답했다.

"고요함이 태허와 한 몸이 되었으니 어찌 오고 감이 있겠습니까? 다만 어지
신 분이 바라는 뜻이 깊고 무거우며 덕행이 높고 굳다 하기에, 보리를 이루도
록 돕고자 할 뿐입니다."

그리고는 게송 하나를 주었다.

(…)

잠잘 곳 청함은 길 잃어서 아니요
스님에게 길을 가르쳐주려 함이네.
부디 나의 청만 들어주시고
길손이 누군지 묻지 마시오.

부득사는 이 말을 듣고 몹시 놀라 말했다.

"이곳은 부녀자가 더럽힐 곳이 아니지만 중생을 따르는 것도 보살행의 하나
요. 하물며 깊은 산골에서 날이 어두워졌으니 어찌 소홀히 대할 수 있겠소."

곧 암자로 맞아들여 머물도록 했다. 밤이 되자 마음을 맑게 하고 지조를 가다
듬고 희미한 등불이 비치는 방에서 조용히 염불을 했다. 날이 새려 하자 낭자

가 부득사를 부르며 말했다.

"내 불행하게도 마침 해산할 기미가 있으니, 부탁이니 스님께서는 짚자리를 준비해 주십시오."

부득은 불쌍한 생각이 들어서 거절하지 못하고 촛불을 은은하게 밝혔다. 낭자가 이미 해산을 한 후에, 또 목욕을 시켜달라고 부탁했다. 부득은 부끄러움과 두려운 마음이 교차했지만, 가엾게 여기는 마음이 더 커져서, 목욕통을 준비해 낭자를 통 안에 앉히고 물을 데워 목욕을 시켰다. 그런데 잠시 후 목욕물에서 향기가 진하게 풍기더니 물이 금빛으로 변했다. 노힐부득이 깜짝 놀라자 낭자가 말했다.

"우리 스님도 이 물로 목욕하십시오."

부득이 억지로 그 말대로 했는데, 갑자기 정신이 상쾌해지고 피부가 금빛으로 변했다. 그 옆을 보니 홀연히 연화대좌가 있었다. 낭자는 부득에게 앉으라고 권하고는 이렇게 말했다.

"나는 관음보살인데 대사를 도와 큰 깨달음을 이루어 주려고 왔소."

그리고 말을 마치더니 사라졌다.

한편 박박은 부득이 지난밤에 반드시 계를 더럽혔을 것이라 생각하고는 부득에게 가서 비웃어 주려고 했다. 그런데 가서 보니, 부득은 연화대에 앉아 미륵존상이 되어 밝은 빛을 발하며 몸이 금색으로 채색되어 있었다. 박박은 자신도 모르게 머리를 조아려 예를 올리고는 말했다.

"어떻게 이렇게 되었습니까?"

부득이 그 연유를 자세히 말해주자 박박은 탄식하며 말했다.

"내 장애가 많아서 다행히 부처님을 만나고도 도리어 만나지 못한 셈이 되었습니다. 큰 덕에 지극히 어진 그대가 나보다 먼저 뜻을 이루었습니다. 옛 인연을 잊지 말고 나도 도와주기 바랍니다."

"통 속에 금물이 남았으니 목욕할 수 있을 것이오."

박박도 목욕을 하자, 부득처럼 무량수불이 되어 두 부처가 엄연히 서로 마주 대했다. 산 아래 마을 사람들이 이 말을 듣고 앞 다투어 달려와 우러러보며 감탄했다.

"참으로 희한한 일이로다!"

두 부처는 불법의 요체를 설명한 뒤 구름을 타고 떠나갔다.

천보 14년 을미(서기 755)에 신라 경덕왕이 왕위에 올랐는데, 이 일을 듣고 정유년(서기 757)에 사자를 보내어 큰 절을 창건하고 백월산남사白月山南寺라고 했다. … 다시 미륵존상을 만들어 금당에 모시고 현판에 '현신성도미륵지전現身成道彌勒之殿'이라고 하였다. 또 아미타불상을 만들어 강당에 모셨다. 그러나 남은 금물이 모자라 몸에 고루 바르지 못해 아미타불상에는 역시 얼룩진 흔적이 있다. 그 현판에는 '현신성도무량수전現身成道無量壽殿'이라 하였다.

섹슈얼리티와 출산은 신성하다!

위 설화의 관음은 월경수건을 빨면서 출산의 신성함을 암시하는 게 아니라 아예 스스로 출산을 해버린다. 그리고 미모에 난초와 사향 향기를 풍기며 성적인 유혹도 감행한다. 낭자와 노힐부득이 함께 한 목욕도 성적인 함의를 갖는다. 그녀가 출산의 여신이라는 추정은 중국의 송자관음과 일본의 자안관음을 떠올릴 때 더 설득력을 얻는다. 낭자는 출산의 신성함을 가르치려 두 승려 앞에 나타났고, 출산과 목욕을 통해 노힐부득을 성불시켰다.

지금까지 위 설화를 해석해온 사람들은 모두 불교적 시각에서만 분석했다. 그 결과 달달박박은 계율에 집착하는 소승적 승려로, 노힐부득은 대승적 자비를 베푼 승려로 곧잘 대비시켰다. 그래서 부득이 먼저 성불할 수 있었다는 것이다. 혹은 부득이 음욕적 행위를 하면서도 끝내 유혹에 흔들리지 않아 성불할 수 있었다고 주장했다.

하지만 이렇게 해석하면 박박도 함께 성불한 것이 잘 이해되지 않는다. 이는 유사한 불교설화를 볼 때도 그렇다.

대승불교의 논서인 『대지도론』에는 노힐부득과 달달박박처럼 서로 다른 두 비구가 등장한다. 희근 비구와 승의 비구다. 희근은 제자들에게 계를 꼭 지키라거나 수행에 철두철미 정진하라고 하지 않았다. 다만 존재하는 모든 것이 걸림이 없음을 가르쳤다. 반면 승의는 철저한 수행승이어서 희근의 그런 태도를 비난했다. 하지만 성불한 것은 희근 비구고 승의 비구는 지옥에 떨어지고 만다. 박박과 너무 다른 업보를 맞은 것이다.

노힐부득이 낭자의 청을 들어주면서 유혹에 흔들리지 않았다는 견해도 오해다. 그는 낭자가 목욕시켜달라고 했을 때 '부끄러움과 두려운 마음이 교차'하며 초탈의 경지에 들지 못했다. 낭자의 권유로 목욕통에 들어갈 때도 '억지로' 들어갔다. 이 이야기는 우리가 흔히 접하는, 미모의 여성이 수행의 방해물로 등장했다가 결국은 극복되는 전형적인 불교설화와도 매우 다르다. 그런 서사구조라면 굳이 출산행위가 구체적으로 등장할 필요가 없다.

이 설화에서 성스러움의 발현은 출산 후 목욕시켜 주기라는 행위를 통해 이뤄진다. 부득이 목욕을 시킨 후 목욕물이 향기가 풍기고 금빛이 나는 성스러운 상태로 변화한 것이다. 그 목욕물에는 출산의 신성한 피가 섞여 있었다. 이 설화는 출산의 전후과정을 사실적으로 묘사하며 신성함을 드러낸다. 신성함은 부득의 자비행이 아니라 향기로운 금빛 목욕물에 있다.

이는 달달박박의 성불 과정이 말해준다. 그도 성불할 수 있었던 것은 통속에 금물이 남아 있었고, 그 또한 목욕을 했기 때문이다. 다른 이유가 없다. 정통 불교설화라면 담기 힘든 내용이다. 게다가 물이 담긴 목욕통은 자궁의 상징이기도 하다. 노힐부득과 달달박박은 자궁에 들어가 부처로 재탄생한 것이다.[21]

노힐부득이 먼저 성불할 수 있었던 것은 "중생을 따르는 것도 보살행의 하나"라며 여신신앙의 가치를 받아들였기 때문이었다. 만약 두 승려가 실존인물이거나 실존인물과 관련되었다면 그들은 토착신앙과의 접경지대에 위치했던 승려들이었을 것이다. 설화 앞부분에서 노힐부득과 달달박박이 대처승으로 소개돼 있는 것도 결코 우연이 아니다.

여신은 섹슈얼리티와 생명탄생을 축하한다

세계적으로 여신신앙 전통들에서 보이는 공통적 가치관은 생명탄생에 대한 축하다. 이는 현세를 비하하며 죽음 이후 피안의 세계를 신앙의 핵심에 놓고, 탄생보다 죽음에 더 관심을 두는 가부장제 종교들과 확실히 다른 특성이다.

여신신앙에서는 모든 생명체가 죽은 후 다른 세계로 가는 게 아니라 이 세상에 다시 태어나는 것으로 여겼다. 자연의 법칙 그대로다. 또 현세의 실존적 상황을 죄나 고통의 시각에서 보는 기독교나 불교와 달리 일상 속 삶의 현장을 아름답고 성스럽게 여겼다. 그러니 세상에 태어나는 게 축복이 되는 것이다.

생명이 탄생하려면 성행위가 전제돼야 하므로 섹슈얼리티도 신성한 것으로 찬양됐다. 수메르의 여신 이난나는 〈이난나와 두무지의 구애〉로 알려진 신화에서 자신의 섹슈얼리티를 조금도 거리낌 없이 과시한다.

신랑인 두무지와 함께 성적 쾌락과 그 결실에 대해 노래하는 것이다.

성행위를 묘사하거나 과장된 성기를 노출시킨 신라의 토우들도 같은 맥락에 있다.

여신신앙에서 섹슈얼리티는 인간의 육욕적인 차원에 그치지 않는다. 그것은 자연과 우주를 발생·유지시키는 창조력이자 생산력으로 확장된다.

박연폭포 위에 서 있던 부득과 박박

황해도 개성에는 위의 해석을 뒷받침해 주는 유적이 존재했다.

폭포로 유명한 연못인 박연朴淵 위 양쪽 언덕에 자리했던 노힐부득과 달달박박의 석상들이다. 유호인의 〈유송도록〉 등 조선시대 유람록이나 『신증동국여지승람』에 전한다. 고려 말 문인 백문보가 지은 시 〈박연폭포행〉에도 노힐부득과 달달박박을 가리키는 것으로 보이는 내용이 있다. 그렇다면 그 석상들은 늦어도 고려 때 세워진 것이다.

도대체 왜 노힐부득과 달달박박의 석상이 박연 위에 세워진 것일까?

박연 위쪽 상류에 유명한 관음굴이 있고, 연못이 자궁의 상징이라는 사실을 알면 어느 정도 의문이 풀린다. 관음굴 앞에는 970년에 창건된 관음사가 있는데, 관음굴은 창건 이전부터 있었다고 한다. 출산하는 관음이니 자궁을 상징하는 굴에 봉안됐을 것이다. 이 굴은 본래 토착여신의 성소였을 가능성이 높다.

박연은 크고 너른 바위에 바가지 모양으로 파여 있는 큰 물웅덩이다. 부득과 박박을 성불시킨 목욕통과 같은 것이다. 그러니 그 위에 두 성인을 모셨을 것이다.

개성 박연폭포
사진출처: 문화재청 국가문화유산포털

관음굴에는 현재 대리석으로 만든 관음상이 봉안돼 있다. 사진상으로는 완연한 여성형상이다. (사진자료 6 참조)

원래 관음상 두 구가 있었는데 하나는 평양 중앙역사박물관에 보관돼 있다.

박연이 여신의 성소였음은 그곳에 용녀가 산다는 전설이 말해준다. 그 아래 폭포물이 떨어지는 곳은 고모담姑母潭이라고 불린다. 역시 여신의 성소다.

경덕왕 때 왕명으로 절에 모셔졌던 두 부처가 여신의 성소인 연못 위에 서 있던 상황은 그들의 토착신앙적 성격을 시사한다. 그리고 그 설화가 개성까지 확산돼 현지화된 사실은 그것이 강력한 민중적 호소력을 지닌 것이었음을 말해준다. 노힐부득 달달박박 설화의 모티브가 출산이라는 것은 제3부에서 다시 언급한다.

토착신앙과 불교의 점이지대

관음의 외피를 쓰고 등장한 『삼국유사』 속 여신들은 당시 신라의 습합적 종교상황과 그것이 만들어낸 점이지대를 상상하게 한다. 그녀들은 불교 토착화 전략과 토착신앙의 불교화 흐름이 역동적으로 교차하며 생산됐을 것이다. 본색이 무엇이냐에 따라 관음의 성격은 토착신앙적일 수도 있고 불교적일 수도 있다.

이러한 중층적 상황은 승려들에게서도 나타난다. 『삼국유사』 밀본최사조에 등장하는 법척과 밀본의 경우를 보자. 선덕여왕대의 일이다.

선덕왕 덕만이 병에 걸려 오랫동안 낫지 않자, 흥륜사의 승려 법척이 명을 받고 병을 치료했지만 오랫동안 효과가 없었다. 이때 밀본법사가 덕행으로 나라에 소문이 났는데… 궁으로 맞아들였다. 밀본이 침실 밖에서 『약사경』 읽기를 마쳤다. 그때 가지고 온 육환장이 침실로 날아 들어가 늙은 여우 한 마리와 중 법척을 찔러 뜰아래로 거꾸로 내던졌다.

위 기사에 등장한 늙은 여우는, 삼기산 여신의 경우에서 알 수 있듯, 토착신앙의 여사제였던 것으로 해석된다. 아니면 법척이 무속적 방식으로 여왕을 치료했음을 시사하는 존재일 것이다. 어느 경우든 법척은 토착신앙적 승려였던 것으로 보인다. 밀본은 토착신앙을 배격하는 승려로서 법척과 대립된 입장에 있었을 것이다.

그런데 주목되는 것은 법척이 흥륜사의 승려였다는 점이다. 흥륜사는 법흥왕 때 이차돈의 순교를 거쳐 공사가 시작됐고 진흥왕 때 완공된 신라 최초의 사찰이다. 진흥왕은 대왕흥륜사라는 이름을 내렸다. 그만큼 중요한 사찰의 승려가 토착신앙적이었다는 사실은 선덕여왕대에도 토착신앙이 상당한 세력을 지니고 있었음을 시사한다.

법척과 유사한 성격의 승려는 후대에도 보인다. 경덕왕 때의 월명사 같은 경우다. 그는 왕에게 자신이 화랑의 무리에 속해 있어 향가만 알 뿐 불교 노래는 익숙하지 못하다고 말한다. 정통 승려가 아니었던 것이다.

6 원효의 파계행 다시 보기

불교와 토착신앙이 역동적으로 만나고 있던 신라사회에서 원효가 토착신앙에 대해 취한 태도는 어떤 것이었을까? 앞서 소개한 관음설화를 보면 그는 처음에 비타협적 태도를 취했던 것 같다. 그래서 그런 설화가 생겨났을 것이다.

그렇다면 그런 원효가 왜 파계를 했을까? 『송고승전』 원효전에 의하면 그는 창가에도 드나들었다고 한다.

얼마 안 되어, 말하는 것이 사납고 함부로 하였으며 행적을 나타냄이 어그러지고 거칠었으니, 거사들과 함께 술집이나 창가倡家에 드나들었다.

그의 파계행은 지금까지 불교적 관점에서만 해석돼 왔다. 원효의 계율관이 대승보살계에 기초해 자유로웠다든가, 진속일여眞俗一如 염정불이染淨不二의 정신 때문이라든가 하는 해석들이다. 무애의 초탈한 경지를 보여주는 포교행이라는 말도 흔히 들린다. 다 일리 있는 견해들일 것이다.

파계를 동반하는 고승들의 일탈적 행위는 원효에게 국한되지 않는다. 앞서 혜공의 경우도 소개했지만 중국과 일본에도 유사한 사례들이 있다. 당나라의 규기나 일본의 잇큐 소준 같은 이들이다. 물론 파계의 정도는 각각 다르지만 불교 승려들 사이에 국제적으로 그런 유형이 존재한다면 그를 설명할 수 있는 불교적 논리는 분명히 있을 것이다.

하지만 다른 해석도 가능하다. 특히 창가에 드나든 원효의 행적을 볼 때 그렇다. 원효의 불임성을 조롱한 관음이 떠오르기 때문이다. 그 설화에서 원효는 출산의 가치를 거부한 출가승으로서 관음진신이 거처하는 신성한 굴에 들어가지 못했다. 굴은 가장 오래된 자궁의 상징이니 당연한 결말이다.

그런데 사찰이 아니라 토착신앙의 성소였던 굴에 거주하는 관음은 대중불교를 상징하는 존재다. 불교가 대중화되려면 토착신앙과 만나야 하기 때문이다. 문화변동의 과정에서 외부에서 유입된 이질적인 문화가 살아남으려면 이미 존재하고 있는 문화와의 접점을 찾아 적응과정을 거쳐야 한다. 그런데 원효는 그 접점에 접근하지 못해 대중포교 시도에서 실패를 경험한 것이다.

파계는 전략적 선택?

그렇다면 원효의 창가 출입을 민중에게 다가서기 위한 그의 전략적 선택으로 읽을 수 있지 않을까? 이는 요석공주와 결혼하고 아들까지 낳은 그의 행적을 고려할 때 더 설득력을 얻는다. 섹슈얼리티와 출산을 스스로 받아들임으로써 대중포교의 가장 큰 장애를 제거하려 한 것이다. 파계라는 큰 대가를 치러야 했지만 포교를 위해 피할 수 없는 관문이었던 것 같다.

그런데 원효의 선택은 여신신앙과의 타협이라는 차원을 넘어 불교와 사회윤리라는 더 큰 틀의 문제를 부각시킨다. 불교의 세계관과 가치관은 여신신앙이 중심인 사회가 아니더라도 가족과 사회, 국가의 유지와 발전이라는 보편적 지향과 관련해 심각한 문제를 제기하기 때문이다.

동아시아 불교계의 대처승 논쟁은 이러한 문제 틀이 만들어낸 불가피한 징후다. 만해 한용운은 일제강점기에 승려들이 결혼할 자유를 가져야 한다고 주장했다. 대처승이었던 그는 『조선불교유신론』에서 승려의 결혼금지가 갖는 폐해를 몇 가지로 지목했다. 윤리에 해롭고 인구가 줄어 국가에 해로우며, 포교에도 해롭다는 것이었다.

불교 유입 초기에는 이러한 목소리가 훨씬 더 강력했을 것이다. 『삼국사기』에는 네 쌍둥이나 다섯 쌍둥이 출산이 특별한 사건으로 기록돼 있다. 문무왕은 네 쌍둥이를 낳은 여자에게 곡식 2백 섬을 하사하기도 했다. 다산이 경사스런 일로 치하되는 세상에서 불교의 금욕과 탄생에 대한 부정적 인식은 결코 작은 문제가 아니었을 것이다.

불교학자 베르나르 포르는 원효의 파계적 행적이 10세기 이후 한국과 일본에서 아내를 취하는 승려들이 늘어나면서 그를 합법화하기 위해 부각됐을 것이라고 이해한다. 결혼한 일본의 고승 신란과 함께 좋은 전례가 됐다는 것이다. 이들 같은 일탈적 승려들은 불교사상과 세속적 삶을 화해시키려는 시도들이 만들어낸 존재들이다.

알다시피 불교는 금욕적 출가주의를 기조로 출발했다. 그런데 이는 기본적으로 사회의 조직과 존속을 위협하는 위험한 것이다. 그러므로 출가문제는 늘 사회적 갈등의 소지로 작용해왔다. 출산의 당사자인 여성의 경우 그 심각성은 훨씬 더 클 수밖에 없었다.

불교가 중국에 들어왔을 때 유학자들이 가장 비판한 것도 출가주의였다.

그들이 중시하는 효 사상에 정면으로 위배될 뿐 아니라 가족가치를 부정하기 때문이었다.

여성 몸에 대한 혐오와 기피

금욕과 출가를 지향하는 불교에서 섹슈얼리티는 장애이자 부정한 것이다. 태어나는 것도 고통이니 월경과 출산 또한 마찬가지다. 주기적으로 배출되는 월경피는 오염과 부정함의 징표일 뿐 아니라 존재의 무상함을 상기시키는 기표였다.

이러한 인식은 자연스럽게 여성의 몸에 대한 혐오와 기피로 이어진다. 『대지도론』『유가론』 등 불경에는 여성의 몸이 깨달음의 장애로 반복해서 나타난다.

여성의 몸, 특히 그 몸에서 나오는 피에 대한 혐오가 얼마나 극심했는지는 12세기경 중국에서 만들어진 〈혈분경〉血盆經이 말해준다. 여자들은 월경과 출산 때 흘린 피로 세상을 오염시켰으므로 죽은 후 피 연못이 있는 지옥에 떨어져 매일 세 번씩 피를 마셔야 한다는 내용이다. 노힐부득이 몸을 담갔던 목욕물에 대한 인식과 정반대다.

물론 불교는 여성의 몸 뿐 아니라 몸 자체에 대해 부정적이다. 덧없이 늙어가고, 죽으면 썩기 때문이다. 몸은 더러운 것이어서 몸의 부정관不淨觀이 중요한 수행법으로 쓰일 정도다. 그런데 수행론이 남성 중심으로 전개되면서 특히 여성의 몸이 더러운 것, 수행에 방해가 되는 혐오스런 것으로 부각되었다. 남성 수행자들은 "여성의 몸은 더럽다"는 관찰 및 인식을 중요한 수행법 중 하나로 활용했다. 그들에게 섹슈얼리티는 자신들을 중생의 상태에 매이게 하고 가족의 계보에 묶는 위험한 것이었다.

그런데 문제는 여성의 몸과 섹슈얼리티가 웬만해선 제어하기 힘든 치명적 유혹을 지니고 있다는 사실이다. 성욕이야말로 인간의 가장 근원적인 욕망이기 때문이다. 석가모니가 성도하기 전 마왕의 아름다운 세 딸이 나타나 유혹하는 데서 알 수 있듯, 여성의 몸은 늘 수행자들이 걸려 넘어지는 최고의 장애물이자 육욕의 상징이었다. 이러한 인식이 불교의 여성혐오와 고질적인 성차별로 이어졌음은 두말할 필요가 없다.

불교 유입 전 한반도에서는, 다른 고대 토착사회들에서처럼, 많은 자식을 낳는 것이 축복이고 풍요로운 생산력이 최고의 가치였다. 따라서 섹슈얼리티와 여성의 몸도 신성함을 표상했다. 그들에게 처음 접하는 불교의 교설과 태도는 어불성설에 불길함으로 느껴졌을 것이다. 특히 여신신앙이 강력했던 신라에서 "말하는 논리가 괴상하다"는 비판이 나왔던 이유다.

신라의 초기 포교승들에게 이러한 문제들은 넘어서기 쉽지 않은 장애물이었을 것이다. 아마 스스로도 문화충격의 혼란스런 과정을 겪지 않았을까 싶다. 혜공과 대안은 여신상징들을 포교에 동원하고 토착적 의례방식을 차용했지만 그 정도로는 민중과의 소통이 잘 이뤄지지 않았던 것 같다.

원효와 신라왕실의 전략적 만남

그런데 토착신앙의 가치들은 삶의 풍요와 안락을 바라는 민중의 요구에 그치는 것이 아니다. 기본적인 민중의 욕망을 일정 정도라도 충족시켜야 존속할 수 있는 왕실과 지배층 역시 마찬가지다. 신라왕실 역시 풍요와 평안, 호국 등 토착신앙의 가치들을 기본으로 여겼다.

그들이 불교를 받아들인 건 불교사상이 진리여서라기보다 왕권강화에 효과적이었기 때문이다. 왕실의 입장에서도 불교의 금욕적 출가주의는 조심스러운 것이었다. 그 때문인지 달달박박, 노힐부득, 광덕 등 『삼국유사』에 등장하는 신라승려들 중에는 대처승들이 자주 보인다. 고승 자장도 처자가 있었다.

원효가 요석공주와 결혼해 아들을 낳은 데는 왕실과 불교 간의 전략적 만남이 작용했을 것이다. 출가했던 원효가 왕실과 국가의 필요에 부응한 것이라고 할 수 있다. 여기에는 삼국통일기 국력의 강화를 위해 출산을 장려해야 했던 상황도 작용했을 것이다. 원효의 파계는 이처럼 대중포교만이 아니라 정치권력과의 관계에서도 읽힌다.

이러한 해석은 '구마라집'이란 인물의 사례에서 힘을 얻는다. 구마라집은 중국불교 발흥에 결정적 기여를 한 역경승으로, 원효의 아들 설총에 비유될 수 있다. 구마라염이란 승려가 구자국 왕의 누이동생과 결혼해 낳은 게 그다. 그런데 구마라집 역시 뛰어난 능력을 자손에게 전해야 한다는 왕의 강권으로 아들 둘을 두었다.

자발적이었던 원효와 달리 피동적이긴 하나 두 사람이 뛰어난 승려로서 왕실과 맺었던 관계는 유사해 보인다. 태종무열왕도 나라에 기여할 '위대한 현인'을 기대하고 원효와 요석공주를 연결시켰다.

무열왕이 통일을 위한 사상적 지원을 위해 원효를 사위로 삼았다는 견해도 있다. 경북대학교 문경현 교수는 김유신과 혼인동맹을 맺어 정치적, 군사적 힘을 결집한 김춘추가 원효도 같은 방식으로 포섭했으리라고 추정한다. 원효의 화쟁사상이 삼국통일의 이념적 근거를 위해 필요했다는 것이다.

왕실여사제 전통으로 보는 요석공주

원효와 요석공주의 결합에는 신라 여신전통을 모르면 보이지 않는 가장 중요한 이유도 숨겨져 있다. 요석공주는 왕실여사제 전통에 속한 인물이었던 것으로 보이기 때문이다.

그녀가 왕실여사제였다면 그녀를 아내로 맞는 일은 불교와 여신신앙의 융섭을 의미한다. 물론 평등한 융섭이 아니라 여신신앙이 불교에 복속되는 방식이다. 요석공주와 원효의 만남이 원효와 무열왕의 가부장제적 공모라는 맥락에서 발생했기 때문이다. 이 부분은 뒤에서 자세히 다룬다.

요석공주에 대해 남겨진 사료가 거의 없기 때문에 그녀가 왕실여사제 전통을 담지한 인물이었다고 주장할 근거는 없다. 하지만 민간설화와 그녀의 이름에서 약간의 실마리를 잡아낼 수는 있다.

경기도 동두천시 소요산에는 공주봉이 있다. 요석공주로부터 유래한 이름이다. 소요산에는 원효와 공주의 행적을 담은 전설이 여럿 전한다. 그런데 공주봉이라는 이름은 자연스럽게 신라의 여산신 전통을 상기시킨다. 특히 왕실여성으로서 산신이 된 운제성모와 치술신모가 연상된다. 언제부터 공주봉으로 불렸는지는 알 수 없으나 사람들에게 요석공주가 신성한 여성으로 여겨졌음을 알 수 있다.

다음으로 요석이라는 이름이다. 그녀가 거처했던 요석궁瑤石宮에서 유래한 것이다.

그런데 요석은 죽은 이의 신원과 행적 등을 적어 묘 안에 매장하는 돌을 지칭한다. 묘지명墓誌銘이라고도 하는데 중국에서 시작됐다.[22] 한국의 경우 이른 시기 것으로는 백제 무령왕릉에서 출토된 것이 있다. 중국문물을 적극적으로 받아들였던 무열왕 당시 신라에서는 묘지명을 알고 있었을 것이다.

요석궁의 요석이 묘지명을 뜻한 것이라면 요석궁은 죽음의 의미를 내포한다. 이는 과부였던 요석공주의 처지와 관련된 것인지도 모른다.

그런데 죽음의 미스터리야말로 종교적 심성의 원천일 뿐 아니라 여신신앙의 핵심이기도 하다. 여신의 신성은 죽음 이후 재생 과정에서 가장 신비하게 발현되기 때문이다. 일본신화에서 저승을 관장하는 신이 여신인 이자나미이고, 서술성모, 서왕모, 제주의 서천꽃밭 등이 서쪽을 가리키는 이유다. 해가 지는 서쪽은 죽음 이후 재생과정의 신비와 관련돼 있다.

『삼국지』위서 동이전에 의하면 변한과 진한 사람들은 문의 서쪽에 부엌신을 모셨다. 밤을 부르는 서쪽은 어두운 자궁의 신비와 통한다. 그런데 요석궁도 궁궐인 반월성의 서쪽에 있었던 것으로 전한다.

만약 요석공주가 여사제였다면 원효로서는 그녀만큼 효과적인 선택이 없었을 것이다. 당시까지도 상당한 세력으로 존재했던 토착신앙을 그녀와의 결혼을 통해 포섭하고 순치시킬 수 있었을 것이기 때문이다. 원효가 무애박을 들고 다니며 대중포교에 나선 것이 "설총을 낳은 후"라는 『삼국유사』의 기록은 의미가 크다.

원효와 요석공주의 결합은 오래된 여신이 새롭게 등장한 남신으로 대체되는 과도기에 여신이 남신의 아내로 포섭되곤 했던 여신의 역사를 상기시킨다. 홀로 숭배됐던 중국의 창조여신 여와가 복희의 아내로 격하되고, 가나안의 여신 아세라가 야훼의 아내로 짝지어졌던 경우 같은 것들이다.

불교를 어떻게 소개할 것인가?

원효는 진평왕 때 태어나 이후 선덕여왕과 진덕여왕의 시대를 거쳤다.

인생의 황금기인 10대 중반부터 30대 후반까지를 여왕의 치세 하에 있었던 것이다. 물론 선덕여왕은 왕권 강화를 위해 불교도 적극 받아들였으나 아직 표피적인 상태였다. 당시는 원효가 대중포교에 나서기 전이어서 신라사회 신앙의 주류는 토착신앙이었다. 게다가 두 여왕이 즉위할 수 있었던 종교적, 정치문화적 자원도 여신이 중심인 토착신앙이었다.

선덕여왕이 즉위 후 세운 첨성대는 그러한 상황을 반영한다. 첨성대가 여신신앙의 건축물로 해석되기 때문이다, 여왕은 즉위와 함께 '성조황고聖祖皇姑'라는 존호를 받았다. 이는 '성스런 조상인 하늘여신 같은 존재'로 해석할 수 있다. 여왕을 하늘여신으로 존숭하는 호칭이다. 첨성대는 여왕의 '성스런 조상聖祖' 서술성모를 형상화한 반추상 여신상이자 신전이었다. '하늘여신皇姑'의 신상이므로 별을 비롯해 천문을 관찰하는 곳이기도 했다.*

한창 불교에 심취했을 이삼십 대의 원효가 거닐었을 경주의 거리를 상상해보자.

나라는 여왕에 의해 다스려지고, 대부분의 사람들은 토착신앙의 세계관에 따른 일상을 살고 있다. 주거지 곳곳에는 여근을 상징하는 우물들이 자리하고, 눈을 들면 또 여근을 과시하며 서 있는 첨성대가 멀리 보인다. 남산에는 불상형태를 취하긴 했지만 여신상인 할매부처(불곡감실석조여래좌상)가 들어섰고, 포석정도 존재했을 가능성이 있다. 포석정 발굴조사단이 건물과 담장의 축조시기 상한을 6세기 후반에서 7세기 초반으로 잡았기 때문이다. 포석정의 돌도랑은 힌두교의 여근상징인 요니를 닮았는데 같은 성격의 설치물인 것으로 보인다.**

이처럼 여신신앙이 강력한 상황에서 대중포교는 아무리 왕실의 후원이

---

* 첨성대가 여신상이자 신전이라는 견해에 대해서는 『여신을 찾아서』 18장 참고.

** 포석정과 할매부처에 대해서는 『여신을 찾아서』 19장 참고.

있다 해도 결코 만만한 과제가 아니었을 것이다. 신성한 여근이 숭배되는 세상에 부정하고 오염시키는 여성의 몸을 어떻게 말할 것인가? 신성이 여성성과 우주·자연이 아니라 남성성과 초월성에 자리한다는 사상을 어떻게 소개할 것인가?

큰 틀에서 이것은 모성적 신성을 바탕으로 평등하게 유지돼온 신라의 젠더관계를 뒤집는 혁명적인 과제였다. 원효는 그것을 수행하기 위해 호랑이굴에 직접 들어가는 전략을 감행했던 것 같다. 파계라는 대가를 치르고 요석공주를 아내로 맞은 것이다. 그리고 '아들'을 얻어 무열왕과 함께 새로운 시대를 열고자 했다. 그 시대는 딸이 아니라 아들이 중심에 있는 세상을 만들 것이었다.

첨성대는 여신의 신전, 포석정도 여신의 성소

첨성대의 정체에 대해서는 그간 수많은 이견들이 제시돼왔다. 그러나 그것이 '여성'을 키워드로 하고 있음은 두 가지 사실로도 알 수 있다. 하나는 그것이 기록상 최초의 여왕에 의해 건립됐다는 것이고, 둘은 우물형태를 하고 있다는 것이다. 그런데 우물은 샘이나 연못과 같은 계열의 상징으로서 자궁을 의미한다. 때문에 혁거세는 나정, 알영은 알영정에서 태어난 것이다. 그러므로 우물인 첨성대가 여신신앙의 건축물이라는 추정에는 무리가 없다.

여체를 닮은 형상의 가운데 있는 사각형 입구는 자궁, 즉 신성한 여근이다. 앞서 소개한 성혈이라고도 할 수 있다. 이는 아마도 제주도 신당들에 설치된 '궤'라고 불리는 사각형 돌구멍과 같은 성격일 것이다. 궤는 신이 거처하는 신성 공간이다.

첨성대 입구
사진출처: 문화재청

제주도 우도 돈짓당의 궤
사진제공: 장수진

**인도네시아 수마트라 토바 바탁 족의 여성조상 형상.
성기 위에 네모난 구멍이 첨성대 입구를 연상시킨다.**
사진제공: Max Dashu

"남근이 여근 속으로 들어오면 반드시 죽는 법"이라고 언명한 여왕은 그 강력한 여근의 힘을 첨성대에 담은 것이다. 첨성대는 또 선사시대 여신상인 검파형 암각화, 그리고 신라와 가야의 그릇받침과 형태가 유사하다.

포석정의 돌도랑도 여근의 상징물로 추정된다. '포석鮑石'의 '鮑'는 전복인데 전복은 여성의 성기를 그대로 닮아 흔히 그에 비유된다. 제주신화에는 노일저대란 여신의 성기가 전복으로 변했다는 내용이 있다. 제주도 말에서 처녀를 뜻하는 '비바리'의 '비'도 전복이란 뜻이라고 한다.[23]

원효의 여성관: "여성의 몸을 바꾸라"

원효의 아내가 된 요석공주는 어떤 여자였을까? 그녀도 승려인 원효를 원했을까?

남겨진 기록이 거의 없어 답하기 힘든 질문들이다. 게다가 『삼국유사』에 소개된 그녀는 주체성이 박탈되어 있다. 남겨진 몇 개의 설화에서도 원효의 뒤를 따르는 모습으로 묘사된다. 그녀의 목소리는 전해진 게 없는 것이다. 우선 『삼국유사』가 전하는 내용을 보자.

> 이때 요석궁에 과부가 된 공주가 있었다. 그래서 (무열왕은) 궁의 관리에게 칙명을 내려 원효를 찾아서 데려오게 했다. 관리가 칙명을 받들어 원효를 찾으려고 했는데, 원효는 벌써 남산에서 내려와 문천교를 지나오고 있어서 곧 만나게 되었다. 원효는 일부러 물에 빠져서 옷을 적셨다. 관리가 원효를 요석궁으로 인도하여 옷을 벗어 말리게 하자 그곳에 머물렀다.
>
> 공주는 과연 임신을 해서 설총을 낳았다. 설총은 나면서부터 지혜롭고 영민하여 경서와 역사를 두루 통달했으며 신라의 열 명의 현인 중 하나가 되었다.

요석공주는 아들을 출산했음에도 섹슈얼리티가 거세돼 있다. 그녀가 어떻게 생겼는지, 원효와의 관계는 어떠했는지 전혀 드러나지 않는다. 때문에 공주는 한 인간이기보다 아들을 낳기 위해 동원된 자궁처럼 물화돼 있다. 이는 후대 기록자의 가부장제적 시각 탓일 수도 있지만 원효와 그녀의 관계를 시사하는 것일 수도 있다.

여기서 궁금해지는 게 하나 있다. 원효의 여성관이다.

그의 여성관이 어땠기에 여성관음에게 비판받는 설화가 전해진 것일까?

그는 왜 굳이 아들을 원한 것일까? 이와 관련된 자료는 얼마 되지 않지만 아쉬운 대로 발표된 연구가 있다.

이화여자대학교 김영미 교수에 의하면 원효의 여성관은 비슷한 시기 다른 승려들에 비해서는 덜 부정적이라고 한다. 하지만 그 역시 차별적인 불교의 여성관을 벗어나지 못했다. 그는 여성의 수행이 남성에 비해 어렵다고 보았고, 여성들은 질투가 많아 여자의 몸을 벗어나지 못한다고 주장했다. 따라서 별도로 공덕을 닦아 여성의 몸을 바꿔야 한다고 권했다.

아마도 이러한 입장은 그의 아들 기원과 연결되어 있을 것이다. 그리고 불교의 외피를 취했든 아니든 토착신앙을 견지한 사람들과 갈등을 빚었을 것이다. 원효에게 아들이 가졌던 궁극적 의미는 제3부에서 다시 상론한다.

백제의 여성관음: 성덕산 성덕처녀

『삼국유사』에 등장한 여성관음들은 전부 신라의 사례들이다.

때문에 고구려와 백제에도 여성관음이 존재했는지 살피려면 다른 자료들을 찾아야 한다. 하지만 그런 자료는 잘 보이지 않는다. 삼국시대의 문화와 생활상을 알려주는 자료 자체가 너무나 빈약하기 때문이다.

그런데 다행히 백제의 여성관음에 대해 전하는 자료가 하나 있다. 그것도 토착 여신과의 습합을 시사하는 내용이다. 전남 곡성군 성덕산에 있는 관음사의 창건과 관련해 전해지는 이야기인데 『옥과현성덕산관음사사적, 1729』에 실려 있다.

옛날 충청도 대흥 땅에 원량이라는 맹인이 일찍이 상처한 후 홍장이라는 딸 하나와 살고 있었다. 어느 날 원량은 길에서 한 스님을 만났다.

스님은 "꿈에 당신이 법당불사의 큰 시주가 될 것이라는 부처님의 분부를 받았다"며 시주가 되어달라고 했다.

가난한 원량은 한숨을 지으며 가진 거라곤 딸 아이 밖에 없으니 그 아이라도 데려가라고 했다. 당시 홍장의 나이 16세였다. 사실을 알게 된 그녀는 비통한 마음을 달래기 위해 바닷가로 나갔는데 서쪽으로부터 온 배를 만났다. 배에는 중국 사신들이 타고 있었다. 그들은 진국 사람으로서 신인神人이 가르쳐준 대로 황후를 찾아왔는데 당신이 바로 그 규수라고 하며 함께 갈 것을 청했다. 이에 홍장은 그들이 배에 싣고 온 보화로 법당불사를 이루고 사신을 따라가 황후가 되었다.

황후가 된 홍장은 관음일존상觀音一尊像을 만들게 했다. 그리고 자신이 떠나온 동국東國에 닿아 모셔지기를 바라며 돌배에 실어 바다에 띄웠다. 동국을 향해 가던 돌배는 전라도 낙안 땅으로 들어왔다가 그곳의 관원이 접근하자 쏜살같이 사라져버렸다.

이튿날 옥과현의 처녀 성덕聖德이 그곳 바닷가에 홀로 서 있었는데 바다 저쪽에서 조그만 배 하나가 무엇에 끌리듯 곧바로 성덕처녀 앞으로 와 닿는 것이었다. 성덕이 배 안에 들어가 보니 그 안에 관음금상觀音金像이 있어 등에 업고 나왔는데 매우 가벼웠다.

성덕은 고향집으로 돌아가다가 산마루에 이르렀다. 그런데 상이 갑자기 무거워져서 한 발자국도 옮길 수가 없었다. 그래서 그곳에 절을 세우고 관음상을 모셨기 때문에 성덕산 관음사라고 했다. 홍장과 성덕은 모두 관음보살의 응신이었으며 눈먼 아버지는 딸과 이별한 뒤 슬피 눈물을 흘리다가 눈이 떠졌고 95세까지 복락을 누렸다.

이 설화에서는 홍장과 성덕 두 여성이 관음의 응신으로 등장한다.

그런데 이 중 성덕은 산의 이름이기도 한 것으로 보아 여산신 신앙에 속한 인물로 추정된다.

즉 성덕산의 산신이 의인화된 존재거나 그 신을 모시던 여사제였을 것이다. 그녀의 이름을 따서 산의 이름으로 했다면 요석공주의 공주봉과 같은 경우다. 백제도 신라와 같이 산신을 숭배했다.

관음사 성덕설화는 불교도입 초기 토착화 과정에서 여신들이 관음화 하며 사찰 연기설화로 흡수된 상황을 보여준다. 관음사는 백제 최초의 사찰이라고도 한다. 그런데 주목되는 것은 이 설화의 홍장 이야기가 『심청전』과 매우 유사하다는 것이다. 그래서 『심청전』을 만들어낸 근원설화로 얘기된다. 그런데 『심청전』 역시 여신신앙의 저류가 만들어낸 이야기다. 심청이 용궁을 거쳐 연꽃을 타고 돌아오는 것은 그대로 무속의 죽음과 재생의 과정이다. 연꽃은 무속의 환생 꽃이 불교적으로 변형된 것이다. 현재 동해안 별신굿에서는 심청 굿이 연행되고 있다.

홍장은 그 지역의 바다여신에 뿌리를 두고 있을 것이다. 결국 관음사 연기설화는 여산신과 바다여신 둘 다를 관음으로 흡수한 이야기로 보인다.

성덕산 관음사

7 신라와 백제의 여성관음상들: 석굴암 십일면관음

삼국시대 관음은 문자만이 아니라 형상으로도 남아 있다. 관음을 조각한 상들인데 문헌자료보다 훨씬 풍부하다. 하지만 조각상으로는 관음의 성별 구분이 어렵다.

다른 보살상들도 그렇지만 특히 동아시아 관음상은 기본적으로 중성적이거나 여성적 형태를 취하고 있기 때문이다. 콧수염을 달고 사찰 전각에 봉안된 남성적 관음상들은 예외다.

그런데 관음상의 여성성은 여성의 몸이 아니라 여성적 성향이나 아름다움과 관련된 것으로 해석된다. 인도에서도 굽타시대 이후 불보살상의 중성화가 두드러졌다.

하지만 그렇다고 여성관음이라고 소개할 관음상이 없는 것은 아니다. 실증적 증거는 없지만 거의 누구에게나 여성으로 인지돼 대중적 합의가 이뤄진 여성관음상이다. 대표적으로 석굴암 십일면관음상과 경주 남산 삼릉골의 마애관음보살상을 들 수 있다. 최근 일본에서 공개된 백제 금동관음보살입상과 통일신라 금동관음보살입상 하나도 소개할 필요가 있다.

하나 더 덧붙이자면 분황사에서 출토된 석조관음보살입상도 작은 입술에 아낙네 같은 미소를 띠고 있다.

남산 삼릉골에 있는 마애관음보살상은 큰 바위 위의 입석 앞면에 새겨진 등신대의 관음상이다. 복스럽고 살진 얼굴에 굴곡진 풍만한 몸매가 첫눈에 여성으로 인식된다. 게다가 살짝 미소 지은 작은 입술이 붉은색을 띠고 있어 "옛 신라 여인의 향취를 느낀다"는 평을 듣는다. 언론에는 종종 "미스 신라"로 소개되기도 한다. 조성연대는 8세기 후반으로 판단된다. (사진자료 7 참조)

그녀는 내려뜨린 왼손에 정병을 들고 있다. 물론 정병은 인도에서도 관음의 지물이었으나 토착신앙의 관점에서는 자궁상징으로 받아들였을 수 있다. 원래 인도관음의 정병 자체가 여신신앙에서 유래했다고도 한다.

주목할 것은 그녀가 새겨진 자리다. 입석 혹은 선돌은 고대 여신신앙에서 여신의 신체로 여겨지거나 그 신성을 표상했기 때문이다. 충청북도 옥천에는 임신한 여성 형태의 선돌이 있다. 또 마고할미나 설문대할망의 전설을 담고 있는 입석들도 여럿이다. 삼릉골 마애관음은 선돌을 통해서도 토착여신과 관음의 습합을 말해준다.

삼성미술관 리움이 소장하고 있는 8세기 통일신라의 금동관음보살입상(보물 927호)은 국내 금동불 가운데 가장 여성미가 뛰어난 보살상으로 평가된다. 여성적인 얼굴과 몸매에 가슴까지 발달돼 있다. (사진자료 8 참조) 그리고 일본에 반출됐다 2018년 소재가 확인된 백제의 금동관음보살입상은 백제의 가장 아름다운 보살상으로 꼽힌다. 1907년 부여에서 출토된 두 구의 금동관음보살입상 중 하나다. 사랑스런 미소가 가득한 얼굴과 유려한 자태, 특히 육감적인 뒷태는 여성이라고 할 수 밖에 없는 형상이다. '백제의 미소'라는 애칭이 붙어있다. (사진자료 9 참조)

석굴암 십일면관음: 생명력 넘치는 최고의 여성미

석굴암 십일면관음은 가장 유명하고 여성적인 관음상일 것이다.

단지 여성적인 것이 아니라 한국 여성미의 극치를 보여준다는 찬사가 잇따른다. 과연 그 강렬한 아름다움의 매력은 한번 보면 쉽게 잊을 수 없는 것이다. 그녀는 자비롭다기보다 도도해 보이고, 젊은 여인의 도발적 섹슈얼리티를 감추지 않고 발산한다. 그래서 20세기의 남성문인들은 그녀를 보고 몸살을 앓았다. (사진자료 10, 10-1 참조)

십일면관음보살은 더할 나위 없는 여성미와 육체미까지 나타내었다(⋯) 그 어여쁜 손가락이 곰실곰실 움직이는 듯. 병을 치키어 쥔 포동포동한 오른 팔뚝!(⋯) 그 아른아른 옷자락 밑으로 알맞게 볼록한 젖가슴, 좁은 듯하면서도 슬밋한 허리를 대어 둥그스름하게 떠오른 허벅지, 토실토실한 종아리가 뚜렷이 드러났다(⋯) 나는 마치 일생을 두고 그리고 그리던 고운 님(보살님이시여! 그릇된 말씨의 모독을 용서하사이다. 보살님이 내 가슴에 불어주신 맑은 불길은 이런 모독쯤은 태우고야 말았습니다)을 만난 것처럼 그 팔뚝을 만지고, 손을 쓰다듬고, 가슴을 어루만지며, 어린 듯 취한 듯, 언제까지고 차마 발길을 돌릴 수가 없었다.

– 현진건, 〈불국사 기행〉 중에서

몸짓만 사리어도 흔들리는 구슬소리
옷자락 겹친 속에 살결이 꾀비치고
도도록 내민 젖가슴 숨도 고이 쉬도다.

– 김상옥, 〈십일면관음〉 중에서

천년 대불을/성聖처녀로 모시우다

(…)

담은 듯 열으신 듯 어여쁜 입술

귀기울여 들으면/향기로운 말씀/

도란도란 구으는 듯하구나.

(…)

고운지고 보살의 손/돌이면서 백어白魚 같다.

신라 옛 미인이/저렇듯이 거룩하오?

무릎 꿇어 우러러 만지면/훈향 내 높은 나렷한 살 기운

당장 곧 따스할 듯하구나.

— 박종화, 〈십일면관음보살〉 중에서

석굴암 십일면관음상은 이처럼 생명력 넘치는 여성성을 발산한다.

성스러우면서도 매우 인간적이다. 그녀는 저 멀리 정토에 있는 보살이라기보다 월경수건 빨고 아이를 출산할 수 있는 인간여성처럼 보인다.

석굴암이 축조된 것은 경덕왕 때다. 그런데 경덕왕은 출산한 관음이 나타난 곳에 백월산남사를 짓게 한 왕이다. 이 사실이 단순한 우연으로 보이지 않는다. 사향 향기 풍기던 20세가량의 아름다운 낭자가 관음진신으로 석굴암에 모셔진 것일까?

아니면 다른 어떤 특별한 신라여성이 모델이 된 것일까?

어느 경우든 관음을 조각한 사람은 살아있는 여체를 모델로 했음이 분명해 보인다.

석굴암 십일면관음은 여성관음상의 정점을 찍은 기념비적 작품이다. 그 후로는 그에 비견할 만한 사례를 찾을 수 없다.

신라 하대는 전반적으로 불교 조각의 쇠퇴기로 여겨지는 시기다. 그런데 고려와 조선의 경우도 여성관음 도상과 조각상은 뚜렷하게 남아있지 않다. 같은 시기 중국에서 관음의 여성화가 진행되고 완성됐던 사실을 고려하면 의외의 상황이 전개된 것이다.

8 고려시대 이후 여성관음도:
관음의 수염

고려시대 이후에도 관음신앙은 가장 대중적인 불교신앙으로 인기를 끌었다.

고려는 불교를 국교로 삼았으므로 관음의 도상이나 조각상들도 많이 생산됐다. 또 관음신앙을 담거나 진작시키기 위한 문헌들도 다수 제작되어 유통됐다. 그 과정에서 수월관음, 백의관음 등 새로운 관음도상들이 출현했다. 천수관음 신앙도 성행했던 것으로 보인다.

세계적으로 예술적 가치를 인정받는 수월관음도는 고려시대를 대표하는 불화로 꼽힌다. 석굴암을 만들어낸 신심과 예술적 능력이 고려시대로 이어져 수월관음도로 발현된 듯하다.

수월관음도와 〈비너스의 탄생〉

알다시피 고려의 수월관음도는 여성적 아름다움이 주조를 이룬다.

희고 투명한 사라紗羅로 전신을 감싼 것이나 부드럽고 유려한 곡선들과 섬세하고 아름다운 장식들이 그러하다. 이름에 담긴 물과 달도 여성적 상징들이다. 하지만 수월관음은 『화엄경』 입법계품에 등장하는, 보타락가산에 앉아 있는 정통적 관음이다. 입법계품에서 관음은 '용맹장부관자재勇猛丈夫觀自在'로 표현되어 있다. 수월관음이 수염을 달고 있는 이유일 것이다.

그러나 그렇다고 수월관음을 남성으로 보거나 남성성과 관련시키기도 애매하다. 도상 전체에서 풍기는 여성적 분위기나 쓰인 상징들도 그렇지만 앞서 소개한 가노 호가이의 〈비모관음〉을 참고할 때도 그렇다. 분명히 수염을 달고 있는데 아이출산과 관련돼 있기 때문이다. 그는 관음을 이상적인 어머니라고 상상했다.

미술사학자 강우방이 펴낸 『수월관음의 탄생』은 이 문제와 관련해 주목되는 저작이다. 그는 여성성을 키워드로 해 수월관음도를 분석했다. 여성성을 상징하는 달과 물이 관음의 여성적 자태와 어울려 영기靈氣 어린 생명력을 발산한다고 본 것이다. 수월관음도는 생명의 기운인 영기가 관음을 만든 근원임을 탁월하게 형상화하고 있다는 설명이다.

강우방은 영기화생론靈氣化生論이란 독창적 이론의 주창자다. 영기화생이란 우주에 가득 찬 신령스런 기운이 생명을 생성한다는 뜻이다. 그는 영기화생론의 관점에서 일본 대덕사에 소장된 수월관음도를 보티첼리의 명화 〈비너스의 탄생〉에 비견했다. 수월관음과 비너스가 같은 원리에 의해 탄생한 것으로 본 것이다.

대덕사 수월관음의 발아래 왼쪽에는 괴수 같은 존재가 등에 큰항아리를 지고 있다. 그런데 그 항아리에서 영기가 나선 형태로 꿈틀대며 솟구쳐 오른다. 강우방은 그 항아리를 만병滿瓶이라고 부르며 만물을 생성시키는 근원이라고 해석했다. (사진자료 11 참조)

그는 모든 도자기는 대우주의 생명력이 응축된 만병의 성격을 지닌다고 본다.

이는 여신신앙의 자궁상징과 상통하는 해석으로 볼 수 있다. 동시에 한국 관음신앙에서 정병이나 항아리가 자궁의 상징으로 쓰였을 가능성도 높여준다. 그가 말하는 영기화생 역시 여신신앙의 순환적 생명 사상과 다르지 않아 보인다. 강우방은 책의 서문에서 수월관음도를 다음과 같이 설명하고 있다.

왜 하필이면 밤일까요? 밤에는 달이 나타납니다. 달은 여성과 관련이 깊습니다. 왜 관음을 특히 여성적으로 나타냈을까요? 섬세한 백의 너울로 온몸을 감싸고 있습니다. 여성은 일체의 근원이자 생명의 근원입니다.

수월관음도는 또 선재동자를 함께 등장시킴으로써 은연중에 관음의 모성성을 드러낸다. 물론 『화엄경』 입법계품에 등장하는 선재동자는 독립적인 구도자다.

하지만 대다수 수월관음도에서 둘은 모자관계거나 관음이 점지하는 아들을 연상하도록 구상화되어 있다. 선재동자가 어린아이처럼 묘사돼 있기 때문이다. 화가의 조형언어가 문자언어를 비틀고 있는 것이다.

그러나 수월관음의 젠더문제는 속단할 것이 아니다. 그린 사람이나 보는 사람들이 그/그녀의 젠더를 어떻게 생각했는지는 매우 유동적이다. 그/그녀는 젠더의 경계에서 자꾸 미끄러지거나 경계를 넘어선다. 수월관음은 중국에서도 양성적인 특성을 보여왔다.

김홍도의 〈남해관음도〉와 〈백의관음도〉

중국과의 비교에서 흥미로운 것은 백의관음상이다.

앞서 소개했듯 백의관음은 중국에서 창조된 여성관음상으로 관음의 여성화에 결정적 역할을 담당했다. 하지만 고려시대의 백의관음은 그와 다르다. 얼굴에는 수염이 있고 밀교의 백의관음 도상에 가깝다. 중국의 영향에서 벗어나 있는 것이다.

불교도상들에서 여성관음상을 찾기 힘든 상황은 조선시대에도 지속된다. 백의관음이라 불리는, 법당 후불벽 뒷면에 그려진 관음도들이 다수 있으나 거의 다 수염이 달린 남성형상이다. 그러나 약간의 여성관음상들이 주변적으로 남아있기는 하다. 그중 존재가 가장 뚜렷한 것은 김홍도가 그린 〈남해관음도〉와 〈백의관음도〉다. (사진자료 12, 13 참조)

〈남해관음도〉는 김홍도 특유의 자유롭고 활달한 필치로 바다 위에 서 있는 우아한 여성관음을 묘사하고 있다. 그 뒤에는 선재동자가 버드나무 가지가 꽂힌 정병을 들고 숨듯이 서 있어 모자상 같은 느낌을 준다.

〈백의관음도〉의 관음 역시 명백한 중년여성 형상이고, 선재동자와의 구도 역시 〈남해관음도〉와 거의 같다. 김홍도는 조선 후기 인물화와 풍속화의 대가로 유명하지만 정조의 명으로 용주사의 후불탱화 제작에 참여하기도 했다. 〈부모은중경〉의 삽도도 그렸다.

김홍도가 활동했던 18세기에는 중국의 남해관음이나 백의관음이 한국에도 많이 알려져 있었던 것 같다. 이는 문헌자료를 통해서도 알 수 있다.

17세기 이후 조선사회에는 승려들에 의해 『관세음지험기』『관세음보살지송영험전』(한글본) 등의 관음 영험담들이 등장한다. 중국의 불서들을 선별 편집한 것인데 일부 영험담에 백의관음이 나타난다. 모두 백의관음을 믿으면 아이를 얻을 수 있다는 내용이다. 조선후기에 득남기원의 신앙대상으로 백의관음이 수용됐음을 알 수 있다. 남해관음은 17세기 국문소설 『사씨남정기』에 등장한다. 이에 대해서는 뒷장에서 소개한다.

조선 후기의 송자관음도

국내에서 보이는 가장 이른 시기의 송자관음 도상은 17세기 말의 〈14조
사도〉에 있는 관음도다. 중국의 백과사전 류의 책인 『삼재도회』에 실린 그림
들을 원본으로 한 것이다.

이 그림에서 관음은 바닷가 바위 위에 앉아 있는데 무릎 위에 아이가 있
다. 그리고 이들을 향해 파랑새가 날아드는 모습이다. 원효가 만난 관음 이
야기에 나오는 파랑새다. 이 송자관음도는 19세기 해인사의 화승 기전에 의
해 불화로도 제작되었다.

〈14조사도〉에 있는 송자관음도 사진출처: 최순택, 『한국의 선서화』, 학문사, 1998.

또 이 무렵 몇몇 사찰의 벽화에도 송자관음 도상이 나타났다. 그런데 이
송자관음도들은 아이기원과 관련된 게 아니라 관음신앙을 드러내는 이미지
의 하나로 채택된 것 같다고 한다.

아이기원이 담긴 송자관음도는 같은 시기 판각된 백의대사불도판白衣大師佛圖板에 등장한다. 불교신자가 아이를 얻기 위해 시주자로 나서 만든 것이다. 백의대사로 지칭된 관음이 한 팔에 아이를 안고 앉아 선재동자를 바라보는 모습이다. 전체적으로 아이 둘과 함께 있는 어머니의 형상을 연상시킨다. 아이를 얻기 위한 이런 종류의 도판은 일제강점기에도 제작됐는데 뒷면에는 부적이 새겨져 있다.

송자관음 도상에서 보이는 사찰불교계와 민간불교의 차이는 양자 간 관음신앙의 간격을 드러내는지도 모른다. 아이를 점지하는 여성관음은 사찰불교계에는 달갑지 않았던 반면 불교신자들에게는 환영할 만한 것이었을 수 있다. 한국에서도 관음의 여성화는 민간의 신앙에 의해 추동돼 왔던 것으로 보인다.

하지만 사찰 연기설화에 송자관음 신앙이 담긴 경우도 있다. 관음도량으로 유명한 강화 낙가산 보문사의 연기설화다. 고려 초기(선덕여왕 대라고도 한다) 회정이란 승려가 금강산 보덕굴에서 관음진신을 친견한 후 낙가산 석굴에 와서 송자관음을 발견했고, 이에 관음전을 지어 봉안한 다음 절 이름을 보문사라고 했다는 내용이다. 아마도 민간의 송자관음 신앙을 받아들인 듯하나 송자관음상은 현존하지 않는다.

수염 달린 어람관음

특기할 것은 18세기 조선에도 등장한 어람관음상이다.

두 개가 있는데 하나는 경남 양산 신흥사의 대광전 후불벽 뒷면에 그려져 있다. 다른 하나는 경주 불국사 대웅전의 후불벽 뒷면에서 2010년 발견됐다. 백의관음상과 함께 조성됐는데 적외선 촬영을 통해 찾았으니 육안으로는 보이지 않는다.

신흥사 어람관음상은 높이 2미터가 넘는 관음삼존도(224×445㎝)에 등장한다. 현재 국내 유일의 관음삼존도다. 특이하게도 부처가 자리하기 마련인 중앙에 수월관음이 앉아 있다. 그 왼쪽에 백의관음이 비스듬히 서 있고, 오른쪽에 어람관음이 머리를 중앙 쪽으로 살짝 돌린 채 걷는 듯한 포즈를 취하고 있다. 벽화로선 드물게 검은색 바탕에 흰색 선묘로 치밀하게 그린 정교한 작품이다. (사진자료 14 참조)

둥글게 말아 올린 머리에 비녀 장식을 한 어람관음은 한 손에 물고기가 든 바구니를 들고 있다. 물론 여성형상으로 보인다. 그런데 자세히 보면 코밑에 수염이 있다. 뜻밖이다. 이것을 어떻게 해석해야 할까?

일단 두 가지로 생각해 볼 수 있다. 하나는 분명한 여성관음도 여성으로 온전히 인정하지 않으려는 사찰불교의 편협함이다. 다른 하나는 관음의 수염이 남성성과 필연적인 관련이 없었을 가능성이다. 어람관음이 여성이라는 사실을 분명히 알았을 승려들이 수염을 그려 넣은 것은 그것이 남성성보다는 불보살 상호의 필수적인 요소로 여겨졌을 개연성을 제기한다. 그렇다면 수월관음의 수염에 대해서도 재고가 필요할 것이다.

조선 후기에 그림으로 일부 등장한 송자관음, 남해관음, 백의관음, 어람관음 등 여성관음들은 중국의 여성관음들이 유입된 결과로 보인다. 그러나 현존하는 고려와 조선의 관음 도상이나 조각상들은 대개 남성적 혹은 중성적이다. 수월관음은 여성성이 중심에 있는 양성적 관음이라고 할 것이다.

그런데 관음신앙과 관련된 문헌자료들을 보면 상황이 다르다. 관음을 여성으로 보는 시각이 주류로서 계속 이어졌기 때문이다. 문헌자료에서 관음은 여성이었다.

9 금강산 보덕굴의 보덕각시:
사라진 성기

『삼국유사』에 담긴 관음의 여성화신 전통은 고려시대에도 이어진다.

대표적인 경우가 금강산 보덕굴과 관련해 전해진 보덕각시 설화다. 이 설화에서 보덕각시는 관음의 화신으로 나타난다. 이 이야기는 정조 13년(1789년) 간행된 조경의 『하서집』에 최초로 등장한다. 정조 23년(1799) 편찬된 『범우고』에도 같은 내용이 축약돼 담겨 있다. 이어 〈보덕굴사적습유록普德窟事蹟拾遺錄, 1854〉과 〈보덕굴연혁普德窟沿革, 1931〉이 출간됐다.[24]

이 설화에 등장하는 승려는 고려 의종 때의 회정대사다. 강화 보문사 송자관음 설화에 나오는 바로 그 인물이다. 『범우고』에 실린 설화내용은 아래와 같다.

보덕은 민가의 여자라고 한다. 어렸을 때 아버지와 함께 걸식을 하다가 금강산에 들어갔다. 이 굴(보덕굴)에 이르러 머물렀는데 보덕은 성근 옷감으로 열말 들이 자루를 만들어 폭포 곁에 걸어놓았다. 그리고 아버지에게 물을 퍼 채우게 하면서 "자루에 물을 가득 채우면 즉시 도에 들어갈 수 있을 것"이라고 했다. 보덕은 마른 대나무를 잘라 하루에 삼태기 하나를 만들어 쌀 한 말과 바꿔 아버지에게 바쳤다.

그러다 (삼태기와 쌀을 바꿔주던 표훈사의) 한 스님이 삿된 마음이 일어나 은밀히 그녀를 취하려 했다. (어느날 법당에서 스님이 접근하자) 그녀는 소리를 지르며 탁상 위의 탱화를 가리키며 말했다. "그림의 부처도 공경해야 하거늘 생불에 있어서랴!" 그리고 진상眞像을 드러냈는데 금빛이 눈을 뜰 수 없게 했다. 스님은 애걸하며 "죽여주십사" 했다.

(굴에 돌아온) 보덕은 아비에게 자루에 물을 채웠는가 물었다. 아비는 자루가 성근데 어찌 물이 차겠느냐고 답했다. 보덕이 말했다.

"마음이 하나가 되면 공功이 모아지고 도道가 이뤄지는 것입니다. 그런데 아버지께서는 채워지지 않는다 생각하고 억지로 물을 부으니 어찌 공이 모아지고 도가 이뤄지겠습니까?"

이에 아버지는 크게 깨우치고 다시 물을 부으니 자루 가득 물이 차 넘쳐났다. (…)

보덕은 크게 웃고 (따라 온) 스님에게 삼태기를 던지며 말했다.

"물이 자루에 가득 찼고, 삼태기는 (절의) 창고에 가득하니 공이 이루어졌고 바라는 바가 성취되었습니다. 부처를 보았으니 부끄럽지 않은가요?"

이에 스님도 역시 크게 깨달았다. 후인들이 세 사람의 상을 새겼는데 지금 굴 안에 있다. 가끔씩 상서로운 기운이 어린다고 한다.

이 설화에는 보덕이 부처로 등장하고 승려도 익명으로 처리돼 있다. 하지만 고려 말 학자 이곡의 『가정집』에 금강산 "보덕관음굴"이란 명칭이 있어 부처가 곧 관음임을 알 수 있다. 현재도 관음부처라는 말이 쓰이는 걸 보면, 신앙현장에서 관음이 부처로도 불렸음을 알 수 있다.

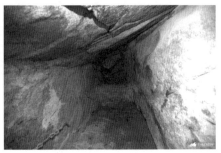

1930년대 촬영된 금강산 보덕암(왼)
사진출처: 문화재청 국가문화유산포털
금강산 보덕암의 보덕굴(오른)
사진출처: 연변일보

보덕각시에게서 보이는 여신신앙

〈보덕굴사적습유록〉과 〈보덕굴연혁〉에는 보덕이 관음보살로, 익명의 승려는 회정으로 나타난다. 소설적 구성이 강화되어 등장인물도 더 많아지고 내용도 훨씬 풍부해졌다. 그러나 회정이 보덕과 남녀관계를 형성하고, 그녀를 통해 수행을 완성하는 등 기본 뼈대는 별로 다르지 않다.

그런데 우리는 보덕에게서 여신신앙의 요소들을 어렵지 않게 볼 수 있다. 굴에 사는 것부터가 그렇고, 그녀가 만든 자루와 삼태기가 자궁상징이라는 것도 그렇다. 이 삼태기는 앞서 소개한 신라 승려 혜공의 삼태기를 연상시킨다. 『범우고』는 삼태기를 '분簣'자로 기록해 혜공의 '궤簣'와 다르지만 지칭하는 대상이나 의미는 다르지 않다. 혜공의 삼태기가 여신상징임이 여기서 확인된다고 할 수 있다.

물이 흘러넘칠 정도로 가득 찬 자루는 우리 민속의 삼신자루를 연상시킨다. 강우방이 말하는 만병과 같은 것이다. 보덕은 불도의 성취를 '물이 자루에 가득차고, 삼태기가 창고에 가득한'상태에 비유한다. 불교적 깨달음을 여근상징의 풍요로움으로 표현하는 것이다. 원효의 신성성을 발우에 꽉 차는 큰 밤에 비유한 것이나 마찬가지다.

〈보덕굴사적습유록〉과 〈보덕굴연혁〉에는 보덕이 만폭동 계곡의 세두분洗頭盆이란 곳에서 수건을 빠는 장면도 나온다. 원효에게 나타났던 월경수건 빠는 여인이 자연스레 오버랩 된다.

물가의 너럭바위에 있는 세두분은 항아리처럼 파인 큰 구멍에 물이 담긴 곳이다. 그 위로는 보덕이 수건을 빨아 걸어두었다는 수건바위가 남아있다. 보덕이 빤 수건이 월경수건이었음은 세두분이 자궁상징이라는 점, 수건바위라는 지명이 남았을 정도로 그 수건이 특별한 의미가 있다는 점에서 알 수 있다. 세두분이란 "머리를 감는 동이"라는 뜻인데, 월경피를 불결하게 여기는 불교의 시각이 월경수건을 머리로 바꿔버렸을 것이다.

보덕이 여신신앙에 뿌리를 둔 존재임은 16세기에서 18세기에 걸친 도교계 서적들도 말해준다. 도교는 수많은 여신들이 말해주듯 여신신앙과 친연성이 매우 높다. 그런데 몇몇 책들에 보덕이란 이름을 가진 여신선이 등장한다. 그중 조여적이 찬술한 『청학집』은 보덕이란 신녀神女에 대해 다음과 같이 소개하고 있다.

> 마한 시절에 신녀 보덕이 바람을 타고 다니며 거문고를 안고 노래를 부르니,
> 그 모습은 가을 물의 부용과 같이 아름다웠다.

보덕은 『규원사화』 『오계일지집』에도 신녀 혹은 선녀로 소개되어 있다.[25] 또 이능화의 『조선도교사』에는 보덕성녀로 등장한다. 그런데 이 중 이의백이 쓴 『오계일지집』이 선녀 보덕을 금강산의 보덕굴과 연결시키고 있다.

이의백은 도술의 경지가 높은 송처사라는 사람과 보덕굴을 찾았다. 송처
사가 주문을 외우자 잠시 후 안개 장막이 뒤덮이면서 공중에서 한 선녀가 나
타났다. 바로 보덕선녀였다. 그들은 머리를 조아리고 보덕에게 신선의 가르
침을 청했다고 한다.

보덕의 사라진 성기

그런데 보덕굴은 원래 고구려 승려 보덕이 수행한 장소로 알려진 곳이다.
보덕은 원효와 의상도 가르쳤다고 전한다. 이러한 긴 역사를 고려하면
보덕각시 설화는 신라 이래 조선후기까지 지속적으로 전승되며 발전해 나
갔던 것으로 보인다.

이 설화는 전승 범위 또한 매우 넓고 내용도 다채롭게 파생되며 변이되
었다. 이는 지금까지 거론한 여러 문헌들, 회정이 등장하는 보문사 연기설화
등이 말해준다. 1935년에는 금강산 표훈사에서 『보덕각시의 연기』라는 한
글 단행본도 출간했다.

고려 말 기록에 등장한 "보덕관음굴"은 의상이 관음진신을 친견했다는
낙산의 관음굴을 연상시킨다. 〈보덕굴연혁〉에는 다음과 같은 기록이 나온다.

진평왕 49년 보덕성사가 담무갈에게 예를 올리고자 회주의 지달다산 중
향성에 들어갔다가 만폭동 위에서 18세의 흰옷 입은 동녀童女를 만났다.
동녀가 "대사는 어딜 가십니까?" 물으니 대사는 "법기보살에게 예를 올리고
자 합니다" 했다.
그러자 동녀는 말했다.

"법기보살에게 예를 올리고자 하는 사람이 어찌 상주진신常住眞身인 관음보살에게 예를 올리는 것을 알지 못합니까?"

동녀는 대사를 인도해 굴에 이르렀는데 순간 그녀의 자취가 사라졌다.

만폭동 관음굴은 토착여신의 성소였다가 보덕에 의해 관음굴로 바뀌었을 것이다. 앞서 고구려의 관음신앙에서 언급했듯 보덕은 보덕굴에서 관음보살을 3번 친견했다. 의상의 낙산 관음굴과 같은 사례다. 그러면서 원래의 굴 이름이 보덕굴로 변하고 여신도 관음으로 바뀌었는데, 시간이 흐르면서 보덕이란 이름이 관음의 화신이 된 여성에게 붙게 된 것으로 보인다. 그리고 그녀의 인기가 도교세력으로도 퍼져 나간 것 같다. 선사시대부터 보덕굴에서 숭배돼온 여신이 시대의 변전과 흐름에 따라 관음보살로, 도교의 선녀로 변신을 거듭한 것이다.

조선 후기 불교문헌들에 등장한 보덕은 그러나 원효를 비판하거나 출산을 해버리는 『삼국유사』속 여인들에 비해 많이 순치된 모습이다. 그녀는 젊은 여성의 섹슈얼리티로 승려의 마음을 사로잡지만 끝내 그것을 전형적 불교서사 아래 종속시킨다. 섹슈얼리티를 기피할 뿐 아니라 기본적으로 부정당하기도 한다. 〈보덕굴사적습유록〉과 〈보덕굴연혁〉은 보덕이 여근이 없었다고 한다. 회정과 그녀가 부부 연을 맺고 처음 잠자리를 갖는 장면에서다.

두 사람이 함께 자는데 여근이 없는 것이었다. 둘이 다리로 장난치며 웃었다.

보덕의 사라진 성기는 19세기 사찰불교계의 여성혐오를 징후적으로 보여준다. 여신신앙의 핵심상징인 여근을 없애버림으로써 여성의 몸 뿐 아니라 여성적 신성의 뿌리를 부정한 것이다.

    이런 점에서 그녀는 『삼국유사』 광덕엄장 조에 등장하는 관음과 연결
돼 있다.

    승려 광덕의 아내로 응신한 그녀는 남편과 십여 년을 함께 살면서도 성관
계를 갖지 않았다. 불교계율대로 섹슈얼리티를 거부한 것이다. 그녀에게 성
행위는 몸을 더럽히는 일이다.

    보덕은 또 33관음 중 마랑부관음이나 어람관음을 연상시키기도 한다.
남성을 수행시키기 위해 관계를 맺으나 성행위는 거부되고 있기 때문이다.
실제로 『보덕각시의 연기』는 마랑부 설화를 끌어들여 보덕과 마랑부를 동
일시하고 있다.

10   한국관음의 본생담 〈안락국태자경〉과 『사씨남정기』

조선시대 초기에는 한국 여성관음의 역사에서 결정적인 사건이 발생한다. 관음의 전생이 여성이라고 밝힌 본생담이 출현한 것이다. 『월인석보』에 실려있는 〈안락국태자경〉이 그것이다. 다른 불교전적에서는 찾을 수 없는 내용이어서 국내에서 창작된 작품으로 판단된다. 그러니까 한국관음의 본생담인데 관음의 전생으로 원앙부인이라는 여성이 등장한다. 중국에 묘선공주가 있다면 한국에는 원앙부인이 있는 셈이다.

불교미술사에서 석굴암 십일면관음이 한국 여성관음의 정점을 보여준다면 〈안락국태자경〉은 불교설화사에서 같은 역할을 맡고 있다. 그런데 '여는 글'에서 소개했듯 둘은 긴밀히 관련돼 있다. 〈안락국태자경〉에 대한 소개, 등장인물들에 대한 탐구, 석굴암과의 관련성, 서사의 창작 배경 및 과정, 서사의 확산양상과 광범위한 영향력 등에 대해서는 따로 제3부 전체를 할애해 다룬다.

젖을 주고 밥을 주는 '어머니 관음'

고려와 조선의 관음신앙 실태를 알 수 있는 자료 중 하나는 영험담 류의 서적들이다. 관음의 폭넓은 구제력에 대한 증언담들을 모은 것이다. 현재 남아있는 영험담들은 대개 조선시대 것들인데 아쉽게도 중국의 영험담들을 편집한 것이 대다수다. 문자화되지 못하고 구전된 국내 영험담들이 많았을 것이나 현재로서는 파악이 어렵다. 그중 전해진 가장 유명한 사례는 오세암 관음 이야기일 것이다.

절의 이름은 원래 관음암이었다.
조선 인조 때 설정 스님이 고아가 된 형님의 아들을 데려다 키우고 있었다.
하루는 월동준비를 위해 장터로 가게 된 스님이 밥을 지어놓고 어린 조카에게 말했다.
"이 밥을 먹고 저 어머니(법당의 관세음보살)를 관세음보살, 관세음보살 하고 부르면 잘 보살펴주실 것이다."
설정은 장을 본 뒤 신흥사까지 왔으나 폭설이 내려 이듬해 3월에야 돌아올 수 있었다. 그런데 법당 안에서 목탁소리가 들리기에 가보니 죽은 줄만 알았던 아이가 살아있었다. 아이는 관세음보살이 밥을 주고 같이 자고 놀아주었다고 말했다.
다섯 살 아이가 관음의 신력으로 살 수 있었던 영험을 후세에 길이 전하기 위해 절 이름을 오세암으로 고쳐 불렀다.[26]

이 설화는 『삼국유사』 삼소관음중생사 조에 실린 이야기 하나를 상기시킨다. 고려 태조 때가 배경이다. 최은함이란 사람이 중생사 관음에게 빌어 아들을 얻었다. 그런데 전란이 일어나 갓난 아들을 관음상 밑에 두고 떠났다. 반달 후 돌아와 보니 아이가 젖 냄새를 풍기며 살아있었다고 한다.

둘 다 아이에게 젖을 주고 밥을 주는 '어머니 관음'을 전하는 영험담이다. 시기적으로 고려 초에서 조선 중기에 이르는 걸 보면 이러한 인식이 상당히 오랫동안 지속됐음을 알 수 있다.

종교학자 이효원은 고려시대부터 일제강점기까지 국내에서 생산된 관음 영험담을 유형별로 11개 소개했다. 이 중 관음이 여성으로 응신하거나 모성과 관련된 이야기는 6개에 이르는 반면 남성으로 응신했거나 부성과 관련된 경우는 없다. 이 영험담들에서 관음은 노부인으로 나타나 부부의 연을 맺어주거나, 여인으로 나타나 아이를 점지한다. 또 꿈에 흰옷 입은 부인으로 등장해 환자를 낫게 한다.

눈길을 끄는 건 한용운 같은 유명인도 영험담의 주인공이라는 것이다. 그는 독립운동을 위해 만주로 떠났다가 총탄을 맞고 사경에 처했다. 그런데 섬섬옥수에 꽃을 쥔 절세미인의 형상으로 관음이 나타나 정신을 차리게 해 주었다고 한다.[27]

수많은 관음영험담들 중 11가지 사례만 보고 결론을 내기는 어렵다. 하지만 고려시대 이후에도 관음은 주로 여성으로 응신하고 임신이나 모성, 치유같은 여성적 특질과 관련돼 왔다는 사실은 부인하기 힘들다.

『사씨남정기』의 남해관음: 성녀 코드의 재등장

조선시대의 관음신앙은 불교전적만이 아니라 소설을 통해서도 드러난다. 특히 여성들이 주독자였던 국문소설들에서다.

잘 알려져 있듯 『사씨남정기』는 조선 숙종 연간에 김만중이 쓴 국문소설이다. 그런데 여기에 남해관음이 등장한다. 여승인 묘혜가 사씨에게 가서 관음찬觀音讚을 청할 때 들고 간 것이 남해관음 화상畫像이었다. 이 그림에는 흰옷, 흰 띠에 백팔염주를 건 관음이 선재동자를 데리고 큰 바다 가운데 섬에 앉아있는 모습이 그려져 있다. 사씨는 요청대로 관음찬을 짓는데 글의 일부분은 아래와 같다.[28]

吾聞大師 古之聖女(내가 듣건대 대사는 옛날의 성녀시니)

想像其德 如周任姒(그 덕은 상상컨대 주나라 임사와 같도다)

(…)

吾觀遺像 衣白抱子(내가 화상을 보건대 흰옷에 아이를 안았으니)

흰옷에 아이를 안고 있는 남해관음은 같은 시기 등장한 송자관음 도상과 같다. 당시 조선에는 아이를 안고 있는 여성관음상이 꽤 알려져 있었던 것 같다. 사씨가 쓴 관음찬은 김홍도의 〈남해관음도〉 별폭에 쓰여있는 관음찬과 같다. 때문에 그 그림이 『사씨남정기』와 관련돼 있을 것으로 추정하기도 한다. 어찌됐든 김홍도의 남해관음이 여성임을 『사씨남정기』가 확인해주고 있는 셈이다.

위의 글에서 남해관음은 임사任姒와 같은 성녀로 표상돼 있다. 임사는 유교의 이상적 여인상인 태임과 태사를 말한다. 그런데 관음은 원효가 등장하는 『삼국유사』 설화에서도 성녀로 지칭됐다. 또 앞에 소개했듯 보덕도 도교의 성녀로 추앙되었다. 『하서집』에도 '성녀보덕'이라는 표현이 나온다.

결국 관음은 성녀 코드를 통해 여신신앙 뿐 아니라 불교, 도교, 유교의 성녀들을 자신 안에서 회통시키고 있는 셈이다. 관음이 일본과 중국에서 성모 마리아와도 만난 역사를 생각하면, 관음이 품고 있는 성녀의 계보는 매우 다중적이고 세계적이다. 어떤 것도 받아들이고 무엇이든 응화할 수 있는 관음의 '넓은 문普門'이 아닐 수 없다.

그런데 왜 유학자인 김만중은 굳이 관음을 끌어와 유교적 가치관을 표현하려 했을까?

여러 해석이 있을 수 있겠지만 당시 성행하던 관음신앙이 관음을 소설의 중요한 소재로 쓰도록 한 것 같다. 그가 여성을 주인공으로 세운 소설에 여성 관음을 끌어들인 것도 주목할 만하다. 당대 관음신앙의 주역이 여성들이고, 관음이 여성으로 인식됐음을 시사하기 때문이다.

남해관음 화상은 1900년대 초에 쓰여진 소설『홍랑전』에도 등장한다. 또 『금잠가연』에도 남해관음에게 자식 낳기를 기원하는 장면이 나온다.

조선 후기에는 여성을 주독자층으로 한 국문소설들이 많이 등장한다. 그 중에는 앞서 언급한 〈안락국태자경〉을 저본으로 한 『안락국전』도 있었다. 현재 이본이 8편 정도 전해 당시 상당한 인기를 끌었음을 알 수 있다. 관음의 전생이 원앙부인이라는 이 서사는 당시 조선사회에 여성관음에 대한 인식을 확립하고 전파하는 데 큰 역할을 했을 것이다.

남성적 관음도상, 여성관음이 주류인 문헌자료

부족한 자료로나마 고려 이후 여성관음의 역사에 대해 살펴본 지금까지의 내용을 정리하면 다음과 같다.

고려에서 조선까지 관음의 도상이나 조각상들은 대개 남성적 형상을 하고 있다. 하지만 관음신앙과 관련된 문헌자료와 구전설화는 여성관음이 주류였음을 말해준다. 표현된 형상과 실제 신앙현실 사이에 큰 괴리가 존재하는 것이다. 이런 불일치는 사찰불교와 민간불교의 경계를 따라 생산됐을 것이다.

민중이 아무리 관음을 여성으로 인식해도, 불보살상의 생산주체인 사찰에서 그것을 받아들이지 않는 한 여성관음상이 만들어지기는 어려웠을 것이다.

집요하게 붙어있는 '관음의 수염'은 그러한 사찰의 태도를 보여주는 것일 수 있다.

한국역사에서 여성관음 도상이나 조각상이 드문 이유에 대해서는 여러 견해들이 있다. 화엄사상이 중심이었던 신라불교 교학의 영향이라거나 고려불화의 탄생에 중국문화보다 실크로드를 통한 서역미술이 더 큰 영향을 미쳤다거나 하는 것들이다. 또 사찰의 불보살상들이 의궤의 제약에 묶여 있었기 때문이라고도 하고, 한국불교를 지배해 온 선불교가 지목되기도 한다.

그런가 하면 토착신앙이 활발하게 살아있어서 관음이 온전히 여성화하는 걸 저해했다는 진단도 있다. 대표적으로 삼신할미 신앙이 송자관음의 착근을 막았다는 것이다.

이에 대해 체계적인 연구가 필요하겠지만 다 나름대로 일리는 있을 것이다.

선불교를 지목하는 것도 그렇다. 선불교는 깨달음을 남성성과 관련시키고, 남성조사들의 계보를 법맥이라 하여 중심에 두는 등 남성중심적인 성격이 강하다. 이는 조선시대의 강력했던 유교 가부장제와 만나 더 강화되었을 것이다.

11 현대 한국관음의 여성성: 자비의 어머니

불교경전이나 제도불교의 엘리트들이 관음의 젠더에 대해 어떤 말을 하든, 한국민중의 심상에서 관음은 여성으로 인식되어 왔다. 이는 현대에도 마찬가지다.

현재 한국불자들은 "관세음 관세음 자비하신 어머니여", "고난의 모진 바람 헤매는 중생 위해 어머니의 손과 발이 되어주시네"라는 〈관음예문〉을 늘 외우고 독송한다. 『자비하신 어머니 그 이름 관세음』이란 제목의 관음예문 책도 나와 있다.

'어머니'란 단어가 제목이나 목차에 등장하는 관음관련 책들을 인터넷에서 검색해 보면 다수의 결과물이 나온다. 관음은 사실상 거의 일관되게 어머니에 비유되고 있다. 그중 몇 개를 소개하면 다음과 같다.

조계종 승려로서 동국대 선학과에서 박사학위를 취득한 월호스님은 『월호스님의 천수경 강의』에서 관세음보살이 창조의 어머니라고 한다. 관음을 찬양하는 〈천수경〉에는 "단전에서 연꽃이 피어나는 님이시여"라는 구절이 있는데 단전이 자궁을 뜻한다는 것이다. 즉 모든 생명이 창조되는 우리 몸

에너지의 집결지다. 그런 맥락에서 그는 관세음보살이 "풍요와 생명의 수호신"이기도 하다고 설명한다.

『천수경의 비밀(김호성 저)』과 『천수경(무비 저)』은 관음을 "자비하신 어머니"로 소개하고, 『관음신앙 관음기도법(김현준 저)』은 "제2의 어머니"라고 말한다. 『뭇생명의 어머니이신 관세음보살(설정 저)』 역시 같은 입장이다. 그런가 하면 『묘법연화경해설(김현두 저)』은 관음을 "우주의 어머니"라고 하면서 삼신할매, 영등할매와 동일시하고 있다. 논의전개는 문제가 있어 보이나 관음을 여신들과 직접적으로 연관시킨다는 점에서 흥미롭다.

현대 관음신앙에서 주목되는 것은 도상이나 조각상과 실제 신앙현실 사이의 젠더 불일치가 점차 극복되고 있다는 것이다. 갈수록 여성관음상이 많이 등장하고 있기 때문이다.

대표적인 것이 3대 관음도량으로 꼽히는 양양 낙산사와 남해 보리암에 들어선 큰 규모의 해수관음상이다. 1970~1980년대 세워진 이 관음상들은 부드럽고 자비로운 여인상을 하고 있다. 비구니 사찰인 청도 운문사 대웅전 뒤편에는 아이를 안고 있는 관음상도 들어섰다. 또 광주 무등산 원효사에는 한때 아이에게 젖을 물린 파격적이고 현대적인 관음상도 설치돼 있었다. 현재는 무슨 이유인지 볼 수 없다고 한다.

유서 깊은 큰 절인 예산 수덕사를 비롯해 여성 관음보살상을 새로 세우거나 봉안한 사찰도 여럿이다. 여성관음상에 대한 선호가 뚜렷한 흐름을 타고 있는 듯한 느낌이다. 갈수록 지구화되는 세상에서 중국과 일본, 베트남 등지에 들어선 거대 여성관음상들이 영향을 주기도 했을 것이다.

새로운 여성관음상의 등장

최근에 생산되는 관음도들 역시 여성화의 경향이 뚜렷하다. 게다가 도상의 전통적 규범에 매이지 않는 새로운 여성관음상들도 창조되고 있다.

남종진 화백이 그린 〈33관음보살도〉는 다른 관음들은 물론 수월관음도 수염을 없앤 완연한 여성상으로 그렸다. 그는 거기서 더 나아가 한국적 모자관음상도 창조했다. 한복을 입은 관음이 아이를 무릎에 안고 있는 모습이다. 그는 언론 인터뷰에서 "『삼국유사』 등에도 모자관음에 대한 기록이 있어 맥이 끊긴 전통을 잇고 싶다"고 밝혔다[29] 중생사 관음이나 오세암 관음에 대한 이야기인 것 같다. (사진자료 15 참조)

불화작가인 양선희는 그녀의 시각으로 여성관음상을 재창조했다. 현대적 감각으로 우아하고 아름다운 여성적 신성을 표출하는 관음상들이다. 선재동자를 동녀로 표현한 듯한 작품도 있다. 관음은 현대 한국사회에서도 계속 변화 중이다.

그 변화 중 하나는 관음이 한국에서도 성모 마리아와 만났다는 사실일 것이다. 서울시 성북구 길상사에는 성모 마리아와 합쳐진 관음상이 조성돼 있다. 천주교 신자인 조각가가 종교 간 화해의 염원을 담아 만들어 봉안했다고 한다.[30] 관음을 불교의 성스런 어머니로 여기고 있음을 알 수 있다.

관음을 여성 혹은 어머니로 보는 사람들의 인식은 실존했던 20세기 여성들을 관음화하기도 한다. 한 예로, 일엽스님의 아들인 화승畫僧 김태신은 어머니를 그리며 쓴 책에서, "산에는 어머니가 계시고, 그 어머니는 관세음보살님일 것이라고 생각하였다"고 말한다. 일엽은 신여성으로서 일제강점기 가부장제에 저항하다가 불가에 귀의해 당대 최고의 비구니스님으로 추앙되었던 여성이다.

그런가 하면 영험한 일을 겪고 절을 창건한 여성이 그 절에서 후일 관음의 화신으로 말해지기도 한다. 1935년경 창건된 포항 무학사의 관음석굴 유래담같은 경우다.[31] 이는 20세기 한국에서도 특출한 여성들이 관음의 화신으로 여겨졌던 현실을 보여준다.

어쩌면 불교계에서 여성불자들을 '보살'이라고 하는 것 자체가 그런 인식 때문인지 모른다. 불교의 수많은 보살들 중 여성불자를 칭하는 보살과 가장 잘 어울리는 것은 관세음보살일 것이기 때문이다.

이제 한국관음의 본생담인 〈안락국태자경〉의 세계로 들어가 보자. 한국여성관음의 역사가 만들어낸 가장 중요한 서사인데도 불구하고 이 작품은 우리에게 잊혀져 있다시피 했다.

제 3 부

〈안락국태자경〉과 석굴암: 원앙부인과 요석관음

1 관음의 전생, 원앙부인

중국에서 관음이 여성화되는 데 묘선공주 설화가 결정적 역할을 했다면 한국에는 원앙부인 설화가 있다. 현대 한국인들에게는 낯설지만 조선후기만 해도 상당히 널리 퍼진 이야기였다.

현전하는 자료들 중 이 설화를 최초로 전하는 문헌은 조선초에 간행된 『월인석보』다. 이 문헌의 8권 상절부에 한글로 실려 있는데 제목이 없다. 학계에서는 〈안락국태자경〉 혹은 〈안락국태자전〉이라고 불린다. 이 책에서는 불경으로 보아 전자를 택한다.

우선 이야기의 내용부터 들여다보자.

옛날 범마라국梵摩羅國 임정사林淨寺에서 광유성인光有聖人이 오백 제자를 거느리고 중생을 교화하셨다. 그때 서천국西天國에는 사라수대왕沙羅樹大王이 사백 소국小國을 거느리면서 정법으로 나라를 다스렸다. 그는 왕위를 달게 여기지 않고, 아내며 자식이며 보배를 탐하지 않고 무상도無上道를 구했다.

광유성인은 사라수대왕의 착한 마음을 듣고 찻물 길을 채녀婇女를 얻기 위해 승열바라문勝熱婆羅門 비구를 보냈다. 비구가 왕궁에 들어가 석장錫杖, 지팡이 을 흔드니 왕의 부인 중 으뜸인 원앙부인鴛鴦夫人이 금바리에 흰쌀을 가득 담아 나왔다. 비구는 재미齋米를 구하는 게 아니라 대왕을 뵙고자 한다 말한다.

대왕은 비구를 극진히 모셔 궁중에 들였다. 그리고 기꺼이 여덟 여인을 가려내 비구와 함께 보낸다. 광유성인은 기뻐하며 팔채녀에게 각기 금두레박을 맡겨 우물물을 하루 오백 번씩 긷게 했다. 삼년이 되자 팔채녀는 좋은 근원을 닦아 무상도리를 이루기 멀지 않게 되었다.

이때 광유성인은 승열바라문 비구에게 다시 가서 사라수왕을 데려오라 한다. 찻물 길을 유나維那, 일의 주관자를 삼겠다는 것이다. 비구가 죽림국竹林國을 지나 사라수왕궁에 가 석장을 흔드니 이번에도 원앙부인이 금바리에 쌀을 가득 담아 나왔다. 대왕을 뵙고자 한다 하니 왕은 그를 극진히 맞아들여 온 연유를 물었다.

"팔채녀가 길은 찻물이 모자라서 성인이 대왕을 청하여 오라 하시고, 찻물 길을 유나를 삼고자 하십니다."

왕이 듣고 기뻐하다가 홀연 눈물을 비 내리듯 흘리니 원앙부인이 그 이유를 물었다.

"유나를 삼으려 한다는 말이 기쁘기는 하나 사백명 부인을 버리고 가려 하니 마음이 슬퍼 웁니다."

원앙부인이 비구에게 자신도 갈 수 있느냐 묻자 비구는 그렇다고 한다. 사라수대왕은 나라를 아우에게 맡기고 부인과 함께 비구를 좇아 서천국을 떠나게 되었다.

죽림국에 도착해 노숙을 한 후 다시 길을 떠나려 할 때였다. 원앙부인이 비구에게 다리가 붓고 발이 아파 길을 못가겠다고 하소연을 했다. 그리고 죽림국의 자현장자子賢長者 집에 자신을 종으로 팔아 그 돈을 자신의 이름과 함께 성인에게 바쳐달라 부탁했다. 세 사람이 함께 자현장자 집에 도착해 계집종을 사라 하니 장자가 부인에게 값을 물었다.

"내 몸의 값은 금 이천근이고 내 밴 아기의 값도 한가지입니다."

장자는 사천근을 왕과 비구에게 내어주고 원앙부인을 종으로 삼았다.

다음 날 아침 눈물로 이별할 때 원앙부인은 대왕에게 앞으로 왕생게往生偈를 잊지 말고 외우며 다니라고 당부한다. 그러면 고픈 배도 부르고 헌옷도 새롭게 된다면서 게를 알려주었다.

원하노니 가서 나고 싶습니다. 원하노니 가서 나고 싶습니다.
원하노니 미타회중彌陀會中 자리에 있어 손에 향화香花 잡고 늘
공양하고 싶습니다.
원하노니 가서 나고 싶습니다. 원하노니 가서 나고 싶습니다.
원하노니 극락에 나서 미타를 뵈어 머리만지심을 얻어 기별記莂,
부처가 수행자에게 주는 깨달음에 대한 예언을 받고 싶습니다.
원하노니 가서 나고 싶습니다. 원하노니 가서 나고 싶습니다.
극락에 가 연꽃에 나고, 나와 남이 일시에 불도를 이루고 싶습니다.

왕이 듣고 기뻐하며 가려 할 때 원앙부인은 아이를 낳으면 이름을 어떻게 지을지 묻는다. 그리고 아들이면 효자, 딸이면 효양이라 하자고 제안한다. 왕은 아들이면 안락국安樂國, 딸이면 효양이라 하라 이르고 비구와 함께 임정사로 떠났다.

광유성인은 왕을 보고 기뻐하며 금두레박 두 개를 주어 찻물을 긷게 했다. 왕

은 금두레박을 나무의 두 끝에 달아매고 물 길러 다니면서 왼 손에 왕생게를 잡아 놓지 않고 외웠다.

원앙부인은 자현장자의 집에서 아들을 낳았다. 아이가 일곱 살이 되자 아버지가 어디 갔느냐 묻는다. 부인은 장자가 아비라고 둘러대다 결국 임정사에 있다 실토하고, 아이는 아버지를 찾아 문 밖으로 나가게 됐다. 그러나 안락국은 도망가던 길에 장자 집의 종을 만나 잡혀온다. 그리고 장자에게 자자刺字를 당하는 고초를 겪는다.

하지만 그는 다시 도망하여 죽림국과 범마라국 사이에 놓인 큰 강에 이르렀다. 배가 없어 짚동 세 묶음을 얻어 띠로 매어 물에 띄우고는, 그 위에 올라 하늘에 빈 후 왕생게를 외웠다. 그러자 저절로 바람이 불어 범마라국 땅에 이르렀다. 임정사로 가는 경계에 대숲이 있었는데 바람이 불 때마다 저절로 "아미타불" 염불 소리가 났다.

임정사로 향하던 안락국은 길에서 왕생게를 부르며 우물물을 길러 가는 팔채녀를 만난다. 그리고 사라수대왕 역시 물 길러 올 것이라는 말을 듣고 계속 길을 가다가 마침내 왕을 만났다. 대왕은 안락국이 외우는 왕생게를 듣고 그가 태자太子임을 알게 되고, 둘은 눈물의 상봉을 한다. 아들을 안고 앉아 울던 왕은 이윽고 태자에게 일렀다.

"네 어머니 나를 이별하고 시름으로 살다가 이제 또 너를 이별하여 더 울고 있으니 어서 돌아가거라."

슬픔을 못이겨 한참 후 이별할 때 왕은 노래로 자신의 마음을 드러낸다.

아는 이 없는 이 먼 길에 누구를 보겠다고 울며 오는가 아가. 대자비 노래하는 원앙새와 공덕수행하는 이 내 몸이 성등정각成等正覺 날에야 반드시 마주 보리로다.

안락국은 울며 이별한 후 죽림국에 이르렀다. 그런데 소 치는 아이를 만나 원앙부인이 자현장자에게 죽임을 당했다는 소리를 듣는다. 안락국이 없어진 것을 안 장자가 원앙부인을 보리수 밑으로 데려가 칼로 세 토막을 내 버렸다는 것이다.

안락국이 보리수 밑에 가보니 과연 세 토막 난 시신이 있었다. 주워다 차례로 이어놓고 땅에 엎드려 슬피 우니 하늘이 진동하는 것이었다. 한참 후에 일어나 서녘을 향해 합장한 안락국은 눈물로 하늘을 부르며 게를 지어 불렀다.

원하노니 내 장차 명 끝날 때에 모든 장애를 다 떨어버리고, 저 아미타불을 뵈옵고 즉시 안락찰安樂刹에 왕생하기를.

그러자 즉시 극락세계로부터 사십팔 용선龍船이 진여대해眞如大海에 떠 태자 앞에 오더니 용선 가운데 보살들이 말했다.

"네 부모는 벌써 서방에 가서 부처가 되어 있으나 네 일을 모르고 있으니 길 잡아오라."

태자는 기뻐하며 사자좌獅子座에 올라 허공을 타고 극락세계로 갔다.
광유성인은 지금의 석가모니불이고, 사라수대왕은 지금의 아미타불이고, 원앙부인은 지금의 관세음보살이고, 안락국은 지금의 대세지보살이고 승열바라문은 지금의 문수보살이고 팔채녀는 지금의 팔대보살이며, 오백 제자는 지금의 오백 나한이다. 자현장자는 무간지옥無間地獄에 들어 있다.

〈안락국태자경〉은 국내 창작물, 무가로도 전해져

『월인석보』는 세조 5년(1459)에 왕이 『월인천강지곡』을 본문으로 하고 『석보상절』을 설명부분으로 하여 합편한 책이다. 『석보상절』은 세조가 수양대군이던 시절 세종의 명으로 만든 것으로, 석가모니의 일대기와 설법을 담고 있다. 남제南齊의 승려 승우가 편찬한 『석가보』와 당나라 도선이 편찬한 『석가씨보』 등을 참조하여 새롭게 편찬하고 우리말로 번역한 것이다.

『월인천강지곡』은 세종이 『석보상절』을 보고 석가모니의 공덕을 칭송하여 지은 노래를 한데 묶은 것이다. 둘을 합친 『월인석보』에는 석가모니의 일대기와 불교경전 등이 담겨 있다. 이러한 성격의 『월인석보』에 실려있는 〈안락국태자경〉의 출전은 무엇일까? 서사의 주인공이 아미타불과 관음과 대세지보살, 즉 아미타 삼존이고 내용이 그들의 본생담이니 아미타신앙을 담은 정토계 경전들 중 어딘가에 출전이 있을 것 같다. 석가모니불도 등장하니 가능한 출전의 범위는 훨씬 더 넓어진다.

하지만 고려대장경에서 〈안락국태자경〉과 관련된 경전을 찾을 수 없다. 중국이나 일본, 인도 등 다른 나라 불교서사물들에서도 유사하거나 관련성 있는 내용을 찾지 못했다고 한다. 따라서 학계에서는 〈안락국태자경〉을 국내 창작물로 여기고 있다. 묘선공주 설화가 중국의 창작물인 것과 같다.

더 흥미로운 사실은 〈안락국태자경〉의 서사가 『월인석보』에만 전하는 게 아니라는 것이다. 경주 기림사의 연기설화로, 국문소설 『안락국전』으로 형식을 바꿔 나타날 뿐 아니라 국내의 여러 불교문헌에도 보인다. 그중에는 '안락국태자경'이란 제목을 단 것도 있다. 앞서 소개했듯 소설 『안락국전』은 이본이 8편 정도 전한다.

〈안락국태자경〉은 무가로도 변신했다. 제주도 무가 〈이공본풀이〉가 대표적이고 평안북도의 〈신선세턴님청배〉, 경상남도의 〈악양국왕자노래〉, 동해안의 〈오구대왕풀이〉 등이 있다.

불교서사가 무속서사와 상통하고 있는 것이다.

〈안락국태자경〉은 그림으로도 등장했다. 선조 9년(1576)에 그려진 〈사라수탱〉沙羅樹幀으로, 〈안락국태자경변상도〉라 불린다. 변상도란 불교경전의 내용이나 부처의 생애 등을 대중이 이해하기 쉽게 이미지화한 것이다. 가로 57센티미터, 세로 107센티미터 크기로 〈안락국태자경〉의 내용을 26장면으로 그려 넣고 한글로 설명을 붙여 놓았다.

변상도 상단부에 있는 화기畵記에 의하면, 비구니 혜인과 혜월 등이 선조와 선조비, 공의왕대비 등의 장수와 복덕, 건강을 빌기 위해 화공을 청해 만든 작품이다. 특히 왕비가 하루 빨리 세자를 얻기를 기원하고 있다. 그런데 이 작품은 당시 처음 제작된 게 아니라 원래 있던 것이 낡고 망가져 새로 만든 것이어서 최초의 제작 시기는 훨씬 이르다.

〈안락국태자경변상도〉. 일본 청산문고에 소장돼 있다.

어쨌거나 한 서사물이 이처럼 다양한 장르, 즉 불경, 사찰 연기설화, 소설, 무가, 그림 등으로 전승돼 온 경우는 한국역사상 유례를 찾기 힘들다. 국내창작 불경이라는 점도 마찬가지다. 이는 〈안락국태자경〉이 한국 불교신앙의 중추적 영역에서 생산됐을 뿐 아니라 불교를 넘어 한국인의 토착적 신앙심에 닿아있음을 말해준다. 〈안락국태자경〉을 깊이 연구한 조흥윤 교수는 『한국의 원형신화 원앙부인 본풀이』에서 이렇게 말한다.

> 하나의 옛이야기 내지 신화가 이토록 다양한 장르로 전개된 예를 우리는 달리 찾지 못한다. 변상도의 영역으로까지 나아갔던 것이고 보면, 그것이 우리 종교문화상 어떤 심오한 연원과 내력을 간직하고 있음을 짐작케 한다.

그 "심오한 연원과 내력"은 무엇일까? 그것과 원앙부인은 어떤 관계에 있을까? 〈안락국태자경〉의 특유한 위상은 우리를 하나의 과감한 추정으로 이끈다.

혹시 이 작품의 등장인물들이 허구가 아니라 한국역사상 실존했던 어떤 인물들과 관련된 것이 아닌가 하는 것이다. 그 인물들은 물론 한국문화 전통의 중추적 영역에 존재했을 것이다.

원앙부인과 여신신앙

죽어서 관음보살로 성화된 원앙부인은 누구일까?

우선 보이는 정보는 그녀가 원앙새로 상징된 여성이라는 사실이다. 사라수왕은 그녀를 "대자비 노래하는 원앙새"라고 불렀다. 새로 상징되면서 관음의 전생인물인 그녀는 원효를 나무랐던 『삼국유사』의 파랑새를 연상시킨다. 그 파랑새는 관음 자신이거나 메신저로 해석되는 존재다.

그런데 앞서 파랑새를 고대 여신전통에 근거해 해석했듯 원앙새 역시 그렇게 볼 수 있다. 그리고 보면 승열바라문이 왕궁에 왔을 때 원앙부인이 금바리에 흰쌀을 가득 담아 나오는 장면도 예사롭지 않다. 앞서 말했듯 바리는 자궁을 상징하고, 쌀은 '쌀알'이라는 말에서 알 수 있듯 알 상징에 속하기 때문이다. 『삼국유사』에서 원효 앞에 나타났던 벼 베는 여인이 상기된다.

이상의 해석은 원앙부인이 여신전통에 뿌리를 둔 인물일 가능성을 제기한다. 이는 조선시대 서울에 있던 동락정서낭同樂亭城隍이란 성황당을 통해서도 감지된다. 창의문 바로 앞에 있었던 이 성황당에는 원앙신이라고 불린 동락부인同樂夫人이 모셔져 있었다. 이 무신도 아래에는 입을 맞추고 있는 두 마리 원앙이 그려져 있었고, 원앙신은 부부 사이를 좋게 하는 힘이 있는 것으로 유명했다고 한다.[32]

〈안락국태자경〉이 담고 있는 여신신앙의 측면들은 여러 이본들에서도 군데군데 나타난다. 경주 기림사 연기설화를 담은 〈별본기림사사적別本祇林寺事蹟〉 고기古記에 실린 원광부인(원앙부인과 같은 인물)의 환생 장면 같은 경우에서다. 이 장면에서 안락국은 어머니의 뼈를 모아 이어놓고 그 위에 광유성인에게 받아온 오색 꽃을 놓는다.

그런데 이렇게 꽃으로 죽은 사람을 다시 살리는 것은 〈바리공주〉 등의 무속신화에서 전형적으로 나타나는 핵심화소다. 이본들 중 무가가 4종이나 된다는 것도 〈안락국태자경〉과 무속 사이의 긴밀한 관련성을 시사한다. 조흥윤 교수는 원앙부인의 죽음과 환생을 전형적인 입무入巫과정으로 보았다. 원앙부인에게서 무당이자 지모地母, 즉 대지여신의 성격이 보인다는 것이다.

〈안락국태자경〉에서 원앙부인은 사라수왕보다 오래된 신성을 드러낸다.

왕생게의 출처가 그녀이기 때문이다. 사라수왕도 왕생게를 그녀에게 배운다.

그러나 이상의 정보들만으로는 원앙부인이 누구일 수 있는지 쉽게 떠오르지 않는다. 고대 여성사가 워낙 빈약한 것이 큰 이유일 것이다. 그런데 이때 도움을 주는 존재가 사라수왕이다. 그가 누구일지 추정이 된다면 원앙부인의 정체도 드러날 가능성이 있기 때문이다.

2 사라수왕과 원효의 숨은 관계 찾기

사라수왕은 한국역사상 실존했던 인물들 중 누구와 관련될 수 있을까?
다행히 그의 이름 사라수가 연상시키는 인물이 하나 있다. 바로 원효다.
앞서 잠깐 언급했듯 『삼국유사』에 관련내용이 실려 있는데 구체적인 내용
은 다음과 같다.

> 성사聖師 원효의 세속의 성은 설薛씨이다… 원효는 처음에 압량군의 남쪽
> 불지촌佛地村 북쪽 밤나무골 사라수 아래에서 태어났다. 마을 이름이 불지
> 인데 혹은 발지촌이라고도 한다. 사라수에 대해 민간에는 이러한 말이 있다.
> "법사의 집은 본래 이 골짜기 서남쪽에 있었다. 어머니가 아기를 가져 만삭
> 이 되었을 때 이 골짜기를 지나다 밤나무 아래에서 갑자기 해산하게 되었다.
> 너무나 급해서 집에 가지 못하고 남편의 옷을 나무에 걸고 그 속에 누워 아기
> 를 낳았기 때문에 사라수娑羅樹라고 한다."
> 그 나무의 열매도 보통 열매와 달라서 지금도 사라율이라고 한다(…)
> 스님은 출가하자(…) 사라수나무 옆에 절을 세우고 사라사娑羅寺라고 했다.

〈안락국태자경〉에 나오는 사라수沙羅樹란 이름과 위 기사의 사라수는 한 자가 다르다. 앞의 사라수는 부처가 열반에 들 때 사방에 두 그루씩 서 있던 나무로 사라쌍수沙羅雙樹라고도 한다. 그러나 일연은 『삼국유사』 사복불언 조에서 "裟羅樹"를 부처가 열반할 때 옆에 있었던 나무라고 하고 있어 글자 의 상이가 문제될 것은 없다.

원효는 사라수 아래서 태어났다. 그 나무에서 열린 큰 밤은 사라율이라 불렸고, 그가 세운 절도 사라사다. 사라수가 그의 상징으로 여러 군데 쓰인 것이다.

원효와 아미타불 그리고 관음

사라수가 원효를 상징했다면 사라수왕의 실존모델을 원효로 생각해볼 수 있다. 그렇다면 원앙부인은 요석공주, 안락국은 설총이 될 것이다. 공교 롭게도 가족구성이 들어맞는다. 또 앞장에서 설명했듯 요석공주는 신라 여 신신앙과 관련시킬 수 있는 인물이다.

원효가 아미타신앙을 신라 땅에 뿌리내리게 하고, 아미타불 염불을 대 중화시킨 인물이라는 사실까지 감안하면, 아미타불이 되었다는 사라수왕 과 원효의 관계를 탐구해 볼 필요성은 충분하다. 『삼국유사』는 이렇게 전하 고 있다.

(원효의 대중포교로) 가난한 사람들과 산골에 사는 무지몽매한 자들까지도 모두 다 부처의 이름을 알게 되었고 모두들 '나무아미타불'을 부르게 되었으 니, 원효의 교화는 위대하다 할 것이다.

『삼국유사』광덕엄장 조는 또 엄장이 아미타불의 정토로 갈 수 있도록 원효가 지도했다고 한다. 원효와 아미타불은 이처럼 긴밀한 관계에 있다. 원효는 한국의 대표적 정토사상가로서 정토왕생사상을 담은 『무량수경종요』, 『아미타경소』등 주요저술들도 지었다.

사라수왕은 관음의 전생인 원앙부인의 남편이다. 그런데 원효도 문헌자료든 전설이든 유독 여성관음과 관련된 설화를 여럿 남겼다. 『삼국유사』에 등장하는 고승들 중 원효처럼 여성관음과 직간접적 관계를 가진 경우는 없다. 원효도 사라수왕처럼 관음과 특별한 관계에 있는 것이다.

〈안락국태자경〉은 아미타불이 주재하는 극락에 왕생하고자 하는 정토신앙이 만들어낸 작품이다. 그리고 내용이나 형식으로 볼 때 불교 엘리트들이 아니라 일반대중을 대상으로 포교와 교화를 위해 창작된 것이다.[33] 이 역시 정토신앙을 대중화시킨 원효와 연결되는 지점이다.

〈안락국태자경〉과 원효는 과거 한국사회에서 광범위한 영향력을 행사했다는 점에서도 같다. 〈안락국태자경〉이 여러 장르로 전개되어 다양한 사람들을 만났던 것처럼 원효도 불교의 경계를 넘어 친근한 민중의 영웅으로서 회자되었다.

이제 원효와 사라수왕 혹은 〈안락국태자경〉과의 관계를 더 자세히 들여다보자.

부처로 인식된 원효

사라수왕은 아미타불의 전생인물이다. 그런데 원효도 죽은 후 신라인들에게 부처로 여겨진 듯하다. 그가 태어난 마을이 불지佛地로 불렸기 때문이다. 이 사실은 원효의 손자인 설중업이 원효를 추모하기 위해 세운 서당화상비(9세기 초)에도 나온다.

불지는 부처의 경지를 뜻한다. 그의 상징으로 쓰인 사라수와 연결하면 그는 석가모니 같은 인물로 여겨졌던 것 같다. 석가가 입멸한 사라수 아래서 원효가 태어났다는 전설은 그가 석가의 후신이라는 인식을 담고 있다. 죽은 석가가 원효로 재생한 셈이다.

뛰어난 승려가 석가의 후신이라는 생각은 고려시대에도 있었다. 인도출신 승려로 고려에 머물렀던 지공이나 그의 제자인 혜근이 석가의 환생 혹은 후신으로 추앙됐다. 한편 『삼국유사』 진신수공 조에는 석가의 진신이 등장하기도 한다.

8년 정유(699)에 낙성회를 열고 효소왕이 친히 나가 공양하는데, 행색이 남루한 승려가 몸을 구부리고 뜰에 서서 청했다.

"빈도도 이 재에 참석시켜 주시기를 바랍니다."

왕은 말석에 참석하도록 허락했다. 재가 끝나자 왕은 그에게 농담을 하며 말했다.

"그대는 어디 사는가?"

승려가 말했다.

"비파암琵琶嵒입니다."

왕이 말했다.

"이제 가거든 다른 사람들에게 국왕이 친히 공양하는 재에 참석했다고 말하지 말게나."

승려가 웃으면서 대답했다.

"폐하께서도 역시 사람들에게 진신 석가를 공양했다고 말하지 마십시오."

말을 마치고 몸을 솟구치더니 하늘에 떠서 남쪽으로 향해 갔다.

　신라에 석가 진신이 산다는 이 기사는 원효와 관련해 읽어도 큰 무리가 없다. 699년이면 원효 사후 13년이 흐른 때다. 그가 죽은 후 석가 같은 존재로 추앙되기 시작한 시기일 수 있다. 비파암은 원효가 "가야금을 타며 즐겼다"는『송고승전』원효전의 구절을 생각나게 하고, 승려의 남루한 행색은 대중포교 시 그의 모습으로 볼 수 있다.

　그런데 원효는 아미타신앙을 대중화시킨 인물로 아미타불로도 여겨졌을 가능성이 있다. 제2부에서 소개했듯 이름 없는 승려인 달달박박이 아미타불이 될 수 있었다면 원효의 경우는 더 말할 필요가 없다. 석가로 여겨진 존재라면 아미타불로도 여겨지기 쉽다. 원효의 일심一心사상에서 보아도 석가불과 아미타불은 본래 다른 존재가 아니다.

　실제로『관무량수경』은 석가불과 아미타불이 궁극적으로 같은 존재임을 알려준다. 절망에 빠진 위제희 부인에게 나타나 아미타불과 그 정토를 관상하는 방법을 가르쳐준 게 석가모니이기 때문이다.[34]

　원효가 석가불이자 아미타불로 여겨졌다면 더욱 사라수왕과 통한다. 사라수왕도 석가의 상징을 이름에 지니고 아미타불이 되어 두 부처의 성격을 통합하고 있기 때문이다.

찻물공양과 원효

　사라수왕이 범마라국에 불려간 것은 찻물공양 때문이다. 그런데 차는 원효의 행적에서도 두드러지는 소재다. 현재 사찰에서는 원효성사 행다법이 시행되고 있다.

부처에게 올리는 차공양은 불교가 중국에 들어오면서 차 문화 전통과 만나 형성된 것이라고 한다. 한국에서도 중요한 불교의례로 정착됐다. 『삼국유사』 경덕왕충담사표훈대덕 조에도 신라의 차공양 실례가 보인다. 경덕왕 대 충담사라는 승려가 삼화령 미륵에게 정기적으로 차를 달여 공양했다는 내용이다.

원효는 한국의 차 문화와 관련해서도 중요하게 거론되는 인물 중 하나다. 그가 절을 세운 곳마다 찻물로 으뜸인 석간수가 흘렀다고 한다. 부안군 개암사의 뒷산인 능가산에 있는 원효방은 그와 관련된 유명한 유적지다. 원효방은 원효가 머물렀다는 바위굴이다.

이규보가 쓴 『동국이상국집』의 〈남행월일기〉에는 이 굴에 얽힌 이야기가 실려 있다. 이규보는 1200년 8월 이곳을 참배하고 이야기를 들었다.

곁에 한 암자가 있는데, 세속에 전하기로는 이른바 사포 성인이 옛날에 머물던 곳이라 한다. 원효가 와서 살자 사포 또한 와서 모시고 있었는데, 차를 달여서 원효공에게 드리려 했으나 샘물이 없어 딱하던 중 물이 바위틈에서 갑자기 솟아났다. 맛이 매우 달아 젖과 같으므로 늘 차를 달였다 한다.

원효방에서 솟아난 샘물은 다천茶泉 혹은 유천乳泉으로 불렸다. 원효는 이곳에서 이 샘물로 달인 차를 마시며 수행했다고 한다. 이규보는 원효방을 참배하고 시를 지었는데 아래는 그 일부다.

다천에 맑고 깨끗한 물 괴었으니
마시매 그 맛 젖과 같구려

이곳에 옛날에는 물이 나오지 않아
스님들이 살아갈 수 없었다는데
원효대사가 한번 와서 산 뒤에는
바위구멍에서 단물이 솟아났네

원효방 설화는 원효를 차 뿐 아니라 샘물과도 관련시킨다. 새로 솟구쳤다는 샘물이 그의 신성함을 증명하도록 한 것이다. 여신신앙의 성소이던 샘물을 불교의 성인이 차문화를 통해 새롭게 전유한 사례다.

그런데 소요산의 자재암에도 비슷한 유적지가 있다. 바로 원효샘이다. 원효가 뚫은 샘이라고 하는데 절 홈페이지에 소개된 설화에 의하면 월경 중인 여성은 마시지 못한다고 한다.[35] 원효와 월경의 복잡한 갈등관계는 현재도 진행 중이다.

조선 중기의 학자 허목이 쓴 〈소요산기〉에는 원효샘이 이렇게 소개돼 있다.

동쪽 모퉁이에서 폭포를 구경했다. 그 위에 5~6장이나 되는 큰 돌이 절벽 위에 서 있고, 암벽 사이의 돌 틈에서는 샘물이 졸졸 흐른다. 이것이 원효정元曉井이다.

원효샘은 현재 원효가 수행했다는 자연석굴인 나한전에 마련돼 있다. 이 샘물 역시 찻물로 전국에서 손꼽혔다고 한다. 원효샘을 최고의 찻물로 여기는 인식이 널리 퍼져 있었던 듯싶다. 그렇다면 사라수왕의 찻물공양 역시 그와 원효의 상관성을 강화한다.

범마라국은 신라

사라수왕이 원효일 수 있다면 왕이 다스린 서천국과 수행했던 범마라국도 원효와 관련시킬 수 있을까?

우선 서천국은 인도를 가리킨다. 인도는 중국과 한국의 서쪽에 있어 서천국으로 불렸다. 『불조통기』에는 "서천에서 법을 구하고 동토東土에서 경經을 번역하다"라는 구절이 있다. 그런데 원효는 앞서 말했듯 석가의 후신으로 여겨졌다. 알다시피 석가는 왕자였다. 또 원효가 인도의 불교사상가인 진나보살의 후신이라는 기록도 있다. 『삼국유사』 원종흥법염촉멸신 조와 한일 불교문헌들에 등장한다.

범마라국의 '범마'는 바라문교의 창조신 브라흐마를 가리킨다. 불교의 수호신으로 편입되면서 범천梵天 혹은 범왕梵王으로 불렸다. 범마라는 범마와 다르지 않다. 〈별본기림사사적〉에는 범마라국이 범마국으로 표기돼 있다.

범천은 불교의 세계관에서 삼계三界 중 하나인 색계色界에 거주하는데, 색계는 욕계欲界를 벗어난 깨끗한 공간이다. 범마라국이 강으로 분리되어 있고, 대숲이 바람에 저절로 염불소리를 내는 데서 그곳이 세속과 다른 신성한 공간임을 알 수 있다.

그런 범마라국이 신라일 수 있을까?

『삼국유사』 황룡사구층탑 조에는 황룡사가 범왕의 보호를 받고 있다는 내용이 있다. 황룡사가 그만큼 신성한 장소라는 주장이다. 그런데 9층 호국탑이 있는 황룡사가 그렇다면 신라 땅 전체도 그러할 것이다. 따라서 범왕의 보호를 받고 있는 신라는 범마라국이라고 할 수 있다. 범마라국은 불국토 사상을 통해서도 신라와 관련될 수 있다. 신라인들은 신라 땅이 극락에 가까운 신성한 땅이라고 주장했기 때문이다.

범마라국이 신라라는 추정은 기림사 연기설화를 통해 분명해진다. 정확한 시기는 알 수 없으나 조선시대에 발간된 〈별본기림사사적〉 고기에는 "옛날 임정사를 기림사로 개명했다"는 내용이 있다. 임정사가 경주의 기림사라는 말이니 임정사가 있는 범마라국은 신라가 된다. 조흥윤 교수도 범마라국을 신라로 해석한다.

흥미로운 건 기림사 전각을 중창하고 개명한 인물이 바로 원효라는 주장이다. 1705년에 기록된 〈기림사중창기〉에 쓰여 있다.[36]

그런데 사라수왕이 임정사에 팔채녀를 보내고 스스로 유나가 되어 절을 관리한 일과 원효의 기림사 중창은 유사한 성격으로 볼 수 있다. 물론 〈기림사중창기〉의 사료적 가치가 그리 높게 평가되지 않아 원효가 중창했다는 기록이 의심받기도 한다. 그러나 견강부회라 할지라도 임정사와 원효를 연관시킨 데는 무언가 빌미가 있었을 것이다. 기림사같이 유서 깊은 큰 절이 사격을 높이기 위해 무작정 원효를 끌어들일 필요는 없었을 것이기 때문이다.

원앙부인과 요석공주

이제 원앙부인과 요석공주의 관계도 들여다보자.

원앙부인은 사라수왕과 이별한 후 안락국을 낳고 고난의 세월을 보낸다. 그런데 이 모자의 삶은 원효와 헤어져 있던 요석공주와 설총을 연상시킨다.

이와 관련해 가장 잘 알려진 이야기는 소요산 자재암 설화다. 요석공주가 자재암에서 수도 중인 원효를 찾아와 근처의 요석궁에서 머물며 설총을 키웠다는 내용이다.

원효가 소요산에 머물렀다는 이야기는 허목의 〈소요산기〉에도 나온다. 꽤 오래된 이야기임을 알 수 있다. 또『조선지지朝鮮地誌, 1895』에는 "바위 골짜기 평평한 터에 옛 궁터 두 군데가 있다. 예로부터 전해오기를 요석공주의 궁터라 한다"는 기록이 있다. 요석공주는 아침저녁으로 원효가 있는 곳을 향해 삼배를 올렸다고 한다.

경상남도 양산시에 있는 산막동도 요석공주의 자취를 전하는 곳이다. 원효가 천성산 반고굴에서 수행하고 있을 때 요석공주가 찾아왔다고 한다. 그녀는 산막을 만들어 놓고 거기서 설총과 함께 원효를 기다렸다. 때문에 동네 이름이 산막골이 되었다는 것이다.

경상북도 경산시 구룡산 능선에 있는 왕재와 부근의 반룡사도 원효 가족과 관련된 설화의 장소다. 원효가 반룡사에서 수도하고 있을 때 요석공주가 어린 설총을 데리고 와서 살았는데, 태종무열왕 내외가 딸과 손자를 보기 위해 고개를 넘어다녔기 때문에 왕재라는 이름이 붙었다고 한다. 반룡사에서는 매년 가을 원효와 요석공주, 설총을 기리는 다례제茶禮祭를 봉행하고 있다.

한편 경산시 유곡동은 설총의 탄생지라고 주장되는 곳이다. 유곡동은 원효가 태어난 불지촌 율곡의 남쪽에 있다. 지역민들에 의하면 요석공주가 유곡까지 와서 해산을 했다고 한다.

설총의 생애와 학문에 대한 기록을 담은 〈홍유후실기목록(1912)〉에도 위의 내용을 비롯해 원효가족에 대한 이야기가 소략하게 담겨 있다.[37] 그중에는 안락국이란 이름을 지어주고 떠난 사라수왕의 모습을 연상시키는 장면도 있다.

설총이 태어날 때 역시 동남방향으로부터 오색의 신기한 구름이 문밖의 땅을 덮었다. 갓 태어난 설총의 골격이 맑고 빼어났으므로 태사공元曉는 목을 어루만지며 이르기를 "이 아이는 필시 천인天人이 내려온 것이 분명하니 이름을 '총'이라 하자"고 했다.

수행 중인 원효의 근처에서 그를 바라보는 요석공주와 설총 모자 이야기는 과거 한국인들에게 친숙한 얘기였던 것 같다. 경기도 소요산에까지 설화가 남아있으니 전승의 범위도 넓다.

그런데 이 설화들에 투영된 요석공주의 이미지는 원효와 떨어져 있는 존재다. 원효의 근처에서 그의 해탈을 기도하며 인고하는 아내다. 그녀는 풍족하고 편안한 궁을 버리고 산속의 산막이나 작은 절로 찾아든다. 그리고 유곡에서 해산까지 했다. 이런 설화 요소들은 원앙부인의 고행 및 출산 과정과 매우 잘 조응한다.

요석공주가 원앙부인의 실존모델이라는 가정에서 보면 자재암의 관음설화도 달리 해석된다. 이 설화는 원효대사가 초막을 짓고 수행에 정진하고 있을 때 관음보살이 아름다운 여인으로 나타나 그를 시험했다는 내용이다. 원효는 유혹을 물리치고 무애자재의 경지에 이르렀다고 한다.

그런데 원효에게 나타난 관음은 요석공주의 비유일 수 있다. 설화에서도 시기적 배경을 '요석공주를 만난 후'라고 특정한다. 이미 파계한 원효를 놓고 '유혹을 극복한 원효'를 부각시킨 이 설화는 불교계 나름의 고민에 의해 생산됐을 것이다. 그런 맥락에서도 관음이 요석공주의 비유이거나 변신일 가능성이 보인다. 공주봉이란 이름을 남길 정도로 신성시됐던 요석공주라면 어렵지 않게 관음으로 바뀔 수 있었을 것이다.

이러한 추정은 일본의 유사사례를 참고할 때 힘을 얻는다. 정토진종을 창시한 유명한 승려 신란(1173~1263)의 경우다. 그도 원효처럼 독신을 포기하고 혜신니와 결혼했는데 꿈에 관음이 나타나 그의 아내가 되겠다고 했기 때문이었다.

이렇게 본다면 요석공주와 원앙부인의 유사도는 더 높아진다. 관음으로 성화되기 전 금바리에 쌀을 들고 등장하는 원앙부인은 왕실여사제 요석공주와 다른 존재가 아닐 것이다.

〈안락국태자경〉 정토신앙의 신라적 특징

원효와 〈안락국태자경〉의 관계를 강화하는 또 다른 측면은 이 작품의 정토신앙이 신라적인 특징을 보인다는 사실이다. 이는 국문학자 오대혁이 왕생계를 비롯한 노래들을 분석해 지적했다. 노래들의 내용이 법장비구의 48가지 서원과 관련돼 있는데 이는 신라적인 특징이라는 것이다.

법장비구는 『무량수경』에 등장하는 아미타불의 전생인물이다. 그는 세자재왕불에게 부처가 되기 위한 48가지 원을 아뢰는데 이 중 18, 19, 20원이 신라 정토신앙과 연결된다.

18원은 "지극한 마음으로 불국토에 태어나려는 이는 내 이름을 염念하여 왕생하게 될 것"이라는 염불왕생원念佛往生願이고, 19원은 "내 불국토에 태어나려는 중생들은 그들이 임종할 때에 내가 그들을 맞이하게 될 것"이라는 임종현전원臨終現前願이다. 20원은 "갖가지 공덕을 쌓고 지극한 마음으로 내 불국토에 태어나려는 중생들은 반드시 왕생하게 될 것"이라는 식제덕본원植諸德本願이다.

이 중 20원은 왕생계와 관련되고 18, 19원은 대숲에서 들린 아미타불 칭명염불과 원앙부인의 시신을 이어놓고 안락국이 부른 게송과 관련된다.

신라 정토신앙을 담고 있는 이 노래들은 그 창작 시기가 신라로 거슬러 올라갈 가능성을 시사한다.

그런데 신라 정토신앙은 원효의 정토사상과 불가분의 관계에 있다. 『무량수경종요』 등에 담긴 원효의 정토사상을 보면, 원효는 왕생의 원인을 개인의 선업보다 아미타불의 대비원력大悲願力에서 찾는다. "중생을 남김없이 깨달음에 들게 하겠다"는 아미타불의 본원이 사람들을 정토에 왕생토록 한다는 것이다. 따라서 원효는 중생이 왕생하기 위해서는 깊은 믿음으로 보리심을 일으켜 지성으로 염불해야 한다고 주장했다. 이는 왕생계를 핵심 모티브로 삼고 아미타불 칭명염불이 등장하는 〈안락국태자경〉의 성격과 통한다.

〈안락국태자경〉에 나오는 "채녀"와 "유나"라는 단어도 이 작품의 발생 시기가 신라시대일 가능성을 제시한다. 오대혁에 의하면 이 두 단어는 이미 양나라 때(6세기) 쓰였다고 한다. 신라에는 6세기 이후로 대도유나大都唯那, 도유나都唯那, 도유나랑都唯那娘 등의 직책이 있었다.

그런가 하면 원앙부인의 '부인'이라는 호칭도 신라적이다. 신라에서는 왕비를 대개 부인이라고 했기 때문이다. 고려시대에도 왕비를 부인으로 칭하긴 했으나 11세기 초반 현종 이후로는 사라져 갔다.

원효를 왕으로 각색할 수 있는 근거들

지금까지 〈안락국태자경〉의 사라수왕 가족이 원효 가족을 모델로 해 창조해낸 인물들일 가능성을 여러 측면에서 살펴보았다. 하지만 이런 분석에 걸림돌이 없는 것은 아니다.

아마도 가장 큰 문제는 원효가 왕이 아니었다는 사실일 것이다. 설총이 유학자로 기억되고 있는 현실도 문제가 된다. 하지만 이것들도 조금만 살펴보면 설명될 수 있는 여지가 많다.

우선 원효를 왕으로 각색하는 일은 〈안락국태자경〉 창작자들에게 그리 어색하지 않았을 것이다. 불전설화에서 왕은 전형적인 주인공들 중 하나이기 때문이다. 그들은 흔히 부처에게 설법을 청하고 보시를 하는데 전륜성왕 개념과 관련돼 있다. 전륜성왕은 불교에서 말하는 이상적인 군주로 부처에 비유된다. 석가모니는 탄생했을 때 출가하면 부처가 되고, 속세에 있으면 전륜성왕이 된다는 예언을 받았다.

『비화경』에서는 무정념이라는 착한 왕이 아미타불이 되리라는 수기를 받는다. 왕이 아미타불이 된다는 설정이다. 『법화경』에는 묘장엄왕이 수행을 통해 성불하여 사라수왕불娑羅樹王佛이 되리라는 구절이 있다.

더 주목할 것은 아미타불의 전생인 법장 비구 역시 왕위를 버린 인물이라는 것이다.[38] 석가모니 또한 왕자였다. 이런 불교 전통이 사라수로 상징된 원효를 사라수왕으로 각색하도록 했을 것이다. 또 원효는 요석공주와 관계를 맺어 왕의 사위가 된 인물이다. 뒤에 자세히 설명하겠지만 신라에서 왕의 사위는 왕이 될 자격을 갖춘 존재였다. 원효가 보살로 불렸다는 사실도 사라수왕의 탄생과 관련시킬 수 있다. 신라에서는 왕이 보살과 동일시되기도 했기 때문이다. 한 예로 경덕왕은 승려 진표에게 보살계를 받았다. 『삼국유사』원효불기 조에 의하면 원효는 초지보살의 지위에 이르렀다고 한다.

중국에는 명망 높은 승려에게 왕이란 칭호가 더해진 경우가 있다. 신라왕자 출신으로 당나라에 건너가 지장보살의 화신으로 추앙된 김교각(696~794)이다. 그는 지장왕보살로 불렸다. 이런 사례가 〈안락국태자경〉 창작자들이 원효를 왕으로 상상하는 데 영향을 끼쳤을 수 있다.

신성한 인물로 전해진 설총

마지막으로 안락국과 설총의 관계를 보자.

둘을 관련시키는 데 우선 장애가 되는 것은 설총이 한국의 대표적인 유학자로 알려져 있다는 사실이다. 하지만 그가 불교와 거리가 있었다고 보기는 어렵다. 그가 살았던 시기에는 왕실이 불교를 신봉했으므로 유학자라 해도 불교신심이 깊었을 것이다. 원효의 아들이라는 혈통까지 고려하면 더 말할 나위가 없다.

실제로 설총은 경주 감산사의 아미타여래입상에 새겨진 〈조상기造像記, 719〉의 작자로 여겨진다. 지은이가 내마奈麻, 관등 이름인 총聰이라고 되어 있기 때문이다.[39] 『삼국유사』 원효불기 조는 설총과 원효 혹은 불교의 관계를 이렇게 전한다.

> 설총은 나면서부터 지혜롭고 영민하여 경서와 역사를 두루 통달했으며 신라의 열 명의 현인 중 하나가 되었다. (…) 법사가 세상을 떠나자 아들 설총이 그 유해를 부수어 실제 모습처럼 소상을 만들어 분황사에 모시고 공경하고 흠모하며 너무나 슬퍼했다. 설총이 그 당시 옆에서 예를 올리자 소상이 갑자기 돌아보았는데, 지금까지도 돌아본 모습 그대로 있다. 원효가 일찍이 머물던 혈사穴寺 옆에 설총이 살던 집터가 있다고 한다.

원효가 죽은 후 설총이 소상을 만들어 분황사에 모시고 흠모했다는 것은 설총 역시 불교신심이 깊었음을 말해준다. 특히 설총이 예를 올리자 원효의 소상이 돌아보았다는 내용은 부자간의 깊은 관계를 증언한다. 자신을 찾아온 안락국을 안고 앉아 울던 사라수왕이 연상된다.

설총은 신라 십현十賢 중 하나로 추앙된 성인이다. 이런 그의 위상은 원효의 아들이라는 배경과 맞물려 그에 대한 민중의 이미지를 생산했을 것이다. 설총의 행적을 전하는 기록이나 설화는 매우 빈약하지만 그를 유학자라기보다 '신통력 있는 영웅'으로 보았던 민중의 인식은 읽을 수 있다.

앞서 소개한 〈홍유후실기목록〉에서 그를 '천인'이라고 했거니와 경산에 전해지고 있는 설화들도 비슷하다. 어린 설총이 책 읽는 소리가 하도 커서 경주 왕궁에 있는 무열왕의 귀에까지 들렸다거나, 설총이 아래서 글을 읽었던 불당곡佛堂谷 정자나무가 벼락을 맞아 뿌리만 남았는데 한 병자가 그것을 달여 먹고 나았다는 류의 이야기들이다. 불당곡은 설총이 태어난 장소로 지목되기도 한다. 불교적 지명과 그의 탄생 혹은 공부가 관련돼 있는 것이다.

『삼국유사』는 설총의 탄생과 관련된 원효의 유명한 노래를 전한다.

그 누가 자루 없는 도끼를 내게 빌려 주려는가.
나는 하늘을 떠받칠 기둥天柱을 찍으리라.

잘 알려져 있듯 원효가 노래한 천주, 즉 "하늘을 떠받칠 기둥"이 바로 설총이었다. 그만큼 그는 민중들 사이에서 신성성을 인정받았다고 할 수 있다. 그 신성한 기둥은 불교적이기도 하고 유교적이기도 하다. 이에 대해서는 뒤에서 다시 다룬다.

신라에 수용된 유교는 통치이념이자 생활윤리로 뿌리내리면서 불교와도 섞일 수밖에 없었다. 이른바 외유내불外儒內佛이다. 때문에 설총이 유학자로 기억되고 있다는 이유로 불교와 선을 그을 수는 없다.

3 〈안락국태자경〉과 석굴암 주실의 상통성

원앙부인은 한국에서 생산된 관음 본생담의 주인공이다.

따라서 그녀에 대한 이해는 한국 관음신앙의 요체를 파악하는 데 필수적이다. 지금까지 이러한 과제를 안고 그녀의 정체를 사라수왕을 통해 더듬어 보았다. 그리고 그녀가 요석공주를 실존모델로 했을 가능성을 추출해냈다.

하지만 이 정도의 분석과 추정으로는 아직 충분치 않다. 그녀의 정체를 더 확실하게 해줄 다른 근거는 없을까?

다행히 하나가 있다. 십일면관음상을 품고 있는 석굴암이다. 앞서도 말했지만 석굴암 십일면관음은 불교미술사에서 여성관음의 정점을 보여주고, 원앙부인은 불교설화사에서 같은 역할을 맡고 있다. 그러니 이제 석굴암을 자세히 들여다볼 필요가 있다.

석굴암은 경주시 토함산 산정의 동쪽에 자리한 석굴사찰이다. 통일신라 경덕왕대에 창건됐으며 원래 이름은 석불사石佛寺였다고 전한다(이하 석굴암의 명칭은 문맥에 따라 석굴암과 석불사를 병용한다). 석굴암에 봉안된 불보살상과 수호신상들은 그 조각의 예술성과 아름다움이 국내 최고일 뿐 아니라 세계적 수준에서도 손꼽힌다.

석굴암과 관련해 지금까지 특히 주목돼 온 점 하나는 건축양식과 입지, 봉안된 불보살들의 구성 및 배치가 세계의 다른 불교건축물들에서 유사사례를 찾기 어려운 독창성을 품고 있다는 사실이다. 간단히 말해 석굴암은 통일신라 불교문화가 유일무이하게 생산해낸 신라적인 석굴사찰이다. 신라문화의 고유성이 창조해낸 기념비적 건축물인 것이다.

그런데 놀랍게도 석굴암의 둥근 주실에 봉안된 불보살들과 나한들이 〈안락국태자경〉 말미에 등장하는 그것들과 매우 흡사한 구성을 보인다. 사실상 거의 같다.

〈안락국태자경〉 말미에는 석가모니불과 아미타불, 관세음보살과 대세지보살 및 문수보살, 팔대보살 그리고 오백 나한이 등장한다. 그런데 석굴암 주실에도 중앙의 본존불을 중심으로 십일면관음보살과 2구의 보살, 팔대보살, 석가모니의 십대제자인 나한들이 자리하고 있다. 알다시피 오백 나한은 석가모니의 제자라는 점에서 십대제자와 교환 가능한 존재들이다.

주실의 범천과 제석천은 〈안락국태자경〉 말미에 등장하지 않고 서사의 배경으로 기능하는데 이에 대해서는 뒷장에서 설명한다.

부처의 경우도 〈안락국태자경〉에는 두 부처가 등장하나 석굴암에는 한 부처만 모셔진 게 다르긴 하다. 그러나 뒤에 소개하겠지만, 석굴암 본존불의 정체에 대해 석가불이라는 견해와 아미타불이라는 견해가 대립되어 왔다. 두 부처의 특성이 다 담겨 있기 때문이다. 특히 의미심장한 것은 석굴암 주실의 두 주인공이 본존불과 십일면관음이라는 사실이다.

이 관음은 본존불을 협시하지 않고 뒤쪽에 감춰진 듯 따로 서 있다. 그러면서 다른 보살들에 비해 분명히 격이 높은 신성을 발산한다. 본존불과의 거리도 가장 가깝다. 학자들은 여러 근거들을 들어 십일면관음이 본존불에 버금가는 중요한 신격이란 견해를 제시해왔다. 사라수왕과 원앙부인에 대응될 만한 관계가 본존불과 십일면관음 사이에 설정돼 있는 것이다.

홍미롭게도 설창수는 시인의 직관으로 둘의 관계를 아래와 같이 묘사했다. 〈석굴암 대불과 십일면관음〉이란 시의 일부분이다.

(본존불이) 돌아앉아 고운 임을 한 번인들 보셨을까. 지척에 모시고서 천년을 못 보다니, 얼마나 보이고파 십일면十一面인데, 수줍은 일편단심 말을 차마 못하고, 등마저 돌에 붙어 천년을 서면 돌인들 빗속에선 목을 놓아 울거나.

설창수는 본존불과 십일면관음을 연인이나 부부관계로 보았다. 둘의 형상이나 배치가 그런 느낌을 주기 때문이다. 그런데 시인의 직관이 아니라 실제로도 둘의 관계를 제시할 근거가 있을까? 석굴암의 정체를 밝혀줄 신빙성 있는 사료는 거의 없다시피 하기 때문에 실증적 근거를 대기는 불가능하다. 다만 여러 측면에서 석굴암 자체를 자세히 들여다보고 관련 자료들을 검토하며 최대한 정황증거들을 찾아내는 수밖에 없다.

석굴암 창건설화와 논쟁들

석굴암의 창건에 대해 알려주는 유일한 기록은 『삼국유사』 대성효이세부모 조다. 신라 경덕왕 대에 김대성이란 인물이 창건했다는데 자세한 내용은 다음과 같다.

모량리의 가난한 여인 경조에게 아이가 있었는데 머리가 크고 정수리가 평평한 성곽과 같아 대성大城이라고 이름 지었다. 집안이 가난해 살아갈 수가 없어서 부자인 복안의 집에 가서 품팔이를 했는데, 그 집에서 준 약간의 밭으로 먹고 살았다. 그때 덕망 있는 승려 점개가 흥륜사에서 육륜회를 베풀려고 복안의 집에 와 보시할 것을 권하자, 복안은 베 50필을 주었다. 점개는 주문을 읽어 복을 빌어 주었다.

"신도께서 즐겁게 보시를 해주시니 천신이 항상 보호하실 것이며, 한 가지를 보시하시면 만배를 얻게 되오니 안락하고 장수하실 것입니다."

대성이 이 말을 듣고 집으로 뛰어가 그의 어머니께 말씀드렸다.

(…)

그래서 밭을 점개에게 시주했는데, 얼마 후 대성은 세상을 떠났다.

그리고 이날 밤 재상 김문량의 집에 하늘의 외침이 들렸다.

"모량리에 살던 대성이란 아이가 네 집에 태어날 것이다."

집안사람들은 매우 놀라서 사람을 시켜 모량리를 조사하게 했는데, 대성의 죽은 날과 하늘의 외침이 있었던 날이 같았다. 그 후 김문량의 아내는 임신을 해서 아이를 낳았다. 아이는 왼손을 꼭 쥐고 펴지 않더니 7일 만에 폈는데 손바닥에 대성이라고 새겨진 금간자金簡子가 있었으므로 그것으로 대성이라 이름 짓고, 모량리의 어머니를 모셔다 함께 봉양했다.

대성이 어른이 된 뒤에는 사냥 다니기를 좋아했다. 하루는 토함산에 올라 곰 한 마리를 잡고서, 산 아래의 마을에서 묵었는데 꿈에 곰이 귀신으로 변해 시비를 걸며 말했다.

(…)

그 후로 대성은 사냥을 그만두고 곰을 위해서 곰을 잡은 자리에 장수사를 세웠다. 이 일로 인해 마음에 느껴지는 것이 있어서 자비로운 발원이 더욱 독실해졌다.

그래서 이승의 부모님을 위해 불국사를 세우고, 전생의 부모를 위해 석불사를 세워 신림과 표훈 두 성사를 청해서 각각 거주하게 했다. 대성은 아름답고 큰 불상을 세워 부모의 길러주신 노고에 보답했으니, 한 몸으로 전생과 현세의 두 부모에게 효도한 것은 옛날에도 보기 드문 일이었다. 시주를 잘한 징험을 어찌 믿지 않겠는가?

불상을 조각하려고 커다란 돌을 다듬어 감실 덮개를 만드는데 갑자기 돌이 세 조각으로 갈라졌다. 대성이 분해하다가 어렴풋이 잠이 들었는데, 밤중에 천신이 내려와 다 만들어 놓고 돌아갔다. 대성은 잠에서 깨어나자 남쪽 고개로 급히 달려가 향나무를 태워 천신에게 공양을 올렸다. 그래서 그곳을 향령이라고 한다. 불국사의 구름다리와 석탑은 그 돌과 나무에 조각한 공력으로 말하자면, 경주의 여러 사찰 중에서 이보다 뛰어난 것은 없다고 할 것이다.

옛 향전에는 위와 같은 내용이 실려 있는데, 절 안의 기록은 다음과 같다.

"경덕왕 때 대상大相 대성이 천보 10년 신묘(서기 751)에 불국사를 짓기 시작했다. 혜공왕 때를 거쳐 대력 9년 갑인(서기 774) 12월 2일에 대성이 죽자 나라에서 공사를 맡아 완성시켰다. 처음에 유가종의 고승 항마를 청하여 이절에 거주하게 했으며, 이를 계승하여 오늘에 이르렀다."

이렇듯 고전古傳과 같지 않으니, 어느 것이 옳은지 자세히 알 수 없다.

위 기사는 마지막 단락을 제외하고는 설화를 전하고 있어 석불사에 대한 사실적 정보가 약하다. 경덕왕 때 최고위 관직을 지낸 김대성이 전생부모를 위해 지었다는 것 정도다.

따라서 석굴암을 둘러싼 논쟁은 한두 가지가 아니다.

정말 김대성이 개인의 발원으로 지은 것인지 아니면 국가적 불사였는지부터가 그렇다. 불국사를 김대성이 죽자 나라에서 완성시켰다면 개인의 불사로 보기 어렵다. 그렇다면 위 기사의 문맥상 석불사도 마찬가지일 것이다. 국가적 불사였을 가능성이 있다. 건립 시기 역시 불국사의 경우를 참조할 수밖에 없는데 이에 대해서도 합의가 돼 있지 않다. 이러한 난제들은 석불사의 성격이 아직도 해명되지 못하고 있는 데 기인하는 바가 크다.

〈안락국태자경〉과 흥미로운 상관성을 보이는 석불사, 즉 석굴암은 어떤 성격의 건축물일까?

먼저 건축구조와 입지, 봉안된 존상들을 자세히 살펴보자.

4 석굴암의 입지와 건축구조:
여근상징들을 품다

1930년대 석굴암의 모습. 무덤 옆에 뚫린 굴 형상이다.
사진출처: 문화재청 국가문화유산포털

석굴암은 자연암벽을 파내어 만든 중국이나 인도의 석굴사원들과 달리 돌을 다듬어 돔형으로 정교하게 쌓아올린 독특한 구조다. 장방형의 전실前室과 원형의 주실主室 그리고 둘을 연결하는 통로인 비도扉道로 구성돼 있다.

현재는 전실에 목조건축을 해 놓아 느낄 수 없지만 원래 밖에서 볼 때 굴 모양을 하고 있었다. 그래서 오래전부터 석굴로 불려온 것이다.

또 하나 중요한 것은 석굴암이 돔형 천정 위에 봉토를 덮어 전체적으로 커다란 무덤처럼 보인다는 사실이다. 조선 후기의 인물 이근오(1760~1834)는 석굴암을 방문한 후 "위에 높은 릉을 쌓고 두루 떼를 입혔다"는 기록을 남겼다. 그보다 50년 정도 앞서 석굴암을 방문했던 임필대도 석굴암의 외관을 소릉小陵이라고 적었다. 그러니까 석굴암은 무덤형태의 석굴이다.

석굴암이 무덤건축을 본떴다는 견해는 여러 학자들에 의해 제기됐다. 고고학자 고 김원룡 교수는 석굴암의 돔형 천정 석실이 당시의 석실분 축성법에서 직접적인 영향을 받은 것이라고 보았다. 1960년대 수리공사에 참여했던 건축가 신영훈은 석굴암 건축구조가 고구려 석실고분과 유사하다고 설명했다. 고고학자인 강인구도 봉토를 덮은 구조까지 고려할 때 전실을 제외한 석굴암 건축은 6~7세기경 궁릉상천정식 횡혈식 석실분과 거의 같은 구조라는 견해를 제시했다. 전실은 후일 더해진 것이라는 추정이다.

이 특이한 형태의 불교사원은 입지도 유별나다.

석굴암은 토함산 정상(745m)에 가까운 지점에(565m) 동해를 굽어보며 들어앉았다. 산 아래 속세와 멀찍이 떨어진 곳이다. 현재는 석굴암 가까운 곳까지 포장도로가 뚫려 실감하기 어렵지만, 20세기 초 조선총독부가 보존 공사를 위해 길을 내기 전까지만 해도 접근이 쉽지 않은 곳이었다. 현재의 굴 앞마당과 아래의 광장도 1960년대에 만들어진 것이다.

숙종 때인 1688년 5월 석굴암을 방문한 우담 정시한은 〈산중일기〉에 이렇게 썼다.

(불국사) 뒷산봉우리를 오르는데 자못 험준하고 가팔랐다. 온 힘을 다해 십여

리를 올라 고개를 넘었으며, 1리 남짓 내려가서 석굴암에 다다랐다.

석굴암은 속세와 멀찍이 떨어져 있을 뿐 아니라 높다란 화강암 암벽 아래 흐르는 샘물 위에 세워졌다. 석굴암 뒤에는 바위벼랑이 우뚝 솟아있고 이 아래쪽에서 석간수가 용출해 석굴 아래로 흘렀다. 건축학적으로 물위는 피해야 할 장소인데 오히려 그 위에 자리를 잡은 것이다. 이는 의도적 선택이 아닐 수 없다. 그리고 그 의도는 석굴암 건립목적과 관련돼 있을 것이다.

여근상징들을 품은 석굴암

1933년 편찬된 『경주읍지』는 석굴암의 샘물이 유명한 요내정이라고 한다. 믿을 만한 근거를 대지는 못하고 있으나 그 기록을 받아들여 석굴암이 요내정에 터잡았다고 보는 학자들이 여럿이다.

요내정은 『삼국유사』 제4탈해왕 조에 등장한다.

어느 날 탈해가 동악東岳, 토함산에 올라갔다가 돌아오는 길에 하인을 시켜 물을 길어오라고 했다. 하인은 물을 떠 오다가 도중에 먼저 물을 마시고 탈해에게 드리려고 했다. 그런데 물을 담은 뿔잔이 그만 입에 붙어서 떨어지지 않는 것이었다. 탈해는 이를 보고 하인을 꾸짖으니 하인은 맹세하며 말했다. "이제부터는 가깝건 멀건 감히 먼저 물을 마시지 않겠습니다요." 그러자 그제야 뿔잔이 입에서 떨어졌다. 이후로 하인은 탈해를 두려워하여 감히 다시는 속이지 못했다. 지금 동악에 있는, 세간에서 요내정이라 부르는 우물이 바로 그것이다.

석굴암이 터잡고 있는 샘물이 요내정인지 확언할 수는 없다. 하지만 석굴암 건축 당시 그 샘이 신성한 곳이었음은 부인할 수 없다. 그렇지 않다면 석굴암이 들어서지 않았을 것이다.

종교건축에서 입지선택은 결정적으로 중요하다. 성스러운 장소로서 다른 곳들과 차이를 드러내도록 일정한 여건이 갖춰져야 한다. 특정한 종교적 상징이나 가치체계를 드러내고 신행을 고무할 수 있는 것들이다. 때문에 입지에 대한 분석은 들어선 종교건축물의 성격을 이해하는 데 필수적이다.

그런데 흥미롭게도 석굴암의 입지는 여성적 신성을 품고 있다. 석굴암이 들어선 "흐르는 물을 끼고 우뚝 서 있는 암벽 아래" 공간은 선사시대부터 여신신앙의 전형적 성소였다. 우리 조상들은 그런 암벽에 검파형 여신상을 비롯한 암각화들을 새겼다. 그 그림들이 주로 상징하는 것은 신성한 여근이었다.*

석굴암의 입지와 건축구조는 거의 일관되게 여근상징들을 품고 있다. 석굴이라는 공간부터 그렇고 샘 또한 마찬가지다. 나정이나 알영정이 말해주듯 신라에서 우물은 생명을 출산하는 공간이었다. 우물은 한반도 다른 지역에서도 생명을 잉태하는 공간으로 여겨졌다. 『후한서』 등 중국 사서들이 전하는 동옥저의 한 신성한 우물이 대표적이다. 바다 가운데에 남자가 없는 여인국이 있는데, 그곳에는 신성한 우물이 있어 보기만 해도 아이를 낳는다는 것이다.

산 정상부도 여신의 성소

---

* 한국의 암각화와 여신신앙에 대해서는 『여신을 찾아서』 17장, 20장 참고.

석굴암이 자리한 산 정상부라는 위치도 여신신앙과 관련된다.

경주 선도산 정상부에 성모사가 있었고, 지리산 성모천왕의 사당이 천왕봉 정상에 있었듯이 산정상부는 대개 여신의 성소였기 때문이다.

물론 우리가 아는 토함산의 신은 석탈해다. 하지만『삼국유사』에 의하면 그가 토함산신이 된 것은 문무왕대에 이르러서다. 그것도 일연이 다른 사람의 말을 가볍게 전하는 수준이어서 탈해가 토함산신으로 좌정한 게 언제인지 정확히 알 수는 없다.

원래의 토함산신과 관련해 눈길을 끄는 것은 토함산의 다른 이름인 월함산月含山이다. 알다시피 달은 대표적인 여성성의 상징이다. 뿐만 아니라 "달을 품은 산"이라는 의미는 여자들이 아들 출산을 기원하며 보름달의 정기를 몸 안 가득히 빨아들였던 흡월정吸月情이란 민속을 떠올리게 한다.

정시한은 석굴암에 당도해 마주한 무지개 모양의 입구를 '석문石門'이라고 표현했다. 그런데 한국인의 종교적 심상에서 석문은 음문을 연상시키면서 여근의 신성을 상징한다. 충북 단양의 명소인 석문이 마고할미의 성소인 것이 좋은 예다. 일부 역사애호가들이 얘기하듯 석굴암의 평면 역시 자궁을 닮아 있다.

석굴암이 입지와 구조를 통해 드러내는 이상의 상징적 의미는 종교적 성격 뿐 아니라 건립목적이나 기능을 파악하는 데 필수적인 정보들이다. 하지만 지금까지 도외시돼 온 것이 사실이다. 불교라는 제한적 관점으로만 석굴암을 해석해왔기 때문이다. 토착 여신신앙에 대한 관심이 전무하다시피 했으니 당연한 결과다. 그런데 다행스럽게도 새로운 시각을 담은 연구들이 극소수지만 나와 있다.

석굴암은 경덕왕이 아들을 구했던 기도처

먼저 중요한 통찰을 제기한 사람은 건축가인 신영훈이었다. 그는 1992년 발표한 논문 「석불사 석실금당 구조론」에서 석굴암 창건 당시 고승이었던 표훈을 매개로 석굴암에 대한 새로운 시각을 제시했다. 표훈은 앞서 소개한 『삼국유사』 대성효이세부모 조에서 이렇게 등장한다.

그래서 이승의 부모님을 위해 불국사를 세우고, 전생의 부모를 위해 석불사를 세워 신림과 표훈 두 성사를 청해서 각각 거주하게 했다.

그러니까 표훈은 석불사의 주지였다고 할 수 있다. 그런데 석굴암의 비밀을 풀어줄 열쇠를 쥔 이 스님은 『삼국유사』 경덕왕충담사표훈대사 조에 다시 등장해 아주 흥미로운 얘기를 전해준다.

(경덕)왕의 음경의 길이가 8치나 되었지만 자식이 없었다. 그래서 왕비를 폐위시키고 사량부인에 봉했다. 후비는 만월부인滿月夫人인데 시호가 경수태후, 의충 각간의 딸이었다. 왕이 하루는 표훈대덕을 초대해 말했다.
"짐이 복이 없어서 대를 이을 자식을 얻지 못하였소. 원하건대 대덕께서는 상제께 청해 아들을 가질 수 있게 해주시오."
그래서 표훈은 하늘로 올라가 천제께 아뢰고는 돌아와서 왕에게 이렇게 아뢰었다.
"천제께서 말씀하시기를 딸은 가능하지만 아들은 안 된다고 하십니다."
왕이 다시 말했다.
"원하건대 딸을 남자로 바꿔달라고 해주시오."

표훈이 다시 하늘로 올라가 청했다. 그러자 천제가 말했다.

"그렇게 하려면 할 수는 있다. 하지만 남자가 된다면 나라가 위태로울 것이다."

표훈이 땅으로 내려가려고 할 때, 천제가 다시 불러서 말했다.

"하늘과 사람 사이를 어지럽힐 수는 없다. 그런데 지금 대사는 하늘과 땅을 이웃마을 오가는 것처럼 다니며 천기를 누설했으니, 지금부터는 다니지 말아야 한다."

표훈이 돌아와서 천제의 말을 잘 알아듣도록 말했지만, 왕은 이렇게 말했다.

"나라가 비록 위태로워진다 해도 남자아이를 얻어 대를 이을 수 있다면 만족할 것이오."

이렇게 하여 만월부인은 태자를 낳게 되었고 왕은 매우 기뻐했다. 태자 나이 8세에 왕이 돌아가셨으므로, 태자가 왕위에 올랐으니 이가 바로 혜공대왕이다.

신영훈은 표훈이 경덕왕을 위해 왕래했던 하늘을 석불사라고 추정했다. 석불사는 왕이 아들을 얻기 위한 기도처로서 김대성을 시켜 조성한 것으로 보인다는 것이었다. 그리고 불국사와 석불사가 경덕왕의 소원을 이루기 위한 원찰願刹로 창건되었을 가능성을 제기했다. 신영훈이 주목한 것은 석불사의 독특한 입지였다.

(과거에) 불국사에서 석불사로 가자면 불국사 뒤의 산행 길을 따라 급하게 차고 올라가서 잔도棧道를 좇아 능선을 타고 북행을 하다가 봉우리를 바라보면서 동주東走해야 비로소 당도할 수 있었다. 원래의 진입로는 능선에서 골짜기를 타고 내려오는 것이었다. 우담의 〈산중일기〉 등과 고로古老들 증언에

서 그 점을 알 수 있다. 괴팍하고 좁은 터전의 석불사는 지금처럼 많은 사람
이 수시로 드나들어야 한다는 점은 무시되고 있었다.

창건 당시 석불사는 멀리서 보았을 때 바위벼랑에 간신히 자리한 모양새
였다. 마치 금강산 보덕암에서 기둥을 제거한 모습과 유사했다. 보덕암은 보
덕각시의 보덕굴 앞에 세워진 암자로 구리기둥에 떠받쳐져 바위 벼랑에 매
달리듯 서 있다. (152p 사진참조) 그런데 이러한 입지적 특성은 석불사가 왕실
의 원찰로서 은밀히 아들점지를 기원하는 장소였음을 시사한다는 것이다.

이 새로운 견해는 한국 불교문화의 정수니, 화엄일승사상의 장엄한 표출
이니, 호국 민족혼의 발현이니 하는 기존의 논의 수준과 범주에 도전하는 것
이어서 그랬는지 별 주목을 받지 못한 것 같다. 아마도 거의 첫 손에 꼽히는
우리의 위대한 문화유산을 사소화한다는 거부감도 작용했을 것이다. 그러나
역사의 진실을 후대의 편의대로 호도할 수는 없는 일이다.

신영훈의 통찰은 20년도 더 지난 후에야 서울대학교 남동신 교수에게 이
어졌다. 남동신은 2014년 발표한 논문「천궁天宮으로서의 석굴암」에서 석굴
암이 천궁이라고 주장했다. 신영훈의 견해를 받아 표훈의 행적을 좇은 결과
였다. 천궁이라는 말은『삼국유사』의상전교 조에 등장한다.

표훈은 일찍이 불국사에 머물면서 항상 천궁을 오갔다.

남동신은 석굴암의 창건주와 성격에 대해 신영훈과 다른 견해를 제시했
지만, 표훈이 경덕왕의 후사를 위해 드나든 하늘이 석굴암이라는 데는 동의
했다.[40] 아쉽게도 그 부분에 크게 주목하지는 않았으나, 석굴암이 경덕왕을
위한 기자치성祈子致誠의 장소였다는 걸 인정한 것이다.

그는 석굴암이 불국사와 가깝고, 천계를 표상하는 산정상부에 있으므로 표훈이 오간 천궁이라고 보았다. 구체적으로 수미산 정상에 있는 도리천궁이라는 것이다. 도리천궁에는 제석천이 거주하는데 석굴암에도 제석천이 봉안돼 있다.

그런데 석불사가 천궁이라는 주장은 진평왕대 궁궐에 있었던 내제석궁內帝釋宮을 통해 힘을 얻는다. 제석천을 모신 내제석궁도 천궁인데 천주사天柱寺라고도 불렸기 때문이다. 천궁이 절이기도 한 것이다.

석굴암 입지와 상징들은 기자치성과 부합

그런데 산정상을 천계로 여긴 것은 불교보다 우리 고대 토착신앙에서 더 뚜렷하다.

지리산 천왕봉 정상에 모셔진 성모가 천왕으로 불려온 데서도 알 수 있듯, 토착신앙에서 산신은 곧 천신이었고 산 정상부는 천계였다. 신영훈은 수리공사 때 석굴 앞에서 1년을 상주했는데 당시에 체험한 신비한 느낌을 이렇게 회상했다.

수리하던 때 굴 앞에 1년을 상주했다. 어느 달 밝은 보름날이었다. 중천에 뜬 달이 대낮같다. 임시거처하던 방문 밖에 구름이 깔렸다. 구름에서 반사하는 빛까지 더불어 정말 대낮 같은 밝음이 생겼다. 망망대해와 같은 운해가 끝간데 모르도록 명랑했다.
운상雲上은 그랬는데 그날 밤 불국사와 경주 일대엔 폭우가 내렸다.
석불사는 토함산 기슭, 낮은 위치에서 보면 운상에 있는 정황이 된다. 운상이면 천상이라고 하는 통념이 있었다. (…) 토함산은 신라에서 오악의 하나인 동악으로 존숭되는 영산이었다. 석탈해 동악신과 연루된 여러 신이神異도 있었다. 그만 한 산에서, 그것도 운상에 해당하는 터전은 산이 권현權現하는 신성한 처소라고 지목하였을 것이다. 바로 거기에 석불사의 자리를 잡았다. (…) 그 부근 봉우리에서 샘이 솟는 곳도 그곳뿐이다.

석굴암은 분명히 불교 건축물이다. 그러나 입지나 건축구조 등은 여신신앙과 여근상징을 품고 있다. 이는 석굴암이 경덕왕의 기자치성소였다는 추정과 부합한다. 석굴암이 무덤 형태라는 사실도 기자치성과 관련시킬 수 있다. 여신신앙에서 죽은 이를 묻은 곳은 재생이 일어나는 곳이기 때문이다. 문무왕의 수중릉인 대왕암이 여근 형상인 이유다.

대왕암을 위에서 보면 십자형 수로의 한쪽이 길쭉한 못처럼 파여 있다. 못 부분은 둥글게 다듬은 흔적이 있으며 물이 잘 빠져나가도록 수로도 손을 댔다. 자연상태가 아니라 여성성기 형상이 되도록 조성한 것이다. 잘 알려져 있듯 명당이라 불리는 묏자리의 형세는 여성성기를 닮아야 한다. 또 무덤의 혈穴은 자궁을 의미한다. 고 서정범 교수는 대왕암이 여근석인 이유를 재생에 대한 희구로 보았다.*

이제 이러한 이해를 전제로 석굴암에 봉안된 불보살상들을 자세히 살피면서 〈안락국태자경〉에 등장하는 인물들과 대조해 보기로 하자.

---

* 대왕암에 대한 자세한 소개는 『여신을 찾아서』 p.409 참고.

5   본존불의 정체와 십일면관음의 위상

전실에서 바라본 주실 내부 사진출처: 문화재청 국가문화유산포털

석굴암 전실에는 좌우 석벽에 각 4구씩 팔부신중이 조각돼 있다. 그리고 전면 비도 입구의 좌우에 금강역사상이 하나씩 자리한다. 비도로 들어서면 좌우 벽면에 2구씩 서 있는 사천왕상이 보인다. 이들은 모두 불법과 사찰을 수호하는 신격들이라 석굴암의 성격을 규명하는 데 큰 의미를 가지지 않는다.

석굴암의 성격은 주실에 모셔진 불보살을 비롯한 여러 존상들이 말해준다. 원형의 주실은 아치형으로 상부가 덮힌 비도에 이어져 있는데, 입구 좌우로 거대한 돌기둥이 서 있다. 이 돌기둥 두 개는 전실에서 본존불을 바라볼 때 주실의 공간을 가리면서 마치 액자처럼 본존불을 강조한다. 본존불 외 주실의 다른 부분으로 시선이 분산되는 것을 확실히 차단하고 있다.

주실의 중심은 두말할 것도 없이 한 가운데 웅장하게 자리한 본존불이다. 대좌를 제외한 몸 길이만 3.48m인데, 중앙에서 약간 뒤쪽으로 물러앉아 동해를 바라보고 있다.

본존불 뒷벽에는 십일면관음보살이 서 있고 주위를 빙 돌아 십대제자와 두 보살, 그리고 범천과 제석천이 도열하듯 이어져 있다. 이 15구의 존상들 위로는 좌우로 나뉘어 10개의 감실이 있어 유마거사와 문수보살 그리고 팔대보살이 봉안돼 있다. 팔대보살 중 두 구는 없어져 감실 두 개가 비어 있는 상태다.

본존불 뒷벽에 서 있는 십일면관음. 본존불에 반쯤 가려져 있다.
사진출처: 문화재사진연구소

본존불의 명호: 석가불이라는 입장

본존불의 명호에 대해서는 앞서 소개했듯 석가불이라는 견해와 아미타불이라는 견해가 병존한다. 석가불이라는 견해는 20세기 초 석굴암을 '발견'했다고 주장한 일본인들에 의해 제기됐다. 이후 강우방 문명대 등 국내학자들도 그 견해를 받아들였는데 그 근거들을 요약하면 다음과 같다.

첫째, 본존불의 수인이 항마촉지인이다. 항마촉지인은 석가모니가 보드가야의 보리수나무 아래서 성도하는 순간을 상징적으로 표현한 것이다. 잘 알려져 있듯 석가모니는 깨달음을 얻기 직전 그를 방해하려는 마왕과 마주한다. 그리고 여신인 지신地神의 도움을 얻어 그를 항복시킨다. 지신에게 자신의 거룩한 수행을 증언하도록 한 것이다. 항마촉지인은 오른 손으로 땅을 짚으며 지신에게 요청하는 순간을 형상화한 것이다.

강우방은 석굴암 본존불이 보드가야 마하보리사에 봉안된 석가성도상과 같다고 밝힌 바 있다. 이 성도상은 당나라 현장법사의 『대당서역기』에 언급돼 있는데 묘사된 자세와 크기, 그리고 동쪽을 향하고 있는 점 등이 석굴암 본존불과 거의 같다는 것이다.

둘째, 주실의 둥근 벽 판석들에 석가모니의 십대 제자가 조각돼 있다. 또 십일면관음보살 외에 본존불 앞 좌우로 보살 둘이 서 있는데 석가불의 협시보살인 문수보살과 보현보살로 볼 수 있다.

셋째, 주실 맨 앞 좌우 판석에 범천과 제석천이 호위하듯 서 있는데 이 둘은 인도에서 석가의 협시로 나타났다.

넷째, 감실에 봉안된 유마거사상과 8대보살, 뒷벽의 십일면관음상 등은 불교경전들에 근거해 모두 석가불의 협시상으로 보는 게 타당하다.

본존불의 명호: 아미타불이라는 입장

하지만 본존불을 아미타불로 보는 학자들도 설득력 있는 근거들을 제시하고 있다. 이 입장의 선두에 섰던 사람은 1960년대 석굴암 해체복원작업을 이끌었던 고 황수영 박사다. 그는 다음과 같은 이유를 들어 본존불이 아미타불이라고 주장했다.

첫째, 영주 부석사 무량수전에 봉안된 소조 여래좌상은 아미타불이란 분명한 기록에도 불구하고 항마촉지인을 하고 있다. 또 법당이 남향인데도 본존상은 동향이다. 참배자들은 법당에 들어와 서향을 하고 예불을 드리는데 이는 서방불인 아미타불을 예경하는 방식이다. 따라서 동향인 석굴암 본존불도 서방불인 아미타불로 보아야 한다. 부석사 아미타불은 문무왕 대에 만들어진 것으로, 전체적인 불상 양식이 석굴암 본존불과 거의 같다.

아미타불과 서방에 대한 황수영 박사의 주장은 부석사를 창건한 의상법사에 대한 늦은 기록이 방증해준다. 18세기에 쓰인 〈청택법보은문별명정토문〉에 의하면 의상법사는 서방정토를 추구해 평생 서쪽을 등지고 앉지 않았다고 한다. 서방을 향하는 것이 그렇게 중요했던 것이다.

둘째, 팔공산 군위석굴의 아미타삼존상도 석굴암 본존불의 정체를 파악하는 데 도움이 된다. 석굴암보다 먼저 조성된 이 삼존상은 아미타불을 관음보살과 대세지보살이 협시하고 있다. 아미타불이 석굴에 봉안된 점, 항마촉지인을 하고 있는 점 등이 석굴암 본존불과 흡사하다. 이 밖에도 7~8세기에 조성된 항마촉지인 아미타좌상들이 많다. 또 신라불상의 역사를 볼 때 석굴암을 조성했던 시기에는 아미타신앙이 유행하면서 아미타불이 대세를 이루고 있었다.

셋째, 1891년 작성된 〈석굴중수상동문石窟重修上棟文〉에 담긴 내용이다.

이 글은 당시 지역의 유력자들이 석굴암을 중수하며 그 내력을 적은 것이다. 그런데 글 서두에 "미타굴"이라는 단어가 등장한다. 이는 석굴암이 미타굴로 여겨졌을 가능성을 시사한다.[41]

넷째, 20세기 이전에 있던 유일한 부속건물에 수광전壽光殿이라는 편액이 있었는데, 수광이 아미타불의 다른 이름인 무량수불無量壽佛, 무량광불無量光佛을 뜻하는 것으로 볼 수 있다는 것이다.

석굴암 본존불의 명호에 대한 논란은 현재까지도 진행 중이다. 비로자나불로 봐야 한다는 주장까지 더해졌다. 본존불의 명호를 하나로 확정하기보다 여러 차원과 측면을 두루 갖춘 통합적이고 근원적인 부처로 보는 것이 옳다는 주장도 있다. 당시 신라불교의 다양한 성격을 다 아우르는 불상이라는 것이다. 재일학자인 박형국에 따르면 일본의 유명한 동대사東大寺 대불도 같은 성격이라고 한다.

석굴암의 통합적 특성은 불설을 원융하게 받아들인 신라불교의 일승적 사상풍토가 배경이라는 견해도 있다. 그런데 신라불교의 이 특징은 원효의 화쟁사상 혹은 회통불교를 통해 가장 잘 이해할 수 있는 것이다. 앞서 설명했듯 석가불과 아미타불은 본래 다른 존재가 아니다.

하여간에 석가불과 아미타불의 성격을 공유하는 본존불은 역시 두 부처가 등장하는 〈안락국태자경〉과 통한다.

본존불에 버금가는 십일면관음

십일면관음상은 주실 뒤쪽 벽 중앙에 자리한다.

10대제자와 두 보살 등 다른 존상들과 같은 양식과 크기로 판석에 새겨져 있다. 얼핏 보기엔 동급의 15개 존상들 중 하나인 것 같지만 자세히 보면 그렇지 않다. 양 날개를 편 것처럼 14개 존상을 좌우로 거느리며 도도하게 서 있는 중앙의 위치부터가 남다르다. 또 15개 존상들 중 홀로 고부조로 조각돼 있다. 거의 환조에 가까운 고부조다. 양 옆의 다른 존상들과 분명한 차이를 보인다.

석굴암 새벽예불에 참석했던 춘천박물관 학예연구사 강삼혜는 십일면관음을 친견한 후 이렇게 썼다.[42]

> 십일면관음보살상은 앞으로 툭 튀어나온 고부조이자 정면관으로 예배자를 바라보고 있어서 본존상과 함께 매우 중요한 의도를 가지고 제작된 상임을 단박에 느낄 수 있었다. (…) 상에서 느껴지는 고부조 표현은, 특히 십일면관음보살상 대좌의 고부조 표현은 직접 보아야 느낄 수 있는 것으로, 도판으로는 그 실감을 체험할 수 없다.

십일면관음은 학계에서 본존불에 버금가는 신격으로 평가받는다. 석굴암의 두 주인공이 본존불과 십일면관음이라는 것이다. 그녀는 석굴암의 중심축 선상에 자리한다.

게다가 의미심장한 것은 십일면관음상이 석굴암의 샘물과 가장 밀접한 관계에 있었다는 것이다. 1960년대 수리공사 때 작성한 보고서에 따르면 석굴 내에서 상당량의 물이 솟아나는데 주로 십일면관음보살의 발아래였다고 한다. 현재는 샘물을 굴 밖으로 멀찍이 빼내고 있어 조성 당시의 원형을 잃은 상태다. 어쨌거나 이 같은 사실은 십일면관음이야말로 석굴암이 터 잡은 샘물의 신성성을 대표적으로 구현한 존재였음을 알려준다.

본존불에 버금가는 십일면관음의 비중은 그녀 앞에 놓여 있었던 받침돌로도 짐작할 수 있다. 이 받침돌은 일본인들이 1909년 촬영한 것으로 추정되는 사진에서 보인다. 십일면관음상 발 바로 아래 매끈하게 다듬어진 석물이 놓여있는 것이다. 이 위에는 작은 5층탑이 안치돼 있었다고도 한다.[43] 그런데 이런 받침돌은 본존불 대좌 앞에도 있었다. 이는 본존불에 버금가는 십일면관음의 비중을 말해주는 구성이다.

십일면관음은 왼손을 들어 연꽃을 꽂은 정병을 들고 있는데 이는 〈안락국태자경〉에 등장하는 왕생게의 다음 구절과 관련시킬 수 있다.

원하노니 미타회중彌陀會中 자리에 있어 손에 향화香花 잡고 늘 공양하고 싶습니다.

본존불 주위로 25구의 존상이 자리하는 주실은 미타회중의 장면이라고 할 수 있다. 그리고 관음의 손이 정병의 목 부분을 꽉 잡고 있어 손에 꽃을 쥐고 있는 것처럼 보인다. 물론 연꽃이 꽂힌 정병을 들고 있는 것도 손에 꽃을 잡은 것이라고 할 수 있다.

석가불과 아미타불의 성격을 함께 갖춘 본존불과 연꽃을 들고 그에 버금가는 비중으로 서 있는 십일면관음. 이 두 존상은 〈안락국태자경〉의 사라수왕(광유성인)과 원앙부인의 관계에 대응한다. 원앙부인은 사라수왕의 아내이기도 하지만 광유성인에게 자신의 몸값과 이름을 바침으로써 그와도 관계를 맺고 있다.

6 주실벽 존상들과
〈안락국태자경〉의 인물들

그렇다면 다른 존상들도 〈안락국태자경〉의 인물들과 통할까?

결론부터 말하자면 그렇다고 할 수 있다. 앞서 간단히 언급했듯, 석굴암 주실의 전체 존상들과 〈안락국태자경〉의 등장인물들은 매우 잘 조응한다.

〈안락국태자경〉은 팔채녀는 팔대보살이라고 한다. 석가의 오백 제자는 오백 나한인데 이는 십대제자와 등가물이다. 대세지보살인 안락국과 문수보살인 승열바라문은 둥근 벽 앞쪽에 서 있는 두 보살과 조응한다.

다만 범천과 제석천은 〈안락국태자경〉에 인물이 아니라 공간적 배경이나 하늘신으로 등장한다. 우선 범천상은 범마라국과 관련된다. 범천이 수호하는 나라다. 제석천이 상징하는 천天은 〈안락국태자경〉에 "하늘"로 등장한다. 이 하늘은 안락국이 아버지를 만나러 가는 길에 큰 강을 건널 때, 또 어머니 원앙부인의 시신 앞에서 합장하고 게를 지어 부를 때 간절한 기도의 대상으로 등장한다.

〈안락국태자경〉의 이본들에서는 이 하늘이 인격화되어 나타나기도 한다. 예를 들어 〈별본기림사사적〉 고기에는 천녀와 천인이 나타나 원광부인

(원앙부인)과 안락국을 돕는다.

제석천과 범천은 석굴암이 천궁임을 증언해주는 존재들이기도 하다.
특히 제석천은 표훈과 소통했던 천제일 것이다. 불교적 맥락에서 천제는 보
통 제석천을 가리키기 때문이다.

범천과 제석천 뒤에 있는 두 보살은 문수보살과 보현보살로 알려져 있다.
대개 범천 뒤 경권(불경의 경문을 적은 옛 책)을 들고 있는 보살을 보현보살,
제석천 뒤 오른 손에 찻잔을 받치고 선 보살을 문수보살이라고 한다.

그러나 이는 확실한 도상적 근거나 문헌적 전거가 있는 게 아니다.

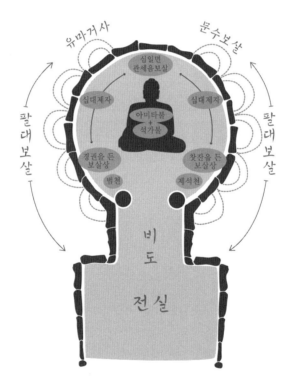

석굴암 주실의 존상들과 〈안락국태자경〉 등장인물들 및 배경의 대응관계

본존불을 석가불로 보고 그 협시로서 추정된 것일 뿐이다.

두 보살처럼 찻잔과 경권을 들고 협시하는 경우는 국내외적으로 유사사례를 찾기 힘들다. 특히 문수라고 불리는 보살이 받치고 있는 찻잔은 일반적으로 보살의 지물로 인식되지 않는다. 불교미술사학자인 주수완에 의하면 중국 돈황의 막고굴이나 낙양의 용문석굴 등에 찻잔이나 경권을 든 유사한 보살상이 일부 있으나 이들이 문수보살이나 보현보살이라는 흔적은 찾기 힘들다고 한다. 그는 「토함산 석굴 문수·보현보살상 연구」 논문에서 다음과 같은 소회를 밝혔다.

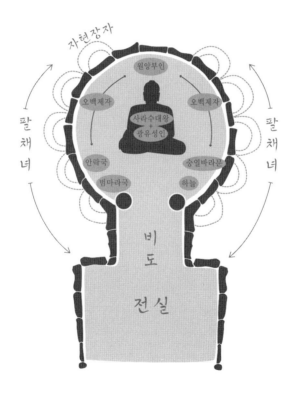

필자로서는 동시대의 중국 불상이나 인도의 불상들과 직접적으로 비교할 수 없는 이러한 요소들을 통해 석굴암의 문수·보현보살상이 지니는 차별성과 독창성을 재차 확인하는 계기가 되었다. (…) (당시 알려져 있던 『다라니집경』의 도상을) 채용하지 않은 것은 석굴암의 문수·보현보살이 『다라니집경』과는 다른 계통의 상징성을 지닌다는 것을 의도한 것일 수도 있다.

『다라니집경』에는 불보살의 수인手印과 화상법畵像法 등이 소개돼 있다. 그런데 주수완은 두 보살의 도상이 『다라니집경』과는 '다른 계통'의 상징성을 지녔을 가능성을 제기한 것이다. 지금까지 살펴보았듯 그 '다름'은 신라적 특수성과 관련됐을 수 있다. 그런데 놀랍게도 이 두 보살상은 대세지보살이 된 안락국, 문수보살이 된 승열바라문과 잘 조응한다.

찻잔과 찻물공양, 경권과 왕생게

우선 찻잔을 손에 받치고 있는 보살은 찻물 길을 사람을 얻기 위해 서천국에 파견된 승열바라문과 바로 관련된다. 찻물공양을 위해 애쓰는 그에게 딱 부합하는 보살상이다. 그는 문수보살이 되었는데 현재 이 보살을 문수보살이라고 한다.

보현보살로 알려진 보살상은 손에 경권을 들고 있는데 죽간竹簡, 대나무를 길쭉하게 잘라 글씨를 쓴 문서나 책일 가능성이 높다. 신라와 고려에서 불경이나 다라니(비교적 긴 불교 주문)를 죽간에 썼기 때문이다. 죽간은 종이가 없거나 귀하던 시절 종이 문서나 책을 대신했던 것이다.

신라 성덕왕은 706년 경주 황복사 삼층석탑에 금동사리함 등과 함께

찻잔을 든 보살상과 경권을 든 보살상 사진제공: Daniela Schenker

『무구정광대다라니경』 1권을 안장했다. 이 불경은 20센티미터가 안 되는 죽간에 쓰여 있었다. 고대사 전문가인 김태식 연합뉴스 기자는 죽간으로 된 이 경권에 경 전체가 아니라 다라니 부분만 적혀 있었을 것이라고 추정한다. 석굴암 보살이 들고 있는 경권도 두께로 보아 다라니 정도의 글이 적혔을 것으로 보인다.

그런데 다라니가 적힌 죽간은 왕생게가 적힌 죽간을 상상하게 한다. 왕생게는 극락왕생을 기원하는 시구로서 주문인 다라니와 성격이 유사하기 때문이다. 〈안락국태자경〉에는 이와 관련시킬 수 있는 흥미로운 부분이 있다. 임정사에서 찻물을 긷는 사라수왕의 모습을 묘사한 장면이다.

범천과 제석천 사진제공: Daniela Schenker

왕이 금두레박을 나무의 두 끝에 달아매고 물 길으며 다닐 때 왼손에 왕생게
를 잡아 놓지 않고 외우시더라.

왕생게를 손에 잡았다는 것은 왕생게가 적힌 물건을 들었다는 의미다.
이는 죽간이나 목간 혹은 비단이나 종이일 수 있는데 아마도 죽간인 듯하다.
왕생게를 소개하는 부분에 다음과 같은 설명이 있기 때문이다.

기별은 분간分簡이니 간簡은 대쪽이니, 옛날에는 종이가 없어 대를 엮어 글
을 썼다. 부처가 수기授記,깨달음과 관련된 예언하심이 글 쓰는 것과 같고, 제

각기 다름이 대쪽과 같으므로 간簡을 나눈다 하니라.

이로 보아 사라수왕이 손에 들고 다닌 왕생게는 죽간일 것이다. 그리고 놀랍게도 사라수왕이 왼 손에 왕생게를 잡았던 것처럼 석굴암 보살상 역시 왼 손에 경권을 들고 있다.

물론 사라수왕은 본존불과 관련되므로 경권을 든 보살상을 그와 관련시킬 수는 없다. 대신 적합한 인물은 안락국이다. 그는 왕생게를 단순히 외우는 데 그치는 게 아니라 능숙하게 사용한다. 난관이 닥쳤을 때 하늘에 빌며 왕생게를 외워 문제를 해결하는 것이다. 따라서 그는 사라수왕보다 왕생게와 더 밀접한 관련을 맺고 있는 인물이다. 그렇다면 보현보살로 알려진 보살상은 안락국이 성화된 대세지보살로 볼 수 있다.

유마거사와 자현장자

이제 남아있는 주실의 존상은 감실에 있는 유마거사와 문수보살이다. 그런데 〈안락국태자경〉에도 아직 남아있는 주요인물이 있다. 바로 자현장자다.[44] 그런데 자현장자와 유마거사는 장자長者, 덕망이 있고 나이가 지긋한 사람라는 점에서 통한다. 유마거사도 속인으로서 중인도 비사리국 장자였다.

물론 둘을 대응시키는 데 문제가 있긴 하다. 유마거사가 성인인 데 비해 자현장자는 악인이기 때문이다. 그는 무간지옥에 떨어졌다. 하지만 〈안락국태자경〉이 석굴암을 근거로 만들어진 이야기라고 가정하면 이 불일치도 이해가 된다. 최초의 서사가 발전하며 극적 재미가 추구되면서 유마거사가 자현장자로 바뀌는 일은 얼마든지 가능하기 때문이다.

자현장자 문제는 불교 특유의 선악관을 따르더라도 해결될 수 있는 여지가 있다. 불이不二와 공空을 교리의 중심에 둔 불교에는 본질적인 선과 악의 구분이 존재하지 않는다. 때문에 석가모니를 죽이려 했던 제바달다 같은 악인도 부처가 된다는 수기를 받을 수 있다.

이런 관점에서 보면 자현장자가 과연 악인인가 하는 질문도 생긴다. 그는 거금을 주고 산 종의 아들이 도망쳤으므로 그에 대한 세속적 처벌을 내렸을 뿐이다. 안락국이 첫 번째 도망에서 잡혀왔을 땐 목숨을 살려주기도 했다. 그는 원앙부인을 종으로 사서 그녀가 광유성인에게 공양할 수 있도록 했을 뿐 아니라 그녀를 하필이면 보리수 밑에서 죽였다. 원앙부인이 관세음보살로 성화하는 데 보리수가 관련이 없지는 않을 것이다.

자현장자가 살고 있는 곳은 죽림국이다. 이는 불교 최초의 사원인 죽림정사에서 유래한 것으로 해석된다. 이 역시 그의 정체와 관련해 주목할 부분이다. 결국 유마거사가 병을 교화의 방편으로 삼았듯이 자현장자의 악도 방편적인 것으로 이해할 수 있다.[45]

방편으로서의 악은 『화엄경』 입법계품에 나온다. 선재동자가 찾은 무염족왕의 경우다. 그는 갖가지 죄를 지은 중생들을 데려와 손발을 자르고 눈을 뽑는 등 잔혹한 형벌을 가하지만 그 악행들은 방편으로 설명된다. 자현장자에 대해서는 〈안락국태자경〉 서사의 탄생과정을 살피는 뒷부분에서 다시 언급한다.

유마거사는 석굴암 주실 가장 안쪽 감실에 문수보살을 마주하고 앉아있다. 둘 사이에는 광배가 자리한다. 이 두 존상의 근거가 『유마경』이라는 데는 학자들의 이견이 없다. 유마거사는 늘 문수보살과 대좌해 문답을 나누는 모습으로 조성된다. 감실의 문수보살은 벽면 판석의 문수보살과 겹치고 유마거사와 쌍으로 조성된 것이므로 더 고려할 필요는 없어 보인다. 관음보살도 팔대보살들 중 하나가 관음으로 여겨져 주실 내에 두 구가 존재한다.

광유성인과 석굴암의 광배

이상 살펴봤듯 석굴암 주실 존상들과 〈안락국태자경〉의 등장인물 및 배경은 놀라운 대응관계를 보인다. 어떤 역사적 과정을 거쳐 이런 결과가 나왔는지 알 수 없으나 둘 사이에 긴밀한 관련성이 있음을 부인하기 어렵다.

하나 더 덧붙이자면 광유성인도 석굴암과 관련시킬 수 있다. 광유성인은 "빛이 있는 성인"으로 해석되므로 광배와 관련시킬 수 있다. 그런데 석굴암 본존불은 유례를 찾기 힘든 독특한 광배로 유명하다. 잘 알다시피 연화가 장식된 광배가 후벽에 따로 자리한다. 교묘한 배치와 본존불과의 신비로운 조화가 그 광배를 불상의 장식 이상의 것으로 승화시킨다. 이는 빛을 강조한 광유성인과 통하는 것이다. 광유성인은 어느 불교사전에도 등장하지 않는 이름이다.

석굴암이 경덕왕의 기자치성소였다는 사실도 〈안락국태자경〉과 연결된다. 〈안락국태자경〉의 서사를 구성하는 핵심적 사건이 바로 안락국의 출생이기 때문이다. 조선 선조 때 새로 그린 〈사라수탱〉의 제작목적 중 하나도 왕비가 하루 빨리 세자를 얻는 것이었다.

석굴암과 〈안락국태자경〉 사이의 긴밀한 연관성은 우리를 매우 흥미로운 탐색으로 이끈다. 앞서 사라수왕이 원효를 모델로 창조된 인물일 가능성을 여러 측면에서 제시했는데 그렇다면 본존불 또한 원효와 관련됐을 수 있기 때문이다.

7 본존불과 원효: 본존불은 원효불

사라수왕처럼 본존불 역시 원효와 관련돼 있을까?

이 새로운 질문을 갖고 다시 석굴암을 들여다보면 놀랍게도 여러 연관성들이 보인다.

무엇보다 의미심장한 것은 본존불이 무덤 형태의 석굴에 좌정하고 있다는 사실이다. 앞서 설명했듯 석굴암은 횡혈식 석실분 형태의 감실에 봉토를 쌓아 무덤처럼 만들어 놓은 건축물이다. 이는 두말할 것도 없이 무덤 속에서 깨달음을 얻은 원효를 연상시킨다. 게다가 본존불은 항마촉지인을 하고 있다. 무덤 속에서 성도하는 순간을 보여주는 것이다.

무덤 형태의 석굴암과 무덤에서 깨달은 원효

원효가 무덤에서 깨달음을 얻었다는 사실은 『송고승전』 의상전에 전한다.

(의상은) 나이 약관이 되어 당나라에서 교종이 이제 한창 융성함을 듣고 원효법사와 뜻을 같이 하여 서쪽으로 유학하고자 했다. (…) 갑자기 중도에 궂은비를 만났는데, 마침 길가의 토감土龕, 토굴 사이에 몸을 숨기게 되어 비바람을 피했다. 이튿날 아침에 자세히 보니 오래된 무덤에 해골이 옆에 있었다. 하늘은 여전히 가랑비도 내리고 땅도 진흙이어서 한걸음도 나가기 어려웠다. 그대로 머물며 나서지 못하고 또 무덤굴 벽에 기대어 있었다. 밤이 깊어갈 무렵 갑자기 귀신이 나타나 괴이했다.

원효스님이 탄식하기를, "어제 여기 머물며 잤을 때는 토감이라며 편안했었는데 오늘 밤은 머물면서도 귀신의 동네에 의탁하니 동티가 심한 것이구나."

위 기록에는 우리가 익숙하게 알고 있는 "원효가 해골바가지의 물을 마시고 깨달음을 얻었다"는 내용이 나오지 않는다. 대신 100여 년 뒤에 쓰인 『임간록』에 전한다. 『송고승전』보다 약간 앞서 쓰인 『종경록』에도 거의 같은 이야기가 실려있다. 어쨌거나 원효의 오도처가 무덤이라는 것은 그의 오도설화를 비슷하게 전하는 중국 측 기록인 『종경록』 『송고승전』 『임간록』이 모두 일치한다.

사학자인 김상현 교수에 의하면 원효가 무덤에서 깨달음을 얻었다는 설화는 중국문헌들에 실리기 이전 신라에 유포돼 있었다고 한다. 충청북도 제천의 월광사에 있었던 원랑선사 탑비에는 다음과 같은 구절이 있다.

대통이 직산에 이르러 신승神僧 원효가 성도한 곳인 ○○에 우거하여, 석 달 동안 정定을 닦았다.

원랑선사는 이름이 대통으로 당나라에 가서 불법을 공부한 고승이었다.

그가 직산에 머물렀던 시기는 845년부터 856년 사이의 어느 때이고, 탑비는 890년에 세워졌다. 그러니까 이 무렵 신라에서는 원효의 성도처가 고승들이 찾던 성소로 유명했던 것이다. 원효를 수식하는 '신승'이라는 단어는 당시 사람들에게 원효의 위상이 얼마나 높았는가를 말해준다.

석굴암이 원효의 오도처인 무덤을 형상화한 것이라는 추정은 『송고승전』에 실린 원효의 게송과도 공명한다.

> 마음이 일어나는 까닭에 갖가지 법이 생기고, 마음이 사라지면 감龕과 분墳이 둘이 아니네. 삼계가 오직 마음이 지은 것이며, 모든 현상은 의식의 전변이라. 마음 밖에 법이 없는데 어찌 달리 구하겠는가?[46]

"감과 분이 둘이 아니"라는 위 구절은 신성한 감실이면서 무덤이기도 한 석굴암과 그대로 통한다. 감은 원효가 머물렀던 토감, 즉 토굴을 지시하기도 하지만 그와 동시에 불감佛龕, 즉 부처를 모신 신성한 공간도 의미할 것이다. 감분불이龕墳不二는 곧 원효가 주창했던 진속불이眞俗不二와 통하기 때문이다. 원효는 게송을 통해 부처를 모신 감실과 무덤이 둘이 아님을 노래했고, 석굴암을 만든 사람들은 그것을 구상화한 것 같다.

요석공주도 무덤과 관계돼

그런데 석굴암이 무덤이라는 사실은 요석공주와도 관련된다.

앞서 소개했듯 요석은 무덤 안에 넣는 묘지명이다. 따라서 무덤 안의 십일면관음은 요석공주와 상통한다. 어쩌면 요석궁은 공주의 거처를 무덤에 비유해 만든 이름이었을 수도 있다. 여신신앙에서 무덤은 죽음 이후 재생과정이 진행되는 신비의 공간이다.

어쨌든 원효와 요석공주는 무덤이라는 상징을 공유한다.[47] 원효는 무덤에서 깨달은 자로 거듭났고 요석 공주는 무덤의 신비를 표상하는 존재다.

묘지명에 쓰인 돌은 오석烏石이 많은데 어쩌면 검은 금비녀를 신라공주라며 신봉했던 오금잠제와 관련이 있을 수도 있다. 그 신라공주가 요석공주에서 비롯됐을 가능성이 있는 것이다.

검은 공주인 요석공주는 제주도의 여신 가믄장아기나 『도덕경』에서 여근을 지칭하는 현빈玄牝, 즉 검은 암컷을 떠올리게도 한다. 앞서 소개했듯 가믄장은 검은 나무그릇이라는 뜻이다. 가믄장아기는 집을 떠날 때도 검은 암소를 끌고 간다. 검은 것과 밤에 가치를 두는 것은 여신종교의 특징들 중 하나다. 그리스 신화의 헤카테, 힌두교의 칼리 등이 그와 연관된 여신들이고 기독교의 검은 성모도 같은 맥락에서 해석된다. 칼리 역시 검거나 검푸른 피부를 갖고 있다.

유마거사와 소성거사

다음으로 중요하게 볼 것은 두건을 쓰고 감실 속에 앉은 유마거사다.

원효는 소성거사로서 후대에 유마거사에 비유됐기 때문이다. 이는 이 유마상이 현존하는 한국 유일의 유마상이라는 데서 더 설득력을 얻는다. 유마상이 당시에 흔히 조성되었다면 큰 의미를 둘 필요가 없지만, 그렇지 않은데도 굳이 유마상을 봉안했다면 그래야 할 특별한 이유가 있었을 것이기 때문이다. 그리고 그 특별한 이유는 바로 원효라고 할 수 있다.

『삼국유사』에 의하면 원효는 스스로를 소성거사라 칭했다. 『삼국사기』
도 설총을 소개하면서 같은 내용을 전한다.

원효는 처음에 중이 되어 불서佛書에 통달했으나 얼마 후에 속인으로 되돌아
와 스스로 소성거사라고 불렀다.

소성거사 원효는 고려 때 문인 이규보의 〈소성거사찬〉小性居士讚에도 등
장한다.

머리를 깎아 맨 머리면 원효대사요,
머리를 길러 두건을 쓰면 소성거사로다.
비록 몸이 천이나 백으로 나타난다 해도
손바닥을 보는 것과 같으니
이 두 가지 형상은 다만 한 마당의 유희일 뿐.[48]

현대 한국인들에게 소성거사 원효, 즉 두건을 쓴 속인 원효의 이미지는
낯설다. 하지만 윗글은 고려시대만 해도 그렇지 않았음을 알려준다. 일부 학
자들은 파계한 원효가 다시 출가했다는 기록이 없으므로 그를 거사로 보아
야 한다는 주장까지 한다. 부처의 경지에 이른 재가자로서, 문수보살까지 가
르친 유마거사와 같은 존재였다는 것이다. 환속 이후 원효의 불교를 "승속불
이의 거사불교"라고 칭하기도 한다.

원효는 또 『유마경』과 깊은 관련이 있다. 고려의 의천이 남긴 기록에 의
하면 원효는 의상과 함께 고구려의 승려 보덕에게 『열반경』과 『유마경』을
배웠다. 보덕은 금강산 보덕굴에 이름을 남긴 그 인물이다. 원효는 이후 『유

마경』에 깊이 매료되어『유마경종요』1권,『유마경약찬』7권,『유마경소』 3권을 찬술했다. 현재 전해진 것은 없지만 이 저서들은 한국에서 생산된 최초의『유마경』주석서들로 여겨진다.

원효의 생애를 알려주는 가장 이른 기록인 서당화상비에는 원효의 형상을 만들었다는 내용이 나온다. 그런데 그것이 거사의 모습이었다고 한다.

원효가 유마와 동일시되었음은 12세기 후반 임춘이 남긴『서하집』이 증명한다. 임춘은 강원도 낙산 지역을 지나가다가 낙산사 관음보살과 관련된 의상과 원효의 설화를 떠올리고 두 고승을 그리워하는 시를 지었다. 그중 원효를 노래한 시에 다음과 같은 구절이 있다.

일찍 들었노라, 거사는 늙은 유마라고,
석장錫杖을 날려 공중을 지나 만 리를 지나는구나.

석굴암 유마거사상
사진출처: 문화재청 국가문화유산포털

이상의 자료들을 보면 두건을 쓰고 비스듬히 앉은 석굴암의 유마거사상이 원효를 표상할 가능성은 매우 높다. 게다가 유마거사상이 늙은 모습을 하고 있어 "늙은 유마"라는 임춘의 기록과 부합한다. 석굴암의 설계자는 원효를 불상으로 조성하면서 동시에 소성거사로서의 측면을 유마상을 통해 드러낸 것 같다.

석굴암의 동향과 원효의 이름 '새벽'

석굴암이 열려있는 방위인 동향 또한 원효와 관련된다. 원효의 이름이 '새벽'이기 때문이다. 『삼국유사』는 이와 관련해 다음과 같이 전한다.

그가 태어난 마을을 불지촌이라 하고 절을 초개사라 하였으며 스스로의 이름을 원효라 한 것은, 아마도 불교를 처음으로 빛나게 하였다는 뜻일 것이다. 원효라는 이름도 역시 우리말이다. 당시 사람들은 모두 우리말로 원효를 일러 새벽始旦이라고 했다.

석굴암 본존불은 토함산 높은 곳에서 제일 먼저 새벽을 맞는다.

새벽이 원효의 또 다른 상징이라고 할 때, 매일 처음으로 새벽빛을 받아들이는 본존불은 곧 원효와 같은 존재라고 할 수 있다. 석가모니가 동틀 무렵 성도했기 때문에 석굴암이 동향이라는 견해가 있는데, 그도 일리가 있지만 원효와의 관련성도 있을 것이다. 어쩌면 원효라는 이름 자체가 석가모니의 성도시각과 관련돼 있는지도 모른다.

석굴암의 방향이 동짓날 일출 각도와 일치한다는 사실 또한 원효와 관련된다.

동지는 일 년 중 낮이 가장 짧은 날로서 이때부터 낮이 길어진다. 쇠해가던 해가 다시 살아나는 재생의 날이다. 그러므로 고대에는 동짓날을 한 해의 시작으로 여겼다. 조선시대에도 동지를 작은 설, 아세亞歲라 부르며 한 해 시작의 의미를 기억했다.

그렇게 보면 본존불은 새해 첫날 새벽빛을 정면으로 마주하도록 봉안된 것인데 이는 원효, 즉 첫새벽이라는 이름과 통한다.

주실 입구의 돌기둥과 원효의 천주

석굴암 주실 입구에 설치된 두 개의 기둥 또한 심상치 않다.

원효가 노래한 천주天柱가 연상되기 때문이다. 석굴암이 천궁이므로 두 기둥은 천주가 된다.

이는 진평왕 때 있었던 내제석궁을 통해서도 방증된다. 내제석궁의 다른 이름이 천주사이기 때문이다. 제석천이 모셔진 산정상부의 석굴암 역시 제석궁이므로 석굴암의 두 기둥은 천주라고 할 수 있다.

석굴암 주실 입구에 설치된 두 개의 기둥 사진출처:국립박물관

팔각기둥인 석굴암의 두 천주는 단순한 기둥이 아니다. 연꽃이 장식된 팔각형 받침돌 위에 서 있고 기둥 중간에도 역시 공들여 연꽃장식이 돼 있다. 기둥의 직경은 78센티미터 정도다. 사진 상으로는 느껴지지 않지만 직접 마

주하면 그 위풍당당함에 압도된다고 한다.

그런데 중요한 사실은 이 두 기둥이 주실의 돔형 천정 앞쪽과 단단히 결합되어 천정을 떠받치는 한편으로 주실과 비도를 튼튼히 이어준다는 것이다. 비도의 아치형 천정이 위에 쌓인 돌들의 엄청난 하중을 감당하도록 지탱해주는 역할도 한다.

결국 석굴암의 두 돌기둥은 천궁인 석굴암이 안정적으로 유지되도록 돕고 있는데, 이는 원효가 노래한 "하늘을 떠받칠 기둥"과 상통하는 것이다.

찻잔과 경권, 굴과 샘도 원효를 표상

석굴암은 또 원효의 여러 상징물들을 품고 있다.

먼저 문수보살의 찻잔과 대세지보살의 경권이 그렇다. 원효와 차의 밀접한 관계는 이미 앞에서 설명한 바 있다. 경권 또한 한국 최고의 불교사상가로 꼽히는 원효의 상징으로 보인다.

알다시피 원효는 선승이 아니라 모든 종류의 불교경론에 통달했던 탁월한 교학승이었다. 때문에 그는 "백부百部의 논주論主요, 팔종八宗의 조사祖師"라는 칭송을 들었다. 그의 교학의 특징을 회통불교라 하고, 화쟁사상이라 일컫는 것도 다 그러한 맥락에서 나온 것이다. 당대의 불교경전들을 두루 섭렵하고 깊이 이해했던 원효의 상징으로서 경권만큼 맞춤한 것이 없다. 경권은 불교교학을 상징하는 것으로 해석되기 때문이다.

또 석굴암의 입지적, 건축적 상징인 샘과 굴도 원효와 밀접한 관계에 있다.

이는 전국에 산재하는 원효굴과 원효샘들이 말해준다. 원효가 입적했다는 혈사穴寺, 창건했다는 영혈사, 수도했다는 암혈岩穴 등 '혈'자가 들어간 유적지들도 원효굴과 같은 속성을 지닌 성지들이다. 혈이 굴과 같은 상징이자 의미이기 때문이다.

원효굴은 원효의 수행처로 알려져 있으며 대개 약수라 불리는 샘을 품고 있다. 샘과 굴이 짝을 이루는 것인데 이는 석굴암도 마찬가지다.

본존불은 원효불, 십일면관음은 요석관음

이상 살펴본 것처럼 석굴암은 원효를 모델로 한 부처, 즉 원효불을 모신 성소일 가능성이 매우 크다. 비록 본존불을 비롯한 존상들의 형상은 정해진 도상법을 따랐지만 상징적 내용 면에서 원효를 표상한 것으로 보인다. 신라인들에게 석가로 여겨진 원효를 아미타불의 성격까지 더해 본존불에 담은 것 같다. 원효가 아미타신앙을 대중화한 인물이란 점도 작용했겠지만 그래야 할 필연적인 이유가 따로 있었다. 이에 대해서는 뒤에 설명한다.

중국인들은 낙양의 용문석굴 봉선사에 모셔진 본존불(7세기 후반)이 당의 무측천을 모델로 했다고 전한다. 또 일본 법륭사의 유명한 구세관음상도 백제 위덕왕이 아버지인 성왕을 그리워해 그 모습을 본 따 조성한 것이라는 기록이 있다. 신라왕자 김교각은 사후 지장보살이 되었다. 실존인물이 불보살의 모델이 된 경우들로, 본존불이 원효불일 가능성에 힘을 주는 사례들이다. 김교각이 지장보살의 화신으로 여겨졌듯 원효도 경덕왕 대에 석가의 화신으로 여겨졌던 것 같다.

본존불이 원효불이라는 추정은 신라의 불국토 사상을 생각해 봐도 무리가 아니다. 석굴암은 불국토사상을 이름에 담고 있는 불국사와 동시에 건립됐다. 또 당시는 신라인인 노힐부득과 달달박박이 미륵불과 아미타불로 성불한 얼마 후였고, 그 이야기가 퍼져나가던 중이었다. 고려말 개성에 두 사람의 석불이 있었다는 기록은 그 설화의 활발한 확산성을 말해준다.

　여기서 잠시 석굴암에 대한 조지훈의 견해를 소개하고 싶다. 신라의 유적들 중 석굴암을 최고로 예찬했던 그는 다음과 같은 글을 남겼다.

　불국사 뒷산 동해를 바라보는 단애의 옆에 있어 아침 해 뜰 무렵 햇빛이 굴 내를 비출 때의 기관奇觀은 찬탄할 수밖에 없다. (…) 모든 부조의 정연한 배열 위에 이들의 통제로서 진좌한 석가상은 그 풍만 엄숙하고 온화 자비한 점에서 불상 표정의 최고 신품神品일 것이요. (…)불상의 모델은 신라인이다. 인도 중국 일본의 어떤 불상보다도 특이하고 원만한 풍모는 지금의 경상도 남녀의 얼굴과 같다.

　석굴암 본존불이 신라인을 모델로 했다는 그의 주장은 물론 학문적 견해가 아닌 시인의 직관일 것이다. 하지만 순전한 직관만은 아니다. 그는 석굴암이 고유사상과 불교가 융합된 정신의 소산이라고 보았다. 그곳에서 우리 고유사상을 간취했기 때문에 본존불에서 신라인을 느낀 것이다. 더구나 그는 석굴암의 정신과 원효의 사상을 동질의 것으로 인식했다.

　어쨌거나 본존불이 원효라면 십일면관음은 요석공주일 수밖에 없다. 그녀를 모델로 한 요석관음인 것이다. 실존했던 신라여인을 성화시킨 신라의 여성관음이다.

　그런데 석굴암의 창건주는 왜 원효불과 요석관음을 석굴암에 모신 것일까? 이 문제를 풀려면 우선 건립의 주체와 목적부터 가닥을 잡아야 한다.

8   경덕왕의 아들집착과 석굴암

불국사와 석굴암의 진짜 창건주는 누구일까?

앞서 소개했듯 김대성 개인의 발원으로 지은 것인지 아니면 국가적 불사였는지에 대해 의견이 분분하다. 『삼국유사』가 전하는 옛 향전의 기록이 믿음직하지 않기 때문이다. 일연도 마지막에 "어느 것이 옳은지 자세히 알 수 없다"는 유보적 태도를 보인다.

그런데 상식적으로 보아도 불국사나 석굴암 같은 최고 수준의 대불사를 아무리 최고위 재상이라 해도 개인이 했다는 것은 자연스럽지 않다. 때문에 많은 학자들은 석굴암이 왕실에 의해 건립됐을 것이라고 본다. 더구나 경덕왕의 기자치성소였다면 더 말할 나위가 없다.

신영훈이 석굴암 현장에서 간파했듯, 석굴암은 경덕왕이 아들을 얻기 위해 건립한 왕실의 원찰이었을 것이다. 경덕왕이 하늘에 빌어 아들을 얻었다는 설화는 사실로 보인다. 혜공왕의 이름이 건운乾運인데 이는 '하늘의 운' 혹은 '하늘이 보내준'이란 뜻이므로 그의 탄생설화와 부합하기 때문이다. 천운天雲이라는 다른 이름도 있다.

그의 어머니 이름 '만월부인'에 담긴 보름달 상징 역시 간절한 잉태의 기원을 담고 있다. 또 토함산의 다른 이름인 월함산과도 통한다.

설총의 아버지, 원효

그렇다면 경덕왕은 왜 아들을 기원하면서 원효불을 석굴에 모신 것일까?
이 질문은 우리에게 익숙한 고승 이미지와는 다른 원효의 모습을 이끌어낸다. 바로 설총의 아버지로서의 원효다. 그 역시 아들을 원했던 아버지였다. 그 사실은 경덕왕의 고조부인 태종무열왕이 분명히 확인해준다. 『삼국유사』에 소개된 그 설화를 더 자세히 들여다보자.

> 법사가 어느 날 평시와 다른 이상한 행동을 하며 거리에서 이렇게 노래했다.
> "그 누가 자루 없는 도끼를 내게 빌려 주려는가
> 나는 하늘을 떠받칠 기둥을 찍으리라."
> 사람들은 그 노래의 뜻을 알지 못했다. 그런데 태종이 이 노래를 듣고 말했다.
> "이 법사는 아마도 귀부인을 얻어 어진 아들賢子을 낳으려는 것 같구나. 나라에 위대한 현인이 있다면 이보다 더 좋은 일이 있겠는가?"
> 이때 요석궁에 과부가 된 공주가 있었다. 그래서 궁의 관리에게 칙명을 내려 원효를 찾아서 데려오게 했다.

태종의 해석에 의하면 '자루 없는 도끼'는 귀부인이고 '하늘을 떠받칠 기둥'은 어진 아들이다. 자루 빠진 도끼에는 여성성기를 상징하는 구멍이 나 있으니 귀부인에 비유됐을 것이다. 원효는 스스로 그 구멍에 끼워질 도끼자루가 되고자 한다. 그렇다면 도끼자루는 남성성기를 상징할 것이다. 이는 기둥이 아들이라는 해석과도 통한다. 자루 없는 도끼는 남편 없는 여성의 비유이므로 과부인 공주가 등장했다.

원효의 파계와 득남은 신라사회에서 엄청난 화젯거리였던 것 같다.

태종무열왕, 요석공주, 설총까지 등장하니 이런 호화 캐스팅이 없다. 이 사건의 대중적 영향력이 얼마나 컸는가는 후대인들의 삶에 미친 광범위한 영향을 통해서 알 수 있다.

원효와 기자도끼 민속

우선 대표적인 것이 기자도끼祈子斧 민속이다.

기자도끼는 도끼모양의 장신구로, 이를 지니고 다니면 아들을 출산한다는 믿음이 있었다. 자루가 없는 도끼를 작은 크기로 만들어 끈을 꿴 모양이다. 세 개를 꿴 것은 삼태도끼부적三台斧符籍이라 했는데 태어날 아들이 삼정승의 자리에 오르기를 바라는 염원이 담겨 있다.[49] 이 기자도끼는 조선시대 여성들의 노리개에 장식되기도 했다.

이러한 풍습은 원효가 득남, 특히 뛰어난 아들을 얻는 일과 관련해 매우 큰 상징성을 지니고 있었음을 말해준다. 기자도끼 민속이 원효설화와 관련돼 있음은 거의 분명해 보이기 때문이다. 특히 석굴암과 관련해 더 주목되는 부분은 기자도끼가 전녀위남轉女爲男, 여성을 남성으로 바꾸는 것의 방도로 사용되었다는 것이다.

『동의보감』은 「잡병편」의 부인조에서 전녀위남법을 소개하고 있다. 닭이 알을 낳은 후 닭둥우리 밑에 도끼를 두면 둥우리의 병아리가 모두 수컷이

되는 것을 볼 수 있다는 것이다. 이보다 앞선 의서인 『향약집성방』 역시 전녀위남법으로 도끼를 침상 밑에 깔라고 가르친다. 도끼가 태어날 생명의 성을 바꿀 수 있다고 믿은 것이다. 이러한 습속은 천제에게 빌어 태어날 딸을 아들로 바꿨다는 경덕왕 설화와 상통한다. 왜 경덕왕이 원효를 필요로 했는지 말해주는 것이다.

기자도끼 사진출처: 국립민속박물관

위에 소개한 전녀위남법은 출전이 중국의서들이라고 한다. 하지만 그렇다고 위의 추정에 문제가 생기지는 않는다. 원효의 노래도 중국의 지식에 근거한 것으로 보이기 때문이다. 득남을 위한 도끼주술이 중국식 처방이라는 것은 "사람들은 그 노래의 뜻을 알지 못했다"는 『삼국유사』의 기록이 시사한다.

전녀위남을 위한 도끼 처방은 당나라 때 편찬된 『천금방』(652)이란 종합의서에 보인다. 원효의 노래가 정말 그가 부른 것인지 후대에 더해진 것인지는 모르겠으나 그가 창작자라 해도 시대적으로 별 문제가 없다. 불교 뿐 아니라 유교와 도교 등 각종 학문에 두루 통달했다는 원효는 그런 대륙의 지식을 알고 있었을 것이다. 그리고 그것을 상황에 맞게 받아들여 사용한 것으로 보인다.

당금애기 신화와 가면극에서 보이는 원효의 자취

원효가 득남과 관련된 상징적 인물이라는 사실은 우리 무속신화에도 자취가 보인다.

출산신 당금애기 신화가 대표적이다. 전국적으로 전승돼 온 이 무가에서 집에 홀로 있는 당금애기를 찾아와 임신시키는 사람은 스님 혹은 석가세존이다. 그리고 당금애기는 그가 떠난 후 아들 삼형제를 낳는다. 이 삼형제는 자란 후 아버지를 찾아가 친자임을 확인받고 제석신으로 좌정하게 된다.

당금애기 신화는 서사구조가 원효가족 관련 설화들과 유사하다. 스님 혹은 석가세존이란 인물에서 원효를 떠올리는 일은 결코 어렵지 않다. 원효가족 설화가 불교에서는 〈안락국태자경〉으로, 무속에서는 당금애기 신화로 변형된 것이 아닌가 싶다. 둘 다 아들이 아버지를 찾는 내용이다. 결국 요석공주, 원앙부인, 당금애기는 같은 여성의 다른 버전들이다.

전국의 굿판에서 놀아졌던 중놀이 또한 원효를 연상시킨다. 이 놀이에서는 중이 산이나 높은 데서 내려와 처녀와 수작을 부리고 잉태시키거나 갖가지 음탕한 일을 벌인다.[50]

양주 별산대놀이, 봉산탈춤 등 우리 가면극에서 중이 등장하는 과장科場도 비슷하다. 우선 노장이나 노승으로 불리는 중이 등장해 소무라고 불리는 젊은 여자를 만나 파계한다. 이어 취발이라는 술 취한 중이 나타나 늙은 중을 쫓아내고 소무에게 아들을 낳는다. 취발이는 아들에게 글공부를 시킨다.

주목되는 것은 아들출산과 글공부가 다소 뜬금없이 느껴질 정도로 극의 전개에서 필연적인 사건이 아니라는 것이다. 그런데도 마무리 부분에 빠지지 않고 배치되어 있는 것은 그것이 원래 중요한 의미를 갖고 있었음을 시사한다.

또 하나 의미심장한 것은 양주 별산대놀이에서 미얄할미가 등장하는 과장이다. 할미에게 남매가 있는데 이름이 도끼와 도끼누이다.[51] 아들이 도끼로 불리고 있다.

아들을 얻는 술 취한 젊은 중과 아들의 글공부, 도끼로 불리는 아들 등 이 모든 요소들에서 원효와 설총의 그림자를 보기는 어렵지 않다. 원효의 무애무가 고려를 거쳐 조선시대까지 전승되었으므로 가면극에 등장하는 중들을 그와 연관시키는 것은 무리가 아니다.

봉산탈춤에서는 〈안락국태자경〉에서 안락국이 원앙부인의 시신을 앞에 높고 부르던 게송이 염불로 등장한다. 노승이 넘어져 쓰러지자 8명의 먹중이 죽은 줄 알고 소란을 벌이는 장면에서다. 이 게송은 불경에 나오는 것이지만 둘의 일치가 아무런 의미가 없지는 않을 것이다.

아미타불과 전녀위남

한국민중들에게 원효는 고승일 뿐 아니라 뛰어난 아들의 아버지이기도 했다. 이는 경덕왕에게도 마찬가지였던 것 같다. 원효처럼 "하늘을 떠받치는 기둥"이 될 만한 아들을 얻고 싶었던 그는 석굴암을 건립해 원효불을 모신 것으로 보인다. 그리고 주실 입구에 두 개의 천주도 세웠다.

뿐만 아니라 왕은 석가로 여겨진 원효에게 아미타불의 성격도 덧붙였다. 아미타불의 정토에서는 모두가 남자로 태어나기 때문이다. 법장비구의 48원 중 35원은 "보리심을 낸 여인이 여자의 몸을 싫어한다면 죽은 후에 여인이 되지 않을 것"이다. 한편 『대아미타경』은 법장의 서원을 24가지로 소개하는데 그중 2원은 다음과 같다.

> 내가 부처가 될 때, 나의 국토 안에는 부인이나 여인이 없도록 하겠다. 나의
> 국토에 내생하려는 자는 곧 남자가 된다. (…) 나의 국토에 내생한다면 다 칠
> 보로 된 연못의 연화 속에서 화생하고, 성장하여 모두 보살이 된다.

따라서 아미타불의 정토에는 여성이 없다. 전녀위남 혹은 전녀성남轉女成男은 여성의 성불과 관련해 불교경전에 등장하는 용어로서 특히 아미타정토와 관련된다. 이는 〈안락국태자경〉을 싣고 있는 『월인석보』의 권7 기其211에도 등장한다.

> 이 목숨 마칠 날에 아미타가 성중聖衆 데리시고 갈 길을 알리시리.
> 갈 길 알리심은 아래 권에 일러 계시니라.
> 칠보 연못 연꽃 위에 전녀위남하여 죽고 사는 일 모르리니.
> 전녀위남은 계집의 몸이 옮아 남자가 되는 것이라.
> 이 세계 계집이 제 가 날 사람은
> 연못에 가 다달으면 남자가 되느니라.

위 내용은 석굴암의 천주 역시 아미타신앙을 반영한 것임을 알려준다. 정토왕생자들이 칠보 연못 연꽃 위에서 다시 태어난다고 했는데 천주가 연꽃받침대에 서 있기 때문이다. 연꽃 위에 선 기둥(아들)은 연꽃 위에 남자로 태어난 왕생자와 다르지 않다. 석굴암 샘물은 칠보연못에 해당할 것이다.

십일면관음 역시 득남기원의 맥락에서 봉안된 것으로 보인다. 관음은 자식을 점지해 주는 신격이기 때문이다. 아들을 원하는 사람에겐 아들을, 딸을 원하는 사람에겐 딸을 준다. 그 역할 때문에 가장 물이 많은 곳에 여성형상으로 봉안됐고 그러면서 요석공주가 모델이 된 듯하다. 문무왕 대에 여성관음이 등장한 것을 보면 석굴암 건립 무렵 요석공주가 관음같은 존재로 여겨졌을 가능성도 배제할 수 없다.

석가모니 부자를 봉안한 석굴암

경덕왕의 아들 집착이라는 관점에서 보면 십대제자 봉안도 그 맥락에서 해석될 수 있다.

십대제자 중 하나가 석가모니의 아들인 라훌라이기 때문이다. 또 석가의 법통을 잇는 다른 제자들도 법통의 후계자들이라는 점에서 아들과 같은 존재들이다. 뿐만 아니라 정반왕의 아들이었던 석가모니도 태자였다.

최치원은 〈난랑비서〉에서 석가모니를 축건태자竺乾太子라고 불렀다. 국내 간행물인 〈석가여래십지수행기〉에도 실달태자라는 표현이 보인다.

이 문헌의 덕주사 판본(1660)에는 〈안락국태자경〉이 부록으로 실려 있다.

석굴암의 하늘은 무불습합의 하늘

그런데 경덕왕은 석굴암을 지으면서 불교신앙에만 의지하지 않았다.

지금까지 검토했듯 석굴암은 토착 여신신앙의 성격도 강하게 드러내기 때문이다. 본존불과 십일면관음, 연꽃 위에 서 있는 천주 등이 불교식 득남 기원이라면 산정상부 샘물 위에 무덤형태의 석굴을 지은 것은 여신신앙적 득남기원이다.[52] 그런데 양자의 혼용은 의도적이라기보다 당시 불교의 자연 스런 성격이었던 듯싶다.

이는 혜공왕 탄생설화에 등장하는 하늘신이 잘 말해준다. 상제 혹은 천제 로 불린 이 신은 석굴암에서 승려인 표훈과 소통한 신이므로 제석천으로 여 겨진다. 하지만 불교에서 제석천은 자식을 점지하는 일과 거리가 멀다. 자식 을 점지하는 하늘은 고대 토착신앙의 하늘이다.

고구려 산상왕은 산천에서 기도한 후 하늘이 아들을 점지하는 꿈을 꾸 고 아들을 낳았다. 혁거세는 번갯빛 같은 기운이 나정 가에 드리워진 가운데 출생했고, 그를 왕으로 옹립한 진한 6촌의 장들도 모두 하늘에서 내려왔다. 붉은 줄을 내려 수로왕을 보낸 가야의 하늘도 있다.

그러므로 표훈과 소통한 천제는 제석천이면서도 토착 하늘신의 역할을 하고 있는 것이다. 그는 석굴암을 건립했다는 김대성을 재상인 김문량의 집 에 점지하기도 했다. 따지고 보면 김대성 설화 역시 김문량이 뛰어난 아들을 얻은 득남설화이기도 한데 이는 석굴암의 기자치성소로서의 성격을 다시 한 번 시사하는 것이다.

고대 하늘여신은 불교유입 이후 역할과 기능을 유지하면서 이름만 제석 으로 바뀌어갔다. 현재 무속신앙에서 제석은 본풀이가 따로 있을 정도로 매 우 중요한 신이지만 불교와는 별 관련이 없다. 출산신이자 가족의 수명과 풍요를 관장하는 신이기 때문이다. 최근까지도 사람들은 집안에 제석할미를 모시고 풍농과 자손번창을 빌었다. 또 조선시대 지리산에 있던 제석당에는 얼굴에 분칠을 하고 몸에 채색을 한 부인석상이 모셔져 있었다. 물론 남성으로 표상되는 경우도 많은데 이와 관련한 내용은 뒤에서 언급한다.

천궁인 석굴암이 표상하는 하늘은 불교의 하늘만이 아니다. 토착 여신신앙의 하늘이 혼융돼 있다. 자식을 점지하는 하늘과 갈라진 감실 덮개돌을 수리해준 불전의 수호자로서의 하늘이 섞여 있는 것이다. 때문에 상제가 경덕왕의 아들 집착에 경고를 내렸을 것이다. 또 제석천이 통상적 경우와 달리 보살과 동격으로 봉안됐을 것이다. 불교에서 천신은 불보살보다 지위가 낮다.

석굴암을 동악인 토함산에 건립한 것도 토착신앙과 관련된 듯싶다. 혁거세가 태어났을 때 사람들은 그를 동천東泉에서 목욕시켰다. 그러자 몸에서 광채가 나고 해와 달이 맑고 밝아졌다는 것으로 보아 동쪽이 남성성과 연관된 것으로 보인다. 제주무가에서 삼승할망은 서천꽃밭 동쪽에 핀 꽃으로 아들을 점지한다.

경주 표암에 남아 있는 경덕왕비의 아들기원

경덕왕 부부의 아들 기원은 매우 절실했던 것 같다.

경주 동천동에 있는 표암瓢巖의 바위면에서 2011년 발견된 명문과 그림이 그 사실을 말해준다. 지상 5미터 높이에 수직으로 선 바위면에 불전과 삼층탑, 불번(깃발) 등이 그려져 있고, 탑과 깃발 사이에 글자들이 새겨져 있다.

고려대 박대재 교수에 의하면 이 유적은 만월부인이 득남을 기원하기 위해 주변 사찰에서 의식을 치르고, 그것을 기념하기 위해 새긴 것으로 보인다고 한다. 그는 새겨진 명문을 "천보 2년(743)에 만월부인이 선조에게 아들을 간구한다"는 의미로 해석했다. 천보 2년은 만월부인이 경덕왕의 후비로 입궁한 해다.

표암은 진한 6촌의 하나였던 알천양산촌의 촌장 알평謁平이 하늘에서 내려왔다고 하는 곳이다. 한자의 뜻을 풀이하면 '박바위'가 된다. 그런데 앞서 말했듯 신라에서 박은 알과 통하는 상징이었다. 박이 알과 교환 가능하니 박바위는 알바위가 된다. 알평이란 이름의 '알'도 우리말 '알'의 음차로 보인다. 그래서 만월부인은 그곳에 아들을 기원하는 글과 그림을 새겼을 것이다. 알은 자궁의 상징이기 때문이다. 또 명문이 새겨진 큰 입석도 여신을 표상했을 것이다. 유명한 산아당産兒堂이 있는 경주 남산의 상사바위가 좋은 예다.

이렇게 보면 만월부인은 불교와 토착신앙이 혼융된 맥락에서 아들을 기원한 셈이다. 토착신앙의 성소에 불전과 탑을 그려놓고 조상에게 기도했다. 석굴암을 지어놓고 토착신앙적 하늘에 아들을 구한 경덕왕과 마찬가지다.

'선조'라고 해석한 문구는 "상세"上世인데 '上'에 하늘이란 뜻도 있어 중의적인 표현일 수 있다. 만월부인이 표암에서 아들을 기원한 사실은 석굴암이 들어선 장소 역시 토착신앙의 성소였음을 방증한다.

경주 동천동 표암에 새겨진 암각화
사진출처: 위덕대학교 박물관

9　석굴암에 담긴 주체적 불국토사상

　석굴암은 경덕왕이 아들을 얻기 위해 건립한 원찰이었다.

　하지만 그것이 우선적 목적이었다 해도 득남기원만을 석굴암 건축에 담지는 않았을 것이다. 최고통치자인 왕의 입장을 생각할 때, 왕권강화 등 통치차원에서 필요한 여러 의도들이 동시에 고려되어 반영되었을 것이기 때문이다.

　따라서 지금까지 석굴암의 성격과 관련해 제기된 여러 견해들은 나름대로 설득력이 있다. 그중에서도 특히 불국토사상의 구현이라는 주장과 호국염원이 담겨 있다는 주장을 다시 살펴보고자 한다. 석굴암의 새로운 정체가 그와 관련해 더 언급할 지점들을 알려주기 때문이다.

　불국토사상은 불법이 실현된 이상적인 나라 혹은 정토로서의 신라를 지향한다. 그런데 신라가 곧 정토라는 주장은 중대 시기에 두드러지게 나타난다. 경덕왕의 아버지 성덕왕 대에 조성된 감산사 아미타여래입상이 한 예다. 이 불상의 광배 뒷면에 새겨진 문장은 앞서 말했듯 설총이 썼는데 다음과 같은 내용이 담겨 있다.

그 시원이 서역으로부터 열려 전등傳燈이 중국에 이르렀다. 드디어 불교의 그림자가 신라에 널리 비추고 불경이 패수浿水를 넘어 계발啟發했다. 사찰은 우뚝 서고 탑들은 빽빽이 늘어서서 사위성(석가모니가 머물며 설법하던 곳) 의 경계가 여기에 있고, 극락의 나라가 여기에 가깝다.

신라야말로 석가가 설법하는 땅과 같고, 극락에 가까운 나라라는 주장이다. 성덕왕대의 이러한 인식은 노힐부득과 달달박박 설화에도 담겨 있다. 미륵불과 아미타불을 탄생시킨 신라는 극락에 가까운 나라가 되기 때문이다. 그들이 성불한 시기가 성덕왕 때다.

신라부처의 출현은 불교와의 오래된 인연을 주장하는 의존적이고 변방적인 태도와 질적인 차이를 갖는다. 주체적인 신라불교의 등장이다. 불연국토에서 신라 땅과 사람들이 중심인 불국토로 발전한 것이다. 이는 불교가 토착단계로 진입했음을 말해준다.

성덕왕대 이후 신라에는 신라인으로 살다 성불한 세 명의 부처가 있었다. 원효의 석가불, 노힐부득의 미륵불, 달달박박의 아미타불이다. 이들은 모두 당나라에서 공부하지 않은 국내파 승려들이라는 공통점이 있다. 이렇게 보면 원효의 성도담이 유명해진 것은 깨달음 자체보다 그것이 석가모니 성도담의 신라 버전이기 때문이었을 수 있다. 석가모니만 깨달은 게 아니라 신라인인 원효도 깨달음에 이르렀다는 주체적 선언이다. 의상이나 자장 등 동시대 다른 고승들은 원효와 같은 성도담이 전하지 않는다.

경덕왕대의 불국사 창건은 이러한 신라불교의 수립과 관련돼 있을 것이다. 성불한 노힐부득과 달달박박을 모시기 위해 백월산남사를 창건한 이도 경덕왕이다. 그는 또 석굴암에 원효불을 봉안했다. 결국 경덕왕은 신라의 세 부처 모두를 존상으로 만들어 모신 것이다.

생명탄생의 가치를 품은 신라불교와 석굴암

　여기서 주목할 것은 백월산남사가 '출산하는 관음'으로 인해 창건됐다는 사실이다.

　이 역시 경덕왕의 득남기원과 관련된 것으로 보인다. 신라의 세 부처는 모두 출산과 긴밀히 관련돼 있는데 이는 주체적 신라불교의 특성으로 보인다. 즉 신라불교는 생명탄생의 가치를 기꺼이 받아들였던 것이다. 그리고 그 측면에서 토착신앙과 혼용될 수밖에 없었다. 원효와 노힐부득, 달달박박의 또 다른 공통점은 모두 처자를 두었다는 것이다. 노힐부득과 달달박박은 우리말인데 아마도 신라불교의 토착성을 드러내기 위한 의도인 듯싶다.

　이름과 관련해 주목되는 또 다른 인물은 박박의 어머니 범마다. 〈안락국태자경〉에 나오는 범마라국의 범마(라)와 같다. 불교의 중요한 천신이 여성의 이름으로 쓰인 것이다. 이는 토착신앙의 하늘여신 관념이 반영된 결과일 것이다. 그녀의 이름은 범마라국과 신라의 관계를 말해주는 또 하나의 방증이다. 아마도 범마는 여사제 전통과 관련됐을 것이다.

　석굴암은 생명탄생의 가치를 받아들인 신라불교의 창조적 표상물이다.

　경덕왕은 그러한 신라불교를 상징하는 원효를 요석공주와 함께 석굴암에 들인 것이다. 생명창조의 신비로운 에너지가 가득한 그곳에 본존불과 십일면관음으로 봉안했다. 그로써 주체적 신라불교가 절정의 아름다움으로 개화한 것이다.

　그런데 아쉽게도 탄생을 축하받는 생명은 전체의 절반으로 제한됐다. 아들이어야 했기 때문이다. 하지만 이는 경덕왕의 일방적인 고집이었을 뿐 천제의 생각은 달랐다. 이 흥미롭고 중요한 문제는 뒤에서 다시 다룬다.

'국가를 바로잡았던' 원효와 경덕왕

경덕왕이 신라부처들을 조성하고 불국사를 세워 불국토임을 주장한 데는 왕권강화의 의도도 작용했을 것이다. 특히 그는 아미타신앙을 통해 불국토사상을 펴려 한 것으로 평가된다.[53]

당시 아미타신앙을 적극적으로 이끈 승려로 태현이 꼽힌다. 가뭄이 심했을 때 왕이 궁궐로 불러들여 비를 빌게 했을 정도로 신임이 두터웠다. 그런데 태현은 원효의 신실한 추종자였다. 고려시대에 세워진 금산사 혜덕왕사진응탑비에는 다음과 같은 기록이 있다.

> 그리하여 원효법사가 앞에서 인도했고 태현 대통이 뒤를 따랐으며,
> 등과 등이 등불을 이어서 세대와 세대를 이어 중흥했다.

태현은 스스로를 청구사문靑丘沙門이라 했는데 이는 일본에서 원효를 일렀던 청구대사靑丘大師와 관련된 것 같다. 태현과 원효의 사제적 관계는 석굴암에 원효불이 봉안되는 데 영향을 끼쳤을 것이다.

원효는 경덕왕에게 통치의 관점에서도 좋은 선택지였을 것이다. 원효가 정치에도 간여했던 것으로 판단되기 때문이다. 『삼국유사』 태종춘추공 조는 원효가 당나라 장수 소정방이 보낸 그림의 의미를 해독해 김유신과 군사들을 도왔다고 전한다. 또 서당화상비에는 그의 정치참여를 시사하는 짧은 문구가 있다.

> (원효대사는) 해동의 상부相府, 재상의 집무처에서 국가를 바로잡고, 진실로 문무가 있었다.

원효는 요석공주와의 결혼을 통해 무열왕과 종교적, 정치적 동맹관계를 맺은 것으로 보인다. 흔히 원효와 공주를 사랑의 관계로 이해하지만 원효가 진짜로 만난 것은 공주가 아니라 무열왕이었다. 둘은 공주를 매개로 만나 "국가를 바로잡는" 일에 나섰던 것 같다. 신라 땅에 불법을 홍포하고 유교질서를 세우려 한 것이다. 그 일은 왕권강화와도 관련됐을 것이고 무열왕 사후에도 계속되었을 것이다. 서당화상비에는 문무왕의 치적을 찬양하는 내용이 담겨있어 원효와 문무왕의 가까웠던 관계를 추정케 한다. 원효가 왕권강화를 도운 인물이라면 그 측면에서도 원효는 경덕왕에게 큰 의미가 있었을 것이다.

석굴암에서 보이는 호국기원

석굴암이 호국염원을 담았다는 견해는 동해의 대왕암과 관련해 제기됐다. 석굴암은 대왕암과 감은사가 있는 동해어구 쪽을 향하고 있다. 대왕암은 죽은 후 용이 되어 나라를 수호하겠다는 문무왕의 의지가 담긴 유적이고, 감은사는 그와 관련된 사찰이다. 때문에 석굴암 건립에는 문무왕의 호국의지를 기리려는 의도가 있었다고 보는 것이다.

이 주장에 비판도 있지만 호국이 불국토의 기본전제라면 그 측면을 간단히 부인할 수는 없다. 경덕왕은 재위 중 두 번이나 일본에서 온 사신을 만나주지 않았다. 건방지고 무례하다는 이유였다. 일본과의 사이가 좋지 않았음을 알 수 있다. 또 혜공왕은 재위 12년에 감은사에 행차해 바다에 제사를 지냈다. 이는 석굴암 건립에 호국의지가 담겨있었을 가능성을 높여준다. 그런데 호국의 코드는 토착신앙의 관점에서 보아도 드러난다.

앞서 말했듯 대왕암은 거대한 여근석이다. 전설대로라면 당시 사람들은 위대한 문무왕이 호국룡으로 재생하기를 염원했던 것 같다. 그런데 여근은 재생의 상징이기도 하지만 호국의 상징이기도 하다. 세계의 고대 여신신앙에서 공동체를 수호하는 힘을 가진 상징은 여근이었다. 그리스와 로마에서 여신들이 마을이나 도시의 수호신이었던 이유다.

그리스 아테나 여신이 아테네의 수호신이라는 사실은 잘 알려져 있다. 또 제주의 마을을 보호해온 당신들도 대개 할망이라 불리는 여신들이다. 선사시대에 뿌리를 둔 마고할미는 산성축조와 관련된 전설을 여러 곳에 남겨 그녀가 수호신이었음을 말해준다. 제2부에서 언급했듯 신라의 수호신들도 주로 여신이었다.

신라를 수호하는 힘은 용으로 재생한 문무왕에게만 있는 게 아니다. 그의 유골을 받아 재생시킨 대왕암에도 있다. 대왕암은 일종의 호국 주술 차원에서 조성됐던 것 같다.* 그런데 석굴암 역시 자궁을 상징한다. 석굴암과 대왕암은 돌로 조성됐고 샘물이나 못을 갖췄으며 여근상징이라는 공통점을 갖는다. 둘 다 무덤이기도 하다. 천궁인 석굴암은 하늘자궁이다. 반면 동해구에 있는 대왕암은 바다자궁이다. 그리고 둘은 서로의 에너지를 통해 감응한다. 그만큼 호국의 힘도 강력하게 확장된다고 믿었을 것이다.

문화재청 문화재감정관실의 이경화에 의하면 석굴암 십일면관음도 호국의 기능을 갖고 있었다고 한다. 만약 석굴암의 기획자가 십일면관음에 호국의지도 반영했다면 신라의 호국여신 전통이 분명히 작용했을 것이다.

---

* 마고할미의 복합적 성격에 대해서는 『여신을 찾아서』 15장 참고. 여근상징의 수호력에 대해서는 『여신을 찾아서』 18장, 19장의 관련내용들을 참고.

10   혜공왕 설화 다시 읽기:
원효와 무열왕의 가부장제 동맹

『삼국유사』는 석굴암에서 아들을 기원했던 경덕왕이 소원대로 아들을 낳았다고 한다.

이는 역사적 사실이다. 혜공왕이 건운이란 이름의 실존인물이기 때문이다. 하지만 그 설화가 전하는 다른 이야기들도 사실일까?

혜공왕 설화는 천제가 등장하는 신화적 부분과 역사적 사건들이 섞여있다. 허구와 사실이 설화 창작자의 의도 아래 조합돼 있는 것이다. 구전되다 기록으로 정착되기까지 시대의 변화에 따라 바뀌거나 덧입혀진 내용도 있을 수 있다.

이 경우 이야기의 적층을 파헤치는 고고학적 태도가 필요하다.

이런 텍스트에서 역사적 사실을 추출해 내려면 당시의 시대상황을 분석하면서 창작자가 누구일지, 그 의도는 무엇이었을지부터 추론해야 한다. 이를 위해 먼저 혜공왕에 대해 전하는 『삼국유사』의 내용부터 보자. 이 기사의 출전은 제시돼 있지 않다.

(왕이) 나이가 어렸기 때문에 태후가 조정에서 업무를 보았지만 정치가 제대로 되지 않았다. 그러자 도적들이 벌떼처럼 일어나 이루 막아내기도 어려운 실정이었다. 표훈의 말이 들어맞았던 것이다.

어린 제왕은 원래 여자를 남자로 바꾼 것이었다. 그래서 첫돌부터 왕위에 오르기까지 늘 여자아이들의 놀이를 하면서 놀았다. 비단 주머니 노리개 차기를 좋아했고 도사들과 어울려 놀곤 했다. 그래서 나라는 크게 어지러워졌고, 마침내 선덕宣德과 김경신에게 시해되었다. 표훈 이후로는 신라에 다시는 성인이 태어나지 않았다고 한다.

지금까지는 학계에서도 위 기록을 문자 그대로 받아들이는 경우가 있었다. 그래서 혜공왕이 트랜스젠더라는 말까지 나왔다. 그러나 혜공왕의 변성은 불교의 전녀위남 혹은 전녀성남론과 관련된 것으로 보인다.

『삼국유사』는 왕의 소원을 "전녀성남"이라고 분명히 쓰고 있다. 여자가 정토에 왕생하거나 성불하려면 남자로 몸을 바꿔야 한다는 교설은 정토계 경전들 뿐 아니라 『반야경』이나 『법화경』 등 주요 대승경전들에 반복해서 나타난다.

혜공왕의 변성설화는 석굴암에 원효불을 조성하고 천주를 세우면서까지 아들을 원했던 경덕왕과 관련된 것이지 혜공왕의 실체를 전하는 것은 아닐 것이다. 경덕왕의 아들집착이 만들어낸 이야기인 것이다.

그렇다면 경덕왕은 왜 그렇게 아들을 원했을까?

왕의 개인적인 아들선호가 유난히 특별했던 것일까?

이 문제에 답을 얻기 위해서는 그가 속한 중대왕실의 성격을 들여다보아야 한다.

중대왕실의 유교질서 세우기

신라의 중대를 연 인물은 태종무열왕 김춘추다.

그는 진골로서 왕위에 오른 첫 인물이었다. 또 당의 문물제도와 유교적 왕도정치를 본격적으로 수용함으로써 전제적 왕권을 추구한 인물이기도 하다. 신라에 유교는 중고기 때에도 수용되어 있었으나 중대에 비하면 아직 유입단계였다.

반면 중대왕실은 국가통치를 위해 유교를 제도적으로 수용했다. 신문왕대에 유가윤리를 가르치는 국학을 설치했고, 부계조상을 공경하는 오묘제를 실시해 부계혈통을 세웠다. 그리고 아들을 통해 왕위를 이어갔다. 이는 물론 남성중심사상에 기반을 둔 것이었다.

신문왕은 또 유교식 혼인의례도 도입했다. 재위 3년째 신목왕후를 두 번째 배필로 맞아들이면서였다. 유교식 혼인의례에서 왕후는 왕의 책봉을 받는 존재로서 종속된 위치를 갖는다. 남편보다 격이 높은 금관의 소유자였던 황남대총 왕비의 위상과 비교하면 역전된 상황이 도래한 것이다.

신문왕은 즉위 첫 해에 첫 왕비를 쫓아냈다. 그녀의 아버지가 반란을 일으켰기 때문이지만 오래도록 아들을 낳지 못한 것도 허물로 꼽혔다. 이후 중대왕실에서 아들 생산은 왕비의 최대임무가 되었고 그를 완수하지 못할 경우 폐위되기도 했다. 경덕왕의 첫 왕비인 삼모부인의 경우가 그렇다. 아들을 낳지 못해 쫓겨나는 왕후는 중대가 생산해 낸 새로운 왕비상이었다.

유교적 왕권사상에서 왕의 젠더는 당연히 남성이어야 했다. 이는 선덕여왕이 보낸 신라 사신에게 당 태종이 했다는 말에서 분명히 드러난다.

그런데 그대의 나라는 여인을 임금으로 삼았기에 이웃나라에게 업신여김을

당하고, 주인이 없어지면 도둑이 들끓는 것처럼 해마다 편안할 때가 없다. 내가 왕족 중의 한 사람을 보내어 그대 나라의 임금으로 삼겠다.[54]

김춘추는 왕이 되기 전 당나라에 사신으로 파견되는 등 교섭이 많았던 사람이다. 당의 국학에 가서 교육현장을 직접 참관하고, 태종에게 『진서晉書』를 하사받기도 했다. 그는 당시 진덕여왕을 모시고 있었지만 왕의 젠더에 관해서는 당 태종과 생각을 공유했을 것이다. 차기 왕위를 예비하고 있던 그로서는 진골이라는 약점을 보완하는 데 유교의 남성중심사상이 큰 힘이 되었을 것이기 때문이다.

그런데 유교의 남성우월사상은 이미 당시 신라의 엘리트 남성들에게 상당히 퍼져 있었던 것 같다. 이 시기 격화됐던 삼국 간의 분쟁이 그에 정당성을 부여하기도 했을 것이다. 선덕여왕 말년에 발생했던 상대등 비담 등의 반란은 그러한 상황을 보여준다. 그의 무리는 "여왕은 나라를 잘 다스릴 수 없다"는 것을 반역의 명분으로 내세웠다.

부계혈통의 추구와 태자제도

김춘추는 적장자 중심의 부계혈통 확립을 중요한 통치전략으로 삼았던 것 같다. 부계혈통에 기반한 왕위계승 질서를 세워 '선진적'인 새 시대를 열면서 왕권을 독점적으로 강화하고자 했다. 이런 맥락에서 원효의 "자루 없는 도끼" 노래를 다시 보면 그 의미를 태종무열왕만이 알아들었다는 구절이 새롭게 보인다. 그가 말한 "어진 아들"이 단지 원효 개인의 아들만이 아니라는 게 드러나는 것이다.

그 아들은 무열왕계를 이어갈 가문의 아들이기도 했다. 추상적으로는 부계혈통의 확립을 의미할 것이다. 아마도 원효와 김춘추는 신라사회에 유교적 부계혈통을 새롭게 세우는 데 서로 합의했던 것 같다. 그렇지 않았다면 원효에게 관리를 보내 요석궁으로 인도하게 하지 않았을 것이다.

유교적 부계혈통은 남성계보를 중심으로 하는 승가와도 어긋나지 않는다. 역시 남성중심적인 불교의 질서를 세우려 했던 원효와 태종무열왕은 젠더권력 관계의 변화라는 과업에서 이해를 공유했던 것 같다. 당시까지도 상당한 영향력이 있었을 여신신앙과 여성권력에 대해 둘은 동맹관계였을 것이다.

그런데 유교적 부계혈통은 당시 신라사회에 익숙한 문화가 아니었다.

왕실부터가 그랬다. 알다시피 바로 전의 두 왕이 여성이었다. 여왕은 부계혈통중심 사상에서는 나올 수 없는 모순적 존재다. 때문에 원효-김춘추 동맹이 추구한 부계혈통의 확립은 신라사회에 새로운 충격이었을 것이다. '자루 없는 도끼' 노래가 오늘날까지 전해진 이유다. 그 노래는 원효 개인의 기이한 행각에 그치는 게 아니라 시대의 변화를 증언하는 역사적 사건이었다.

신라사를 연구한 학자들은 중대의 특징 중 하나로 태자제도의 확립을 든다.[55] 왕이 살아있을 때 원칙적으로 큰 아들을 태자로 세워 왕위를 잇게 했다. 왕이 속한 가계의 배타적 왕위계승권을 제도적으로 보장함으로써 왕권의 강화를 꾀한 것이다. 무열왕 이후 중대 7명의 왕들 중 태자가 아닌 상태에서 왕이 된 이는 성덕왕 뿐이다. 하지만 그도 신문왕의 둘째 아들이었다. 왕위의 부자계승은 흔들리지 않았던 것이다.

중대왕실이 태자제도를 통해 부자계승을 공고히 한 사실은 문무왕의 유언에서도 나타난다.

태자는 일찍부터 밝은 덕을 쌓았고 오랫동안 태자의 자리에 있었으니(…) 종묘의 주인은 잠시도 비워서는 안 되니 태자는 관 앞에서 왕위를 잇도록 하라.

문무왕은 처음으로 태자의 거처인 동궁東宮을 지은 왕이기도 하다. 경덕왕도 재위 11년 되는 해 동궁아東宮衙와 동궁관東宮官을 설치하고, 여러 관청을 동궁관에 소속시켰다. 태자의 위상과 역할이 한층 승격된 것이다. 왕은 이러한 일을 주도하면서 더욱 애타게 아들을 기다렸을 것이다.

결론적으로 경덕왕의 아들기원은 왕 개인의 소망에 그치는 것이 아니었다. 후사를 이을 아들을 얻는 일은 무열왕계 가문의 집단적인 소망이자 과제였다. 그 소망은 설령 나라가 위태롭게 되더라도 포기할 수 없을 정도로 강렬했다. 소망은 집착이 되었고, 집착은 끝내 문제를 불렀던 것이다.

혜공왕 설화에 담긴 비판적 시각

혜공왕 변성설화는 여러 모로 흥미롭다. 특히 경덕왕의 아들집착을 비판적으로 전하는 뉘앙스가 그렇다. "나라가 위태로울 것"이라는 천제의 경고부터가 그렇고, 그럼에도 불구하고 아들을 고집해 결국 파국을 초래한 경덕왕에 대한 기술도 그렇다.

이는 일본의 비슷한 설화와 비교할 때 더 분명해진다. 제1부에서 소개한 나라현 장곡사에 전해지는 설화다.

미복문원美福門院, 74대 조우천황의 아내, 12세기이 임신을 했는데 음양사가 점을 치니 공주였다. 미복문원은 이를 한탄하며 장곡사에 와 소원을 빌었다.

그러자 꿈에 사람이 나타나 "추호도 한탄하지 말라. 다카쿠라 산의 한 여승이 귀한 남자아이를 가졌으니 그 아이와 바꿔치기해야 한다"고 말했다. 이후 그녀가 출산을 해보니 왕자였다. 이분이 근위원近衛院, 76대 근위천황이다. 이는 다카쿠라의 신이 여승으로 변신했고 대성大聖, 관음이 그 신과 도모해 공주를 왕자로 바꾼 것이다.(…) 미복문원이 영험을 기뻐하여 장곡사를 번성하게 했다.

『장곡사험기』에 실려있는 내용인데 장곡사의 관음도 십일면관음이다. 그런데 위 설화에는 딸을 아들로 바꿔준 관음의 영험력에 대한 칭송만이 담겨 있다. 또 토착신인 산신이 그 일을 적극적으로 돕는다. 전반적인 분위기가 혜공왕 변성설화와 매우 다르다. 혜공왕 설화는 그 비판적 기조 때문에 신라 역사상 최고의 불교문화를 이룩한 경덕왕을 고집 세고 어리석은 왕으로 보이게 한다.

도대체 설화의 창작자 혹은 창작집단은 누구였을까?

이 의문과 관련해 가장 중요한 정보는 혜공왕의 죽음으로 중대가 끝난다는 사실이다. 혜공왕을 죽인 김양상은 선덕왕으로 즉위하는데 그로부터 하대가 시작된다. 김양상과 함께했던 김경신도 선덕왕 사후 왕위에 오른다. 하대 왕실에 뚜렷한 족적을 남긴 원성왕이다.

다시 여왕을 등장시킨 하대왕실

신라 하대는 중대와 여러 모로 다르다. 특히 젠더권력 관계로 볼 때 그렇다.

하대에서도 태자제도는 이어졌으나 적자를 통한 왕위계승은 크게 흔들렸다. 태자가 없었던 시기도 많고 다양한 방식으로 왕위가 이어졌기 때문이다. 하대 20명의 왕들 중 적자계승은 다섯 경우에 불과했다. 그러니까 하대 왕들은 경덕왕처럼 아들을 얻으려고 필사적이지 않았을 가능성이 크다. 게다가 하대에는 여왕이 다시 등장한다. 진성여왕이다.

이렇게 바뀐 상황은 혜공왕 변성설화에 담긴 비판적 시각과 하대왕실의 관계를 생각해보도록 유도한다. 그리고 신라 하대를 젠더권력의 관점에서 살펴볼 필요를 제기한다.

진성여왕의 아버지는 경문왕인데 왕의 사위로서 왕이 되었다. 왕의 사위의 딸이 즉위한 것이니 경덕왕이나 태종무열왕이 보았다면 통탄을 했을 일이다.

신라의 왕위계승 양상은 본래 다양했다. 왕의 아들이나 손자 뿐 아니라 형제, 사위, 딸, 외손자 등이 다 왕위에 오를 수 있었다. 특히 상고기 초기에는 모계가 중시된 왕위계승이 이루어지다가 차츰 부계계승으로 전환되었다는 데 많은 학자들이 동의한다.

알다시피 신라에서는 박씨, 석씨, 김씨가 다 왕위에 올랐다. 혁거세왕, 탈해왕, 미추왕이 각 성씨의 첫 왕들이다. 그러나 이들은 자신이 속한 성씨의 대표로 왕위에 오른 게 아니다. 왕위에 올랐을 때 이들에게는 성씨가 없었기 때문이다. 상고기 인물들의 성씨는 계보전승에 따라 뒷날 붙여진 것으로 이해된다.

왕의 사위도 가졌던 왕위계승권

그렇다면 탈해왕과 미추왕은 어떻게 왕위에 오를 수 있었을까?

그들의 공통점은 '왕의 사위'라는 점이다. 탈해는 남해왕의 사위였고, 미추왕은 조분왕의 사위였다. 왕의 사위라는 자격이 그들에게 왕위를 준 것이다. 그런데 이 점은 혁거세도 비슷하다. 그는 서술성모의 아들인데 성모는 알영의 어머니이기도 하다. 따라서 모녀관계를 중심으로 보면 그는 성모의 사위가 된다. 성모는 시조신으로서 신라 왕권의 모태였다.

앞서 말했듯 서술성모의 적통은 알영에게 이어지는 모계에 있다. 이는 혁거세에게 다른 어머니가 있다는 데서도 드러난다. 『삼국유사』가 전하는 "혁거세왕의 해척지모海尺之母" 아진의선이다. 탈해를 거둬 키운 그녀는 혁거세와도 정치적 관계를 맺은 것 같다. 해척지모는 '고기잡이 어머니'라는 뜻이다. 그녀 역시 서술성모처럼 왕을 만드는 힘을 가지고 있었던 것으로 보인다.

결국 신라 왕실 세 성씨의 첫 왕들은 모두 사위로서 왕위에 오른 셈이다. 신라에서 왕의 사위가 가졌던 왕위계승권은 우리가 짐작하는 것보다 매우 강력했다. 이는 중대 이전 신라에 왕위의 부자계승 원칙이 확립돼 있지 않았던 이유이기도 할 것이다.

그런데 이러한 상황은 신라의 여신신앙과 관련된 것으로 보인다. 여신신앙이 중심에 있던 고대사회들에서는 남성 왕이 스스로의 힘이 아니라 신성한 어머니나 아내와의 관계를 통해 왕권을 인정받았기 때문이다.* 황남대총의 부부는 그러한 관계를 시사한다.

신라사를 통틀어 사위 혹은 외손으로서 왕이 된 경우는 흘해왕, 내물왕, 실성왕, 경문왕, 신덕왕, 경순왕 등 여럿이 더 있다.

---

* 여신신앙과 왕권에 대해서는 『여신을 찾아서』 16장 참고.

왕의 사위가 왕위를 잇고 여왕이 다시 등장하는 하대의 상황은 부자계승 전통을 확립하려 했던 중대왕실의 시도가 결국은 실패했음을 보여준다. 왕위의 부자계승은 왕권강화에 효과적인 제도인데 왜 하대에서는 중대와 다른 상황이 전개됐을까? 그리고 왜 혜공왕이 시해당하는 큰 사건이 발생했던 것일까?

선덕왕은 성덕왕 사위의 아들

혜공왕 설화를 만든 사람들은 경덕왕을 비판하고 있다.

그는 나라가 위태로워진다는 하늘신의 경고에도 아들을 고집했다. 그 결과 진짜 나라가 위태로워졌으며 끝내 혜공왕이 시해되는 참사를 부르고 만다. 이 설화는 혜공왕 시해의 근본적 원인을 경덕왕에게 돌리고 있다. 따라서 왕위를 찬탈한 선덕왕과 김경신에게는 상당한 정당성이 부여된다. 위태로워진 나라를 구한 인물들로 합리화되는 느낌을 주는 것이다.

주목할 것은 선덕왕이 된 김양상이 성덕왕 사위의 아들이라는 사실이다.

그의 아버지 효방은 성덕왕의 딸인 사조부인과 결혼했다. 중대 이전이었다면 왕위 후보자들 중 하나였을 지위다. 사학자인 이재환은 선덕왕이 왕위에 오르는 데 사위의 왕위계승권 전통이 큰 역할을 한 것으로 분석했다.

이런 관점에서 보면 혜공왕의 시해라는 사건이 적자의 독점적 왕위계승권과 전통적인 사위의 왕위계승권 사이의 갈등에서 발생했을 수 있다. 그 갈등은 중대 시작과 함께 누적돼 온 오래된 것이었는지도 모른다. 어쩌면 경덕왕의 왕위 계승과도 관련됐을 수 있다.

경덕왕은 적장자로서 왕위에 오른 인물이 아니다. 그는 성덕왕의 셋째 아들로서 효성왕의 뒤를 이어 왕위에 올랐다. 효성왕은 그의 형이다. 그런데 효성왕이 동생을 태자로 책봉한 때는 재위 3년 5월로서 왕비를 맞은 지 겨우 2개월이 지난 후였다. 젊은 왕이 후사를 기다리지 않고 동생을 태자로 앉힌 일은 모종의 감춰진 권력투쟁이 있었음을 시사한다.

이와 관련해 주목되는 『삼국사기』의 기록이 있다. 효성왕 4년의 기사다.

가을 7월, 붉은옷을 입은 여자 한 명이 예교라는 다리 밑에서 나와 조정의 정치를 비방하고 효신공의 집 문을 지나갔다. 그리고는 갑자기 보이지 않았다.

그녀는 누구고, 그녀가 비판한 정치는 무엇이었을까?

여자가 정치를 비방했다는 점도 예사롭지 않지만 그것이 『삼국사기』에 기록으로 남았다는 사실이 더 의미심장하다. 간단한 기술이지만 매우 중요한 사건이었을 것이다.

그 전해에 김헌영(경덕왕)이 태자에 책봉되었다는 사실을 고려하면 그녀가 비판한 조정의 정치는 태자책봉이거나 그와 관련된 모종의 사건이었을 가능성이 있다. 환영처럼 갑자기 사라진 그녀는 여사제였을 것이다.

삼국시대 역사기록들에는 왕에게 정치적 조언이나 비판을 했던 노구, 노파 등이 등장하는데 여사제로 여겨진다. 그녀가 여사제였고 태자책봉을 비판했다면 그녀는 토착신앙 세력의 목소리를 대변한 게 아니었을까?

달리 말해 유교적 부계주의와 토착신앙의 양계주의 혹은 여성존중 전통 간의 마찰이라고도 할 수 있다. 아마도 이러한 상황이 혜공왕 변성설화를 만들어 낸 배경이 됐을 것이다. 그리고 뒷날 진성여왕의 등장을 불렀을 것이다. 신라사에서 젠더권력 관계의 변동은 매우 역동적이었던 것 같다.

진성여왕 즉위의 의미

　아들을 못 낳아 궁궐에서 쫓겨났던 중대의 왕비들을 생각하면 진성여왕의 즉위는 좀 당황스럽다. 선덕여왕의 즉위 못지않게 역사적 사건이라고 할 만하다. 9세기 말이라는 늦은 시기에 어떻게 다시 여왕이 등장할 수 있었는지 우선 정강왕이 남긴 유언부터 보자.

> 불행하게도 뒤를 이을 자식은 없으나, 누이동생 만曼은 천성이 명민하고 체격이 장부와 같으니, 그대들이 선덕왕과 진덕왕의 옛 일을 본받아 그녀를 왕위에 세우는 것이 좋겠다.[56]

　정강왕은 후계로 여동생을 지목하면서 "선덕왕과 진덕왕의 옛 일을 본받아야" 한다는 명분을 내세웠다. 그런데 선덕여왕의 즉위에 여신신앙 전통이 중요한 자산이었다는 점을 상기하면 정강왕의 유언은 하대까지도 그 전통이 살아있었음을 시사한다. 그와 동시에 토착신앙의 여성존중 사상과 유교·불교의 성차별적 태도가 마찰을 일으키면서 젠더권력 투쟁의 양상이 존재했을 가능성을 말해준다.
　진성여왕의 즉위와 여신신앙의 관계를 간접적으로 시사하는 것으로 경문왕의 뱀 설화가 있다. 『삼국유사』에 전하는 다음과 같은 얘기다.

> 왕의 침전에 매일 저녁이면 무수히 많은 뱀들이 모여들었다. 궁인들이 놀라고 두려워하며 몰아내려고 했지만, 왕은 이렇게 말했다.
> "과인은 뱀이 없으면 편히 잘 수가 없다. 그러니 마땅히 금하지 말라."
> 왕이 잠을 잘 때면 매번 뱀들이 혀를 내밀어서 왕의 가슴을 덮었다.

뱀은 동서양을 막론하고 오래된 여신의 상징이다. 제주도에서도 뱀신은 여신이다.* 위 설화는 경문왕과 토착신앙 세력과의 은밀한 관계를 상징적으로 전하는 것으로 보인다. 경문왕은 화랑 국선國仙 출신으로 젊은 시절 사방을 두루 유람한 이력이 있다.

뱀들은 가슴을 혀로 덮어 왕이 편히 잠들게 했다. 그를 보호한 것이다. 이러한 배경이 있었기에 그의 딸이 왕위에 오를 수 있었던 것이 아닌가 싶다.

불교가 신라인들의 신앙에서 헤게모니를 잡은 후에도 토착신앙은 양대 세력 중 하나로서 굳건히 존속했다. 하대까지도 왕들은 즉위의례로서 신궁 참배를 계속했는데 신궁의 주신은 서술성모였을 가능성이 높다.** 그녀는 신라사회 여성권력의 최후보루로서 마지막까지 역할을 했던 것으로 보인다.

신라의 다른 토착신들도 호국신으로서의 기능을 하대까지 계속 유지했다.

헌강왕 앞에 나타나 춤을 추며 나라가 망할지도 모른다는 경고를 한 것은 남산신과 북악신 그리고 지신地神 등이었다.

통일신라 이전의 역사적 실상에 가까이 접근하려면 우리가 아는 정보들이 유학자가 쓴『삼국사기』와 승려가 쓴『삼국유사』에 전적으로 의존하고 있다는 사실을 잊지 말아야 한다. 그것도 12~13세기의 기록이다. 특히 젠더권력 관계는 가장 심하게 지워지고 왜곡됐을 것이다. 그나마 일연 스님이 토착신앙과 관련된 설화들을 적지 않게 기록해준 것이 얼마나 다행인지 모른다.

---

* 여신신앙의 뱀 상징에 대해서는『여신을 찾아서』4장, 11장 참고.
** 『여신을 찾아서』18장 참고.

북천신의 도움으로 즉위한 원성왕

혜공왕 설화를 만들고 전승한 사람들은 누구였을까?

그들은 전녀성남을 외치는 불교나 부계혈통을 고집하는 유교보다 왕통이 딸로도 이어지는 토착신앙 쪽에 경도된 사람들이었을 것이다. 그들이 누구였는지 알기는 불가능하나 혜공왕을 통과한 정치적 격변을 보면 새로 등장한 선덕왕 세력과 관련됐을 가능성이 매우 높다.

어쩌면 선덕왕과 원성왕 스스로가 토착신앙 세력과 친연성이 높았는지도 모른다. 물론 당시에는 토착신앙과 유교, 불교가 혼용돼 있었지만 어떤 세력이 어느 쪽에 더 경도돼 있는가 하는 차이는 분명히 있었을 것이다.

그런데 『삼국유사』 원성대왕 조를 보면 그는 왕위에 오를 때 토착신앙 세력의 도움을 얻은 것 같다. 선덕왕 사후 김주원과 왕위를 놓고 다툴 때 북천신北川神이 그를 도왔기 때문이다. 북천의 물이 넘치도록 해 김주원이 궁궐에 들어가지 못하도록 막은 것이다. 북천은 알천이라고도 하는데 이 하천의 언덕이 혁거세가 탄생할 때 6촌장들이 모여 회의한 곳이다. 따라서 북천신은 토착적인 왕권의 정통성을 상징한다고 할 수 있다.[57]

원성왕은 또 천관사 우물 속으로 들어가는 꿈을 꾼 후 왕이 되었다. 그런데 천관사는 첨성대의 여사제였던 것으로 여겨지는 천관녀를 기려 만든 절이다. 우물 또한 토착신앙의 중요한 성소로서 왕권의 길흉을 예고하는 기능도 있었다.

원성왕과 동맹을 맺은 토착신앙 세력은 흔히 귀족세력으로 불리는 정치집단과 상당부분 중첩될 것이다. 그런데 경덕왕부터 혜공왕 대까지 귀족세력은 상당한 힘을 가지고 있었다.

그중 하나가 선덕왕이 된 김양상이다. 그는 혜공왕 아래서 상대등을 지내면서 중대왕실의 모화적 지향을 거꾸로 돌리고 토착적 뿌리를 되찾는 일을 주도했다.

토착신앙 세력과 우호적 관계였던 것으로 보이는 하대왕실의 성격은 불교와의 관계에서도 읽을 수 있다. 원성왕은 즉위하자마자 정관政官을 정비해 처음으로 승관僧官을 두었는데 이는 불교 교단을 통제하려는 목적이었던 것으로 해석된다. 또 원성왕 사후 2년 뒤 왕위에 오른 애장왕은 교서를 내려 새로 절을 창건하는 것을 금하고 불교행사에 고급비단과 금은 그릇의 사용을 금지시켰다.

이런 맥락에서 보면 혜공왕 설화에서 "표훈 이후로는 신라에 다시는 성인이 태어나지 않았다"는 문장이 의미심장하게 들린다. 하대에는 불교가 위축되었다는 의미로 해석될 수 있기 때문이다.

통행이 금지된 석굴암

선덕왕의 즉위로 하대가 시작되었다는 사실을 알면 혜공왕 설화가 달리 읽힌다.

혜공왕 탓에 나라가 어지러웠다는 기록에 의심이 가는 것이다. 왕이 여색이나 놀이에 빠져 나라가 위태로워졌다는 류의 기록은 동양의 사서들에서 쫓겨나거나 죽임을 당한 왕들에게 붙여지는 상투적 수사인 경우가 많다. 새로운 권력자의 입장에서 기술된 탓이다.

『삼국사기』는 선덕왕이 혜공왕을 시해한 게 아니라 거꾸로 반란을 평정했다고 말한다. 또 혜공왕의 탄생을 이렇게 기록하고 있다.

가을 7월 23일 왕자가 탄생했다. 우레와 번개가 심했고 사찰 16곳에 벼락이 쳤다.

아들을 고집하면 나라가 위태로워질 것이라는 천제의 경고가 상기되는 탄생기사다. 천제의 경고는 사실상 하대를 연 세력의 경고일 것이다. 사찰에 벼락이 쳤다는 것은 불교세력에 대한 비판으로 보인다.

김대성 설화 역시 하대를 연 세력의 입장에서 다시 읽을 필요가 있다.

그들은 왜 석굴암을 김대성이 전생부모를 위해 지었다고 했을까?

석굴암은 현재도 첫손에 꼽히는 불교예술의 걸작품이다. 당시 사람들에게 얼마나 찬탄을 받았을지는 미루어 짐작이 된다. 아무리 토함산 정상부에 숨듯이 자리하고 있어도 석굴암은 사람들의 관심과 발길을 유혹했을 것이다. 오히려 오지의 비의성이 신비로움을 더해 더 강력한 유혹으로 작용했을 수도 있다.

하지만 선덕왕 세력은 석굴암을 감추고 싶었을 것이다. 그들이 시해한 혜공왕을 떠올리게 하는 유적이기 때문이다. 최고의 아름다움과 신비를 갖춘 석굴암이 혜공왕과 관련돼 기억되고 회자되는 것은 그들에게 적지 않은 부담이 되었을 법하다.

석굴암이 연상시키는 혜공왕은 원효불과 관음과 천신이 함께 생산한 신성한 왕이었다. 이는 혜공왕 7년에 완성한 성덕대왕신종의 명문이 말해준다.

위대하도다, 우리 임금이시어/성덕聖德에 감사함이 대단하셨네
보배로운 상서祥瑞가 자주 나타나고/신령한 영험이 늘 생겼네

어쩌면 그들은 석굴암 출입을 한 동안 금했는지도 모르겠다. 표훈에게 천

제가 했다는 다음 말이 그런 정황을 암시하기 때문이다.

"하늘과 사람 사이를 어지럽힐 수는 없다. 그런데 지금 대사는 하늘과 땅을
이웃마을 오가는 것처럼 다니며 천기를 누설했으니, 지금부터는 다니지 말
아야 한다."

석굴암에 관심 있는 사람들은 그 기념비적 건축물이 마치 잊힌 듯한 역사
를 갖고 있는 데 대해 놀란다. 일연도 석굴암에 대한 기록만 전했을 뿐 직접
방문한 것 같지가 않다. 또 표훈이 천제와 소통했던 하늘이 석굴암임을 몰랐
던 것 같다. 그가 전한 기록에도 불국사의 탁월한 건축미에 대한 찬탄만 있을
뿐 석굴암의 불보살들에 대한 묘사가 없다.

석굴암은 『삼국유사』를 제외하고는 조선 중기까지 기록이 보이지 않는
다. 석가탑에서 나온 〈서석탑중수기〉(1038)에 석불사 승려가 콩 네 말을 시
주했다고 쓰인 게 유일한 듯하다. 『세종실록지리지』『동국여지승람』『동경
잡기』 등의 총류적 문헌에도 석굴암은 없다.

석굴암은 1907년 일제가 석굴암을 처음으로 '발견'했다고 선전했을 정
도로 숨겨진 곳이었다. 조선 말에는 조씨 가문에 의해 중수되어 1960년대까
지도 부근 사람들이 조가절이라 불렀다. 한 가문의 소유물로 여겨질 정도로
존재감이 미미했던 것이다.

이러한 역사는 석굴암이 감춰졌거나 금지된 성소였음을 시사한다. 물론
발길이 닿기 어려운 위치도 은둔에 한 몫을 했겠지만 그것만으로 걸작에 어
울리지 않는 역사를 설명할 수는 없다.

석굴암의 본래 이름이라는 석불사도 좀 수상하다. 제대로 된 절 이름이
아니기 때문이다. 절의 상태를 단순 설명하는 데 그쳐 고유명사라기보다 보

통명사에 가깝다. 이름 없는 절을 편의적으로 지칭할 때나 쓰이는 이름이다.

불국사에서도 알 수 있듯 보통 절의 이름은 불교의 상징이나 지향 혹은 가치 등을 담는다. 그런데 석굴암 정도의 성소에 겨우 석불사란 이름을 붙였을까? 아마도 의도적으로 본래의 이름을 지워버린 게 아닌가 싶다. 본래 이름이 〈안락국태자경〉의 임정사와 관련됐을 가능성도 있다. "숲속에 있는 청정한 절"이라는 이름이 토함산 숲속에 아미타정토를 형상화한 석굴암과 통하기 때문이다.

김대성 설화 다시 읽기

선덕왕과 원성왕 세력에게는 불국사 역시 경덕왕 대의 융성했던 불교문화를 상기시키는 불편한 건축물이었을 것이다. 그래서 불국사와 석굴암을 엮어 김대성과 관련시킨 이야기를 퍼뜨린 것 같다. 일종의 기억지우기 전략이다. 두 사찰은 경주를 대표하는 건축물인데 『삼국사기』에는 일언반구도 없다.

다른 주요사찰들에 대해서는 세세한 부분도 기록한 경우가 여럿이다.

김대성은 왕명을 받들어 불국사와 석굴암을 기획하고 건축한 최고책임자였을 것이다.

그의 뛰어난 능력은 기록이 없어도 두 건축물이 증명한다. 불국사 건축은 마치지 못하고 죽었지만 그의 사후 신라에는 자연스럽게 그의 능력과 공덕을 찬양하는 이야기가 퍼져나갔을 것이다. 손에 금간자를 쥐고 태어났다는 탄생담이 이를 말해준다. 이러한 상황은 하대를 연 세력이 현전하는 김대성 설화를 만드는 데 아주 좋은 토양으로 작용했을 것이다.

불국사가 김대성의 원찰이 아님은 석가탑에서 나온 〈무구정광탑중수기〉(1024)가 시사한다.

이 문서는 탑의 개창이 경덕왕 즉위 첫해에 이뤄졌다고 말한다.

이는 불국사 건축이 왕의 즉위를 축하하기 위한 것이었을 가능성을 보여준다. 김대성이 왕을 위해 주관한 불사인 것이다. 사실 불국사라는 이름 자체가 개인적 효의 실천과는 맞지 않는다.

김대성 설화가 득남설화의 측면을 지닌 것도 주목할 필요가 있다.

김대성 역시 혜공왕처럼 하늘이 보낸 아이다. 이 하늘은 석굴암의 하늘과 같은 성격이다. 혜공왕의 성스런 탄생을 김대성의 효도 이야기로 덮으려 했지만 원래 이야기의 핵심은 없애지 못한 것이다.

김대성 설화가 토착신앙 우호세력에 의해 만들어졌을 가능성은 설화 안에서도 보인다. 우선 눈에 띄는 것은 김대성의 전생 어머니인 경조慶祖다. 모량리의 가난한 여인이라는데 이름이 심상치 않다. '경하할 조상'이란 뜻이기 때문이다.

이 설화 속 인물들의 이름이 인물의 특성과 관련된다는 것은 부자인 복안福安의 경우에서 분명히 드러난다.

경조는 이름으로 보아 토착신앙과 관련된 여성이었을 것이다. 그런데 설화는 경조를 매우 존중하는 태도를 보인다. 무엇보다 그녀가 지어준 '대성'이란 이름이 다시 태어나서도 그대로 쓰인다. 대성의 정체성이 김문량보다 경조와 관련돼 있다. 즉 대성의 경하할 조상은 경조다.

경조가 가난했던 것은 중대왕실에서 그런 여성들을 홀대했던 탓이 아닌가 싶다. 이는 김유신과의 가슴 아픈 사랑 이야기를 전하는 천관녀 설화에서 알 수 있다. 유신이 천관녀를 끝내 외면했다는 것은 그녀가 꺼려지는 존재였음을 시사하기 때문이다.*

* 『여신을 찾아서』 18장 참고.

물론 가난하게 살던 경조가 복을 누리게 된 것은 아들을 통해 불교에 귀의했기 때문이다. 하지만 이 설화가 불국사와 석굴암의 연기설화이므로 그것은 피할 수 없는 요소다.

또 당시 불교는 동아시아에서 헤게모니를 장악하고 있었으므로 하대 왕실 역시 불교를 신봉했다. 토착신앙을 중시한다 해도 불교와 함께할 수밖에 없었던 것이다.

11 〈안락국태자경〉 서사의 기원과 의도

앞서 자세히 살폈듯 석굴암은 〈안락국태자경〉과 긴밀한 관계에 있다. 〈안락국태자경〉이 석굴암을 근거로 창작됐을 가능성은 매우 높아 보인다. 태자를 기원했던 석굴암이 〈안락국태자경〉을 생산해낸 것이다.

그렇다면 언제쯤 그 서사가 처음으로 등장했을까?

아마도 신라 하대 어느 즈음일 것이다. 〈안락국태자경〉을 깊이 연구했던 사재동 교수는 원형적 서사형태가 신라시대까지 소급될 가능성을 시사했다. 채녀나 유나라는 용어를 근거로 창작시기를 추정한 오대혁의 견해와 통한다. 사재동은 〈안락국태자경〉의 형식이 포교를 목적으로 한 중국의 불교계 서사문학, 변문소설류에 속한다고 보았다. 그런데 중국에서 그러한 작품형태는 당대에 출현했다. 당과 교류가 활발했던 신라에도 불교계 서사문학이 존재했을 가능성이 있다는 것이다.

〈안락국태자경〉의 모본인 한문본의 등장 시기는 고려 때인 12세기 초에서 14세기 초 사이로 추정된다고 한다. 여러 이본들과 변상도를 고려하고, 작품의 형식과 내용 등을 시대적으로 검토한 결과다.

포교승들의 창작으로 보여

〈안락국태자경〉의 원형적 서사가 어떤 내용이었는지는 알 수가 없다.

하지만 석굴암과의 관련성을 고려하면 원형서사를 구성했을 뼈대는 추정할 수 있다. 아마도 기본뼈대는 현전하는 〈안락국태자경〉과 크게 다르지 않은 본생담이었을 것이다.

원형서사의 창작자들은 석굴암을 잘 알고 있던 승려들이었을 것이다.

그들은 감춰진 성소 석굴암의 존재 뿐 아니라 그 굴곡진 역사도 전해 들었을 것이다. 본존불이 원효불이라는 사실은 그들에게 포교의 수단으로 석굴암을 사용하고 싶은 욕구를 강하게 자극했을 듯싶다. 하대의 불교통제 정책 아래서 그 욕구는 더 강해졌을 것이다.

게다가 원효가족을 다 등장시킬 수 있으니 대중포교와 교화를 위해 더 할나위 없는 소재였다. 결혼과 득남을 성불의 과정에 포함시킴으로써 대중들에게 훨씬 매력적으로 다가갈 수 있기 때문이다. 또 여성미의 절정을 보여주는 관음을 통해 여신신앙을 흡수할 수 있는 이점도 있었다.

그 결과 원효를 가공한 인물로 사라수왕과 광유성인이 탄생한 듯하다. 출가승으로서의 원효는 광유성인으로, 소성거사로서의 원효는 사라수왕으로 각색한 후 서사를 창작한 것이 아닌가 싶다. 원래 원효가 승려와 거사로서 이중적 정체성을 가졌기 때문이겠지만 석가불과 아미타불이 혼합된 본존불의 성격이 그러한 상상을 유도했을 것이다.

그들은 불교경전들과 변문 등을 참고해 본생담을 창작하면서 불교설화에 맞는 이름들과 형식을 취한 것 같다. 신라를 범마라국이라 한 것처럼 원효를 사라수왕(광유성인)으로 바꾼 것이다. 『법화경』에 등장하는 사라수왕불이 영향을 주었을 수도 있다.

〈안락국태자경〉에 담긴 젠더권력의 변화

일단 창작된 〈안락국태자경〉 서사는 시간이 흐르면서 점차 발전과정을 거쳤을 것이다.

불교계의 필요에 의해, 혹은 대중포교의 효과를 위해 여러번의 개입이 일어나 서사가 변화되며 풍부해졌을 것이다.

석굴암 자체의 성격도 그렇지만 대중포교를 위해서도 토착신앙적 요소는 처음부터 채택되어 유지되었을 것으로 보인다. 조흥윤은 이와 관련해 아래와 같은 견해를 밝혔다.

〈안락국태자경〉은 우리의 종교문화에서 두 얼굴을 지닌 것으로 드러난다.
무^巫가 그 하나이고 다른 하나는 불교다.

그런데 보다 중요한 것은 무불혼용보다 그 맥락에서 읽히는 젠더권력의 변화다.

무불이 합쳐지면서 토착신앙의 여성존중사상이 불교와 유교의 남성중심사상에 복속되었기 때문이다. 이는 〈별본기림사사적〉에 실린 고기, 소설 『안락국전』, 무가 〈이공본풀이〉 등 이본들에서도 똑같이 보이는 내용이다.

〈안락국태자경〉에서는 부계혈통에 기반한 유교의 효사상이 분명히 보인다. 원앙부인과 사라수왕은 장차 태어날 아이의 이름에 대해 논의할 때 이름에 '효'자를 넣었다.

사라수왕은 또 사백 부인을 거느리는 막강한 가부장이다. 그는 가족의 우두머리이자 뿌리이기도 하다. 때문에 안락국은 어머니와 함께 있지만 아버지를 찾는다. 아버지가 없거나 형식적으로만 존재하는 여신신화들과 대비된다. 주몽과 혁거세, 수로의 경우만 봐도 그렇다.

아들을 낳으면 '효자'라고 하자는 원앙부인의 제안을 거절하고 안락국이라 이름지은 건 사라수왕이었다. 작명권은 그에게 있다. 김대성의 작명권이 어머니 경조에게 있던 것에 비하면 주목할 만한 변화다.

이상의 내용은 깊은 서사분석이 없더라도 쉽게 알 수 있는 가부장제적 화소들이다. 그러나 〈안락국태자경〉은 화소 차원이 아니라 주제 자체가 가부장제의 구축이다. 관음을 통해 여신신앙을 포섭한 후 신성의 차원에서도 가부장제적 위계질서를 세우려 한 것이다.

〈안락국태자경〉의 두 주인공

〈안락국태자경〉은 원앙부인으로 등장한 토착여신의 힘을 불교가 포섭하는 서사다.

원효와 요석공주의 관계와 같다. 때문에 그녀에게는 여신신앙의 상징들과 요소들이 투영돼 있다. 안락국을 낳은 그녀는 출산하는 관음이기도 하다.

원앙부인이 여신이기 때문에 〈안락국태자경〉은 그녀를 존중하는 태도를 보인다. 왕생계의 출처를 그녀에게 두고 있는 게 대표적이다. 원앙부인을 관음으로 성화하기 위해서는 그녀의 성스러움을 부각시킬 필요가 있었을 것이다.

조흥윤은 〈안락국태자경〉에 "원앙부인 본풀이"라는 새 이름을 붙였다. 서사의 주인공이 원앙부인이라고 보기 때문이다. 사재동도 후대의 이본들이 안락국을 제목에 쓰고 있지만 실제적 주인공은 원앙부인이라고 보았다. 그녀가 주도하거나 겪는 사건들이 서사전개의 주축을 이루며 극적인 효과를 만들어내기 때문이다. 사재동은 〈안락국태자경〉의 전체내용을 응축시킨 것이 왕생계라고 보았는데, 왕생계의 출처가 원앙부인이다. 그녀는 사라수왕에게 왕생계를 가르친다.

원앙부인과 사라수왕의 관계는 흥미롭게도 달달박박의 부모 이름을 연상시킨다. 박박의 어머니는 범마이고 아버지는 수범修梵이다. 이름으로 보자면 어머니는 신적인 존재고, 아버지는 수행하는 사람이다. 이러한 관계는 수행자였던 광덕과 관음의 응신이었던 그의 아내에게서도 반복된다.

신라에는 신성한 아내가 수행자 남편을 이끄는 부부관계가 한 전형으로 존재했던 것 같다. 아마도 이는 여사제 전통과 관련이 있을 것이다. 남편보다 뛰어나거나 현명한 아내는 무속신화에도 특징적으로 나타난다. 신라 여성관음의 특징도 남성들을 깨달음으로 인도하는 스승 같은 존재라는 점이다. 이 관계는 고려시대 보덕각시와 승려 사이에서도 다시 변주된다. 이는 일본 여성관음들의 경우 잘 보이지 않는 성격이다.

하지만 〈안락국태자경〉의 주인공을 원앙부인 하나라고 하기는 어렵다. 안락국 또한 주인공이기 때문이다. 그는 원앙부인 못지않게 서사의 흐름을 이끌고 있으며 신이한 능력을 발휘한다. 무엇보다 죽은 원앙부인이 왕생하도록 하는 존재다. 또 그의 이름이 후대 이본들에 제목으로 쓰인 사실에 주목해야 한다. 그 작품들을 만들고 소비한 사람들이 안락국을 주인공으로 여겼음을 알려주기 때문이다.

원앙부인과 안락국은 둘 다 주인공이지만 다른 한편 아니기도 하다. 어느 쪽도 이상적 주인공의 일생을 보여주는 고전적 서사의 전형에 맞지 않기 때문이다. 원앙부인은 왕비가 될 때까지의 서사가 빠져있고, 또 무력하게 죽음을 맞는다. 안락국은 아버지를 찾아나서는 영웅의 모습을 보이기는 하나 너무 어린 나이에 극락으로 가버린다. 어머니의 극락왕생을 돕고는 할 일을

다 마친 듯 사라지는 것이다.

사실 두 사람에게는 각각 맡은 임무가 있었다. 원앙부인은 아들을 낳아야 했고, 안락국은 '아버지의 아들'로 다시 태어난 후 죽은 어머니를 왕생시켜야 했다. 그런데 극락에 간 원앙부인은 더 이상 왕생게를 가르쳐줄 수 있는 과거의 그녀가 아니다.

원앙부인에게서 안락국으로: 왕생게의 이동

〈안락국태자경〉은 시간이 흐를수록 힘을 잃어가는 원앙부인을 보여준다. 처음 말들이 금바리에 흰쌀을 가득 담아 왕성한 생산력을 과시했던 그녀는 왕과 비구를 따라 나선 길에서 뒤처진다. 그리고 결국 범마라국행을 포기하기에 이른다. 발이 아파 못간다고 에둘렀으나 사실은 임신이 원인일 것이다. 여신신앙에서는 가장 상서로운 사건이 불교서사에서는 장애가 되는 것이다.

불국토인 범마라국에 가지 못하는 원앙부인은 온갖 고난을 무릅쓰고 근원적 성소에 이르고야 마는 무속의 여신들과 선명히 대비된다. 바리공주는 그곳에서 약수와 환생꽃을 얻어와 부모를 살려내고, 자청비는 서천꽃밭에서 꽃을 꺾어와 역시 죽은 사람을 살린다. 그럼으로써 여신의 자격과 권능을 얻는 것이다.

하지만 〈안락국태자경〉에서 범마라국에 가는 사람은 사라수왕과 안락국이다.

아버지를 찾아나선 안락국은 여신의 여정에 나선 여자들이 걸었던 길을 그대로 걷는다. 고난과 장애의 과정을 이겨내고 목적지에 다다랐다가 어머니를 살리기 위해 돌아오는 것이다. 원앙부인은 성스런 여정을 통해 생명을 살리는 권능을 얻었던 무속여신들과 달리 살리는 대상으로 격하돼 있다.[58]

안락국은 세 토막 난 원앙부인의 몸을 이어 그녀를 서방정토로 보낸다. 그리고 시간이 지난 후 왕생게를 노래한다. 그런데 이 장면이야말로 〈안락국 태자경〉의 주제가 드러나는 핵심적 장면이다. 〈안락국태자경〉의 긴 서사는 이 장면을 연출하기 위해 짜여진 것이라고 해도 과언이 아니다.

이때 안락국이 노래한 왕생게는 원앙부인이 가르쳐 준 게 아니라 스스로 지은 것이다. 이제 안락국이 왕상게의 새로운 출처로 등장한 셈이다. 원앙부인의 원초적 신성이 아들인 안락국으로 전이됐음을 알 수 있다. 안락국은 이 중요한 임무를 마친 후 극락으로 떠난다. 원앙부인과 안락국은 여신신앙과 불교를 대리하는 두 주인공으로서 젠더권력의 이동을 성공적으로 완수하고 있다.

이런 서사구조에서 보자면 자현장자가 단순히 극적 재미를 위해 동원된 게 아니라는 걸 알수 있다. 젠더권력의 이동과정에서 그의 악행이 필연적으로 요구되기 때문이다. 〈안락국태자경〉 창작자들은 여신신앙의 전통에 속한 원앙부인을 일단 죽여야 했다. 그래야 아들에게 구원받을 기회가 생기기 때문이다. 그리고 그녀를 신성한 부자관계의 뒤쪽에 종속된 존재로 길들일 수 있기 때문이다. 자현장자의 악행이 방편이라는 사실을 여기서 확인할 수 있다.

원효가 의도한 새로운 하늘: 신성한 남성

물론 원앙부인은 신성을 박탈당하지 않는다. 관음보살로 성화되었기 때문이다. 그녀뿐만 아니라 팔채녀 역시 팔대보살이 되었다. 〈안락국태자경〉은 토착신앙을 배척하지 않고 여신들을 불교로 포섭하여 외연을 확장하고자 한다. 불교의 대중화, 토착화 전략이다.

하지만 불교에 포섭된 그녀들의 신성은 보조적이고 열등하다. 신성의 최고 담지자는 남성인 석가모니 혹은 아미타불이다. 석굴암 주실 속 본존불의 위상과 같은 것이다. 그 계보는 아들인 대세지보살을 통해 이어질 것이다.

이렇게 보면 원효의 '자루 없는 도끼' 노래가 다시 들린다.

그것은 단지 부계혈통을 세우기 위한 득남기원 노래가 아니었다. 원효가 궁극적으로 원했던 것은 부계신성의 확립이었다. 여성적 신성을 모계로 계승했던 여신신앙 전통을 뿌리부터 뒤집는 것이었다. '신성한 여성Divine Feminine'을 '신성한 남성Divine Masculine'으로 바꾸는 종교적 혁명이었다. 그래서 그는 "하늘을 떠받칠 기둥"이 필요했던 것이다.

그 기둥은 여신의 오랜 하늘이 아니라 제석천의 새로운 하늘을 떠받쳐야 했다. 하늘에 거주하던 여신들은 이제 "옥황상제에게 죄를 지어 지상으로 쫓겨난 선녀"가 되어야 했다.

남성인 제석천, 혹은 환인이 거주하는 하늘 밑 세상은 과거와는 다른 세상이 될 것이었다. 환인-환웅-단군의 부계계보는 그로부터 생겨났을 것이다. 원앙부인과 웅녀는 기본적으로 다른 존재가 아니다. 『삼국유사』가 전하는 원효와 두 여신의 불화는 이러한 맥락에서 더 잘 이해가 된다.

베르나르 포르는 원효와 요석공주의 결합이 신라왕실을 지탱할 새로운 영적 계보의 출현을 의미한다고 보았다. 그것이 무엇인지 구체적으로 언급하지는 않았지만, 크게 보아 토착신앙에서 불교로의 전환이라는 지향은 부인할 수 없다.

앞서 해석했듯 천주는 당시에 새로 등장한 남근상징일 것이다. 힌두교의 링감이나 남근조각이 가운데 붙어있는 헤르메스의 주상柱像같은 것이 유사 사례다. 원효는 설총을 통해 신라사회의 중심에 있던 여근상징을 밀어낼 남근상징을 새롭게 세웠다. 그럼으로써 스스로 최초의 남근이 된 것이다. 그 남근은 토우에 등장하는 커다란 남성성기와 질적으로 다르다[59] 원효와 무열왕이 세운 남근질서는 지금까지도 이어지고 있다.

천주는 신라 때부터 사찰에 세웠던 나무기둥인 장생長生과도 관련되는 것 같다. 장생표주長生標柱라고도 하는데 장승의 기원이라고 얘기되는 것이다. 경덕왕이 원표대덕에게 장생표주를 세우게 했다는 기록이 남아있다.

영암 월출산 도갑사에는 고려 때 세운 황장생皇長生이 있다. 나무가 아니라 돌이다. 하늘 '황'자가 들어 있어 천주와 의미가 통한다. 그렇다면 우리가 잘 아는 장승은 기본적으로 남성적 신성과 관련해 출현한 것이다. 천하대장군과 지하여장군은 〈안락국태자경〉의 아미타불과 관음이 맺는 관계의 연장선상에 있는 셈이다.

가부장제의 뿌리를 심은 무열왕체제

유교적 부계질서를 확립하고자 했던 무열왕은 종교적으로도 원효와 동맹을 맺은 것 같다.

두 명의 여왕을 옹립할 정도로 힘이 있던 여신신앙을 극복하는 데 유교적 질서만으로는 충분하지 않았을 것이기 때문이다. 그래서 그는 원효를 끌어들였을 것이다. 그 과정에서 요석공주는 자루 없는 도끼, 임자 없는 자궁으로 대상화되었다. 그리고 역사에서 철저히 잊혀졌다. 중요한 것은 원효와 설총 부자관계였기 때문이다.

문경현 교수는 무열왕의 세력구축에 혼인동맹이 매우 중요했다고 말한다.

김유신과 원효 둘 다 혼인동맹을 통해 무열왕과 삼위일체적 통합을 이뤘다는 것이다. 이는 앞서 소개한 원효가 김유신을 도왔다는 이야기가 방증한다. 원효를 지칭하는 말로 서당화상이 있는데 '서당'誓幢은 군대이름이다. 원효는 생각보다 훨씬 더 현실정치와 가까웠던 듯하다.

문경현은 원효의 대중교화도 정치적 측면에서 해석한다. 신라민중에게 불교를 전파하는 일이 왕권의 강화에도 중요했다는 것이다.

어쩌면 설총이 유학자가 된 데는 외할아버지인 무열왕의 의지가 크게 작용했는지도 모른다. 무열왕은 한국불교의 시조격인 원효를 만나 한국유교의 시조격인 설총을 탄생시켜 신라사회에 가부장제란 새로운 질서를 세워나갈 인적 자원을 성공적으로 마련했다.

12 〈안락국태자경〉 서사가
무가에 미친 영향

〈안락국태자경〉에서 보이는 젠더권력의 변화는 불교에 국한된 것이 아니었다.

그것은 무속에서도 나타났다. 무불혼융의 상황이 빚어낸 자연스러운 결과일 것이다. 물론 시기적으로는 더 늦었겠지만 정도에 있어서는 별 다를 게 없었다. 더 심해진 경우도 있다. 제주도의 〈이공본풀이〉는 아예 〈안락국태자경〉 서사를 거의 그대로 받아들였다.

서천꽃밭을 빼앗긴 제주여신

〈이공본풀이〉는 인물들의 이름까지 〈안락국태자경〉과 유사하다.

제주신화의 특성이 반영돼 범마라국이 서천꽃밭으로 바뀌었을 뿐이다. 무가의 내용을 간단히 소개하면 아래와 같다.

짐정국 아들 사라도령과 임정국 딸 원강아미가 결혼한다.

원강아미가 임신했을 때 서천꽃밭에서 사라도령에게 와서 꽃을 지키라는 연락이 왔다. 삼차사가 사라도령을 데리러 오고, 원강아미도 함께 길을 떠난다. 길에서 힘이 부친 원강아미는 천년장자 집에 종으로 팔린다. 사라도령은 아들을 낳으면 할락궁이라 하라 이른 후 다시 길을 떠나고, 원강아미는 아들을 낳는다. 천년장자가 지속적으로 범하려 하지만 원강아미는 핑계를 대며 피한다. 할락궁이가 예닐곱 살이 되자 하루는 어머니에게 콩을 볶아달라고 한다. 원강아미가 콩을 볶자 그는 콩 볶는 손을 뜨거운 바닥에 꾹 누르며 아버지가 누구인지 말하라고 다그친다. 결국 아버지를 알아낸 그는 서천꽃밭으로 떠나고, 원강아미는 천년장자의 손에 죽는다.

고행 끝에 서천꽃밭에 도착한 할락궁이는 꽃감관(서천꽃밭의 주관자)이 된 사라도령을 만나 부자관계를 확인한다. 상봉이 끝나자 사라도령은 "네 어머니가 죽었다"며 할락궁이를 보낸다. 할락궁이는 생명을 살리기도 하고 죽이기도 하는 여러 꽃들을 얻어 돌아온다. 그리고 천년장자 일족을 멸망시키고 어머니의 백골을 찾는다.

뼈들을 모아놓고 꽃들을 문지르니 원강아미가 살아났다. 할락궁이는 어머니를 모시고 다시 서천꽃밭으로 가 아버지의 뒤를 이어 꽃감관이 되었다. 원강아미는 저승어멍이 되었다.

신동흔 교수의 『살아있는 한국신화』에는 무가의 마지막 부분이 이렇게 소개돼 있다.

할락궁이는 아버지 앉던 방석에 올라앉아 서천꽃밭 꽃감관이 되었다. 그 법으로 이 세상에는 할아버지 살던 곳에 아버지가 살고, 아버지 살던 곳을 아들이 물려받아 대대손손 이어가게 되었다.

제주무가에서 저승인 서천꽃밭은 본래 여신의 성소였다.
이는 〈삼승할망본풀이〉가 시사한다. 삼승할망은 서천꽃밭의 꽃을 따서
분주히 돌아다니며 아이를 점지한다. 꽃밭 동쪽의 푸른 꽃으로 점지하면 아
들, 서쪽의 흰 꽃으로 점지하면 딸이 잉태된다. 출산신인 그녀는 뭇생명을 창
조했던 태초의 여신에 뿌리를 둔다. 서천꽃밭은 생사의 근원인 신화적 공간
으로서 무덤과 상징적 의미가 같다.

세계의 토착신앙들에서도 꽃은 흔히 여신과 관련된다. 중국 남부에 거주
하는 쫭족을 비롯한 여러 소수민족들은 삼승할망같은 꽃의 여신 신앙을 전
승하고 있다.

그런데 〈이공본풀이〉는 서천꽃밭을 사라도령과 할락궁이 부자의 성소
로 바꿔버렸다. 그리고 원강아미는 저승어멍이라는 열등한 지위에 배치됐
다. 서천꽃밭에서 여신을 쫓아낸 것이다. 이 때문에 현전하는 제주무가에서
삼승할망은 서천꽃밭으로 몰래 들어가 꽃을 훔쳐 와야 한다. 자청비가 찾아
든 서천꽃밭도 남성 꽃감관이 관리하고 있다.

진드기가 될 뻔한 당금애기

여신의 추락은 앞서 소개한 당금애기 신화에서도 똑같이 반복된다.
그녀의 아들 삼형제가 제석신이 되기 때문이다. 원래 당금애기가 맡았을 하늘신
의 자리를 아들들이 차지하는 것이다. 역시 부계혈통의 확인을 통해서다. 이 신화
는 여신의 하늘이 남성인 제석의 하늘로 바뀌게 된 역사를 정확히 반영하고 있다.
하늘의 거대한 생산력을 빼앗긴 당금애기는 삼승할망처럼 기껏해야 출산신으로
좌정할 뿐이다. 동해안 지역 무가에서는 진드기가 되는 처분을 받았다가 아들들
의 간청으로 겨우 삼신할머니가 되기도 한다. 당금애기가 등장하는 무가는 대개
〈제석본풀이〉라고 불리는데 안락국을 제목에 앉힌 〈안락국태자경〉과 정확히 같
은 상황이다.

제 4 부

여성들의 삶에서 꽃핀 관음신앙

1 여성들의 삶에서 꽃핀 관음신앙

관음신앙은 불교전래 이후 1,600년 간 한국여성들과 긴밀한 관련을 맺고 전개되었다.

물론 적지 않은 남성들도 그/그녀를 신앙했지만 아무래도 주축은 여성들이었다. 관음신앙은 여성들의 삶 속에서 개화됐다고 해도 과언이 아니다.

관음은 아이를 원할 때나 가족의 안녕이나 병의 치유를 구할 때, 혹은 삶의 고난과 역경들을 건너야 할 때 여성들이 가장 친근하게 찾았던 불교의 신격이었다. 아니, 불교의 경계를 넘어 어디서든 불려졌던 민중의 신이었다. 현대 한국에서 관음을 신앙하는 사람들 중 다수도 여성일 것이다.

여성들의 삶과 관음: 묘선의 결혼거부

여성관음의 오랜 역사는 관음과 동아시아 여성들의 특수한 관계를 말해준다. 동아시아에서 관음은 특히 여성들의 다양한 삶 속에서 성장해왔다.

이제 그녀는 곳곳에 들어선 거대한 형상들이 증언하듯 동아시아 최고의 여신으로 부상했다. 관음의 힘은 여성화를 이끌고 여성관음을 전파해온 동아시아 여성들의 힘이기도 하다.

관음이 중국에서 인기 있는 신격으로 부상한 데는 여성들의 역할이 절대적이었다. 송대 이후 관음이 여성화되면서 갈수록 많은 여성들이 관음을 신앙하게 되었기 때문이다. 그들은 비구니나 어머니로서 아니면 불교와 불교미술의 후원자로서 관음신앙을 앞서서 전파했다. 그리고 자신들이 겪는 삶의 문제들과 관음신앙을 관련시켰다.

중국과 대만의 관음신앙에 대해 연구한 바바라 리드는 관음은 사실상 엘리트불교의 종파와 경전들로부터 독립된 존재라고 평가한다. 정토계 경전들에 나오는 아미타불의 협시보살도 아니고, 천개의 팔을 가진 탄트라 불교의 신격도 아니며 심지어 『법화경』에 나오는 구제보살도 아니라는 것이다. 오히려 중국의 전설과 예술, 소설, 연극 그리고 최근의 영험담들에 등장하는 중국의 여성보살이라고 한다.

묘선공주 설화를 보면 그 안에 담긴 당대 여성들의 욕망이 보인다.

이는 두 차원에 걸쳐 있다. 묘선공주가 관음이라고 주장함으로써 여성의 신성을 확보하려는 영적 욕망, 결혼을 거부하고 독자적 삶을 추구하려는 사회적 욕망이다. 묘선공주 설화는 여성의 주체성과 구제능력이라는 측면에서 큰 의미가 있다.

공주는 거듭된 아버지의 결혼강요에도 출가수행을 원했다. 유교의 효 사상과 가족주의 뿐 아니라 남성출가자 중심의 불교 사상과 현실에 대한 도전이다. 묘선의 결혼거부는 특히 중국여성들에게 큰 의미를 지닌 것이었다. 부모가 일방적으로 정해주는 결혼과, 결혼생활에서 생기는 온갖 고통들로부터 탈출하고 싶은 여성들에게 묘선의 길은 매력적인 대안이었다.

이런 관점에서 보면 마랑부관음과 어람관음의 결혼거부 역시 같은 맥락에서 이해할 수 있다. 그녀들이 혼인한 날 급사한 것은 일차적으로 섹슈얼리티에 대한 거부일 것이다. 하지만 결혼에 대한 거부로도 읽을 수 있다.

원앙부인과 묘선공주의 차이

한국관음이 여성화의 정도에서 중국관음에 뒤지는 이유는 무엇일까?

여러 가지가 있겠지만 원앙부인과 묘선공주의 차이도 중요한 이유일 것이다.

묘선공주는 독자적인 비혼여성인데 비해 원앙부인은 결혼을 통해 종속적인 아내의 위치에 배치됐다. 게다가 부계혈통 보장을 위한 아들까지 낳는다.

때문에 원앙부인이 갖는 힘은 묘선공주에 비해 제한적이다. 그녀는 석가와 아미타불, 대세지보살 사이에 보조적 존재로 자리한다. 남성성이 중심인 구도에서 그녀의 여성성은 위축되기 쉽다. 아마도 이런 차이가 완전히 여성화한 중국관음과 그러지 못한 한국관음의 차이를 결과했을 것이다.

게다가 원앙부인은 극락에 가서 남성으로 변했다고 여겨졌을지도 모른다.

앞서 소개했듯 『월인석보』에는 "계집이 정토에 왕생하면 남자가 된다"는 내용이 있는데 〈안락국태자경〉의 앞쪽에 편집돼 있다. 전생이 원앙부인이라도 이러한 교설 때문에 관음이 여성으로 인식되는 데 장애가 발생했을 수 있다.

그러나 원앙부인이 가부장제의 아내이자 어머니이기만 한 것은 아니다. 앞서 설명했듯 그녀는 서사의 주인공이며 왕생게의 원래 출처다. 사라수왕과 안락국에게 왕생게를 가르친 스승이기도 하다. 그녀 안에는 아버지와 승려를 깨우친 보덕각시가 있다.

결혼을 거부한 수덕각시

결혼은 과거 적잖은 한국여성들에게도 피하고 싶은 운명이었다.

특히 엄격한 유교 가부장제 틀에 맞춰 살아야 했던 조선시대의 경우가 그렇다. 그래서인지 한국에도 마랑부관음과 유사한 이야기가 존재한다. 충청남도 예산 수덕사의 수덕각시 설화다.

백제 시대 창건된 수덕사가 오랜 세월이 흘러 퇴락이 심해졌다. 중창불사를 일으켜야 할 상황이었으나 절에 돈이 없었다. 그러던 어느 날 묘령의 여인이 찾아와 공양주를 자청했다.

그녀는 미모가 빼어나 인근에 수덕각시로 알려졌다. 통일신라 대부호의 아들인 정혜가 청혼하자 각시는 불사가 원만히 성취되면 결혼하겠다고 약속했다. 정혜는 3년 만에 불사를 끝냈다.

낙성식에 참석한 정혜는 수덕각시에게 함께 갈 것을 독촉했다. 각시는 옷을 갈아입겠다며 옆방으로 들어갔는데 기다려도 나오지 않았다. 정혜가 문을 열고 들어가려 하자 각시는 급히 다른 방으로 피하려 했다. 당황한 정혜는 그녀를 잡으려 손을 뻗었다.

순간 옆에 있던 바위가 갈라지며 그녀가 그 속으로 사라졌다. 남은 것은 버선 한 짝 뿐이었다. 이후 갈라진 바위 사이에서는 버선 모양의 꽃이 피고 있다. 수덕각시는 관음의 화신이었다.

이 설화가 언제 발생했는지 모르겠으나 마랑부관음이나 어람관음 설화의 영향을 부인하기 어렵다. 그런데 보다 근원적인 뿌리는 여신신앙에 있다. 커다랗게 틈이 갈라진 바위는 그 형태에서 알 수 있듯 여성성기를 상징하기 때문이다. 그래서 전국 곳곳에서 여근바위라고 불린다. 여신신앙과 관련된 바위였기 때문에 관음설화가 만들어졌을 것이다.

현재 관음바위 옆에는 최근에 조성된 여성스런 관음상이 서 있다.

여성공동체 금란회와 관음

중국의 관음신앙이 여성들의 삶에 미친 영향을 얘기할 때 대표적으로 거론되는 사례가 있다. 금란회라는 여성조직이다. 이 조직은 청나라 말기에서 민국民國 초기에 걸쳐 광동에서 활동했다.

금란회는 결혼을 거부한 자소녀自梳女와 결혼을 했으나 남편과의 동거를 거부하는 불락가不落家로 이루어져 있었다. 이들은 고파옥姑婆屋이라는 공동거처에 거주하면서 여성공동체를 형성하고 서로 도우면서 자립적인 경제활동을 꾸렸다. 자매애로 뭉친 자소녀들은 제사製絲공장의 여공인 경우가 많았다. 금란회는 종교적인 성격이 강해 여러 여신들을 모셨는데 그 중심에 관음이 있었다.

자소녀는 자소 혹은 소기라는 의식을 통해 다른 여자들과 자매관계를 맺었다. 이 의식은 고파옥에서 이루어졌다. 보통 인적이 드문 새벽에 관음 앞에 예물과 음식을 차려놓고 영원히 결혼하지 않을 것을 맹세하는 형식이었다. 관음은 결혼하지 않은 신으로서 자소녀들의 수호신으로 받들어졌다. 한번 자소의식을 치른 후에는 주어진 규율을 지켜야 했고, 평생 번복할 수 없었다고 한다.

독신으로 살고 싶어도 결혼을 피할 수 없었던 여성들은 불락가를 택했다. 결혼식 등 일정한 절차를 거친 후에 남편과 따로 사는 것이다. 결혼식을 올려도 동침은 거부되었다.

이들이 이토록 완강하게 결혼생활을 거부한 이유 중 하나는 그것이 주는 고통과 구속이었다. 또 종교적으로 높은 경지에 이르고자 하는 열망도 있었다. 결혼을 거부하고 종교적 열망을 따르는 태도는 묘선공주의 영향이었다. 금란회는 관음을 천후天后라는 여신과 함께 그들의 선택을 정당화하는 여신으로 받들었다.

이러한 현상은 1970년대 홍콩에서도 나타났다. 당시 홍콩에도 공동체를 꾸려 함께 사는 독신여성들이 있었는데 이들 역시 관음을 신앙했다. 그녀들은 관음을 불교의 신격이라기보다 자신들이 동일시할 수 있는 여성영웅처럼 여겼다. 관음은 강하고 독립적이며 성공적인 삶을 산 여성으로서 그녀들이 선택한 삶을 신성화하고 합법화했다.

이러한 경향은 당시 중국 본토에도 존재했다. 췬팡위는 1987년 현장연구차 방문한 항주에서 여성순례자들을 만났다. 그런데 이들은 결혼을 거부한 관음 혹은 묘선공주의 선택을 동경했다고 한다.

이상의 사례들은 관음이 전통적 삶에서 벗어나고자 했던 여성들에게 하나의 롤모델이자 수호신으로 기능했음을 알려준다.

여성들의 수호신, 관음

여성들의 수호신으로서의 관음은 수많은 관음영험담들에 나타난다.

관음신앙이 여성들의 삶과 긴밀하게 얽혀 발전하면서 생긴 자연스런 결과일 것이다.

역사적으로 관음은 곤경에 처한 여성들을 구해주는 신이었다. 일본 불교설화집들에 실린 관음설화 중 가장 흔한 유형이 여성구제담이다.

앞서 소개한 신라왕비 이야기는 특히 관음과 여성들의 동맹관계를 시사한다. 혼외정사를 벌여 위기에 처한 왕비를 관음이 구해주었다는 것은 관음이 여성의 편에 서 있음을 말해주기 때문이다.

『삼국유사』에도 관음에게 구제를 받는 여인이 등장한다. 경덕왕 때 살았던 희명이다.

그녀의 아이가 태어난 지 5년 만에 갑자기 장님이 되었다. 분황사 벽에 그려진 천수관음상 앞에 아이를 안고 가 노래를 부르며 기도하게 했더니 아이가 다시 눈을 뜨게 됐다. 애끓는 모정에 관음이 응답한 것이다. 아마도 희명은 여사제 전통에 속한 여성이었을 것이다.

『사씨남정기』에서도 관음은 주인공 사씨가 위기에 처할 때마다 직간접적으로 개입해 사씨를 돕는다. 때문에 『사씨남정기』를 관음설화의 계보를 잇는 소설로 해석하기도 한다.

곤경에 빠진 여성을 돕는 관음의 역할은 무가에서도 발견된다. 김해 강분이 본 바리공주 무가에서는 관음의 도움으로 바리공주가 천리 길을 단숨에 이동한다. 『사씨남정기』의 독자였을 상류층 여성들이나 굿판의 여성들 모두에게 관음은 수호신으로 여겨졌던 것이다.

여성의 몸을 옹호한 관음

불교교리에 의하자면 관음의 여성 몸은 환영 같은 것이다.

인간여성의 실제적 몸과는 다르다. 그러나 관음신앙이 임신과 출산 등 여성 몸의 문제들과 관련해 전개되면서 또 민간 여신신앙과 섞이면서 관음은 실제 여성 몸에 가까워졌다. 그리고 여성의 생리적인 몸을 옹호하기도 했다. 『삼국유사』에 나오는 월경수건 빨고 아이를 낳는 관음도 한 예가 될 것이다. 그런데 중국 보타도 단고도두短姑道頭에도 유사한 설화가 전한다.

오래전 올케와 언니 두 사람이 보타산의 관음을 만나러 배를 타고 왔다. 그런데 사람들이 다 해안에 올랐는데 올케만 배 안에서 꼼짝도 하지 않았다. 언니가 재촉하니 월경이 와서 몸이 깨끗치 못하므로 불문성지에 들어가기 어렵다는 것이었다. 언니는 원망을 하며 염불바구니를 들고 사람들과 산으로 갔다. 그런데 이때 죽림에서 한 노파가 한손에는 지팡이, 한손에는 참대바구니를 들고 배가 있는 곳으로 다가왔다. 오면서 돌멩이를 주워 바다에 거푸 던졌는데, 그때마다 돌멩이가 큰 바위로 변해 해안은 부두가 되었다. 노파는 배 위에 올라 올케에게 웃으며 먹을 것을 내놓았다. 어떻게 알고 왔냐고 물었더니 언니가 보냈다는 것이었다. 노파는 올케가 식사를 마치자 돌아갔다. 그러나 얼마 후 돌아온 언니는 자신은 그런 노파를 보낸 일이 없다고 했다. 배 주인이 얘기를 듣고는 틀림없이 관음보살이라고 했다. 언니가 절의 대웅보전에 달려가 보니 관음보살의 옷자락에 아직도 바닷물에 젖은 흔적이 남아 있었다.

이 설화에서 관음은 월경 때문에 곤경에 처한 여성을 돕고 있다. 불교의 관점으로 "깨끗치 못한 몸"이라 여긴 두 여성과 달리 관음은 직접 그녀에게 나타나 함께 했던 것이다. 뿐만 아니라 위 이야기는 진짜 관음을 만난 사람은 월경하는 여인이었음을 말해주기도 한다. 월경하는 여인만이 관음을 만날 수 있다면 월경이야말로 신성한 것이다. 여성의 몸을 부정한 것으로 혐오하는 불교의 입장을 정면으로 부인하는 내용이다.

2   동아시아 여성관음의 한계: 유교적 관음

이상 소개한 여성관음의 성격은 관음신앙에 대한 현대적 평가에서 매우 중요한 측면이다. 성평등이 시대의 대의로 부상하고, 여성들의 주체적 삶이 추구되는 현실에서 더 나은 미래를 위해 소중한 역사적 자원이 될 수 있기 때문이다.

하지만 동아시아 관음신앙의 전체지형에서 볼 때 이는 총론이 아니라 한 각론에 그친다. 강고한 유교 가부장제가 관음 또한 순치시켰기 때문이다.

리드는 중국여성의 삶과 관음신앙의 관계를 양가적으로 평가한다.

관음은 독립적이든 전통적 길을 따랐든 여성들이 필요로 하는 힘과 도움을 제공해온 신격이었다. 하지만 대다수 여성들은 결혼을 피하는 게 아니라 그에 잘 대처하기 위해 관음을 찾았으며, 특히 아들을 얻기 위한 신행이 두드러졌다. 가부장제 가족제도에 저항하기보다 그 속에서의 고통과 욕망을 잘 다루기 위해 관음을 필요로 했다는 말이다. 그러나 전체적으로는 긍정적인 역할이 더 컸다는 입장이다.

췬팡위는 리드보다 유보적이다. 물론 그녀도 묘선공주가 유교의 가족 이

데올로기와 불교교리 모두에 도전했으며, 그녀의 영향으로 금란회 같은 조직이 생길 수 있었다고 인정한다.

그러나 그녀는 관음이 진실로 여성의 실제적 삶과 잘 만났던 것인지 의문을 제기한다. 여성의 오염 혹은 열등성에 대한 전통적 관념이 그대로 남아있어 여성관음이라 해도 실제여성들과 직접적으로 만나기 힘들었다는 것이다. 쉽게 말해 여성관음은 현실 속 여성들과 다른 차원의 존재였다. 췬팡위의 이런 지적은 금란회의 여성들 역시 여성의 몸과 섹슈얼리티를 부정하고 내세에 남자로 태어나길 원했던 사실을 상기시킨다.

췬팡위는 중국여성들이 묘선처럼 가부장적 집을 떠나지 않았다고 본다. 그 결과 관음신앙은 부계계승을 중심으로 한 유교의 가족가치들에 봉사하게 됐고, 불교의 유교화라고 할 만한 현상을 불러왔다는 것이다. 그녀는 "중국의 모든 집에 관음이 모셔져 있다"는 말은 결국 관음이 주로 보이는 곳이 유교적인 집안이라는 얘기라고 꼬집는다.

전통적 어머니상과 연관

한국의 여성관음 역시 유교화의 과정을 거쳤다.

앞서 설명했듯 〈안락국태자경〉이 좋은 사례다. 『사씨남정기』에서 사씨는 관음을 아예 유교의 이상적 여인상인 임사와 동일시했다.

유교화된 관음은 현대 한국의 관음신앙에서도 두드러진다. 불자들은 관음의 여성성을 유독 모성의 맥락에서 이해하는 경향이 강하다. 그 결과 관음신앙이 무조건적 희생과 헌신, 인내가 요구되는 전통적 어머니상을 유지시키는 데 기여해온 측면이 있다. 또 가족이기주의의 한계를 벗어나지 못하기도 한다. '부처는 아버지 같은 존재고, 관음보살은 어머니 같은 분'이라는 인식도 있다. 부처와 관음이 부지불식간에 가부장제적 부부관계의 구도로 이해되고 있는 것이다.

동아시아 관음신앙의 이러한 현실은 성평등이 보편가치로 수용된 현대에 문제적이다.

때문에 시대에 맞는 새로운 관음상을 정립할 필요가 절실하다. 그런데 이 시대적 요구는 특히 관음의 경우 어렵지 않게 충족될 수 있다. 관음은 시대와 장소, 문화까지 구애받지 않고 자신을 필요로 하는 사람들의 요구에 부응해 얼마든지 새로운 모습과 성격으로 응신할 수 있는 존재이기 때문이다. 자유자재의 걸림 없는 신격이다.

여기서 다시 생각해 볼 것이 친팡위가 설명한 여성관음의 등장배경이다.

관음이 제도불교와 신유교의 가부장제적 태도에 대한 반동으로 여성화되었다면 여성관음의 탄생부터가 페미니즘적 맥락에서 해석될 수 있다. 한국 여성관음이 신라 중대부터 나타나는 것도 같은 맥락인지 모른다. 원효와 만난 관음들은 페미니즘과 가깝다.

시대의 새로운 가치인 페미니즘과 관음은 얼마든지 새롭게 만날 수 있는데 이러한 관점에서 주목할 것이 바로 서구에서 등장한 여신관음이다.

제1부에서 간단히 소개했듯 서구 여신관음은 페미니즘 영성의 자장 속에서 태어난 현대 관음이다. 그녀는 서구여성들의 삶의 현장에서 그녀들과 소통하며 힘을 주고, 여성적 신성 혹은 영성을 고양시키는 매우 매력적이며 미래지향적인 여신이다.

3 서구여성들이 만난 관음:
페미니스트 여신

현재 서구에서 관음이 여성들과 어떻게 만나고 있는지를 가장 잘 알려주는 사람은 샌디 바우처다. 페미니스트 불교 수행자이자 작가인 그녀는 관음의 열렬한 신앙자로 여러 권의 책을 저술했다. 미국여성들의 관음신앙을 탐구한 『관음 발견하기』를 1999년 출간했고, 2015년에는 더 깊고 풍부한 내용을 담은 속편 격의 『그녀 나타나다!-자비의 여신 관음과의 만남』을 내놓았다. 관음을 만나 깨우침을 얻고 큰 도움을 얻은 여성들이 자신의 경험을 글로, 예술로 표현한 것들을 다채롭게 모은 책이다. 그녀는 이 책을 출간하게 된 계기를 다음과 같이 밝혔다.

『관음 발견하기』를 출간한 직후부터 관음에 대한 얘기들이 내게 쏟아져 들어오기 시작했다. 고통과 무기력의 시기에 관음이 어떻게 나타났는지 그리고 관음의 방문이 어떻게 사람의 의식을 바꾸고 위안을 주었는지, 혹은 격려하고 치유했는지 말해주는 이야기들이었다.

그림과 조각, 판화 등으로 표현된 관음의 이미지들도 들어왔다. 강력한 것도 있고 기발한 것도 있었는데, 그것들이 만들어지게 된 상황에 대해 짧은 설명이 덧붙여진 경우가 많았다. 이것들은 대개 미국 내에서 왔지만 일부는 캐나다, 오스트레일리아, 그리고 남아프리카에서 왔다. (…)

서양 여성들과 남성들의 삶에 이토록 생생한 영향력을 행사하는 이 아시아의 여신은 누구인가? 그녀는 왜 그리고 어떻게 그렇게 많은 사람들의 가슴 속으로 들어왔는가? 그녀의 이름은 "세상의 (울음)소리를 듣는 여자"를 뜻한다. (…) 관음은 불교에 근원을 둔 것으로 잘 알려져 있지만 여신숭배자들, 가톨릭 신자였던 사람들, 도움이 필요한 사람들 사이에서도 널리 경배된다(…)그녀의 사명에 따라 관음은 고통받는 누구에게든 가장 필요한 때 모습을 드러낸다. 아무 조건도 없이.

바우처는 1982년 캔자스 시 넬슨-앳킨스 박물관에서 유명한 남해관음상을 보고 깊은 인상을 받은 후 관음에 관심을 갖기 시작했다. (사진자료 16 참조)

그리고 관음의 자비심을 통해 영성을 계발했을 뿐 아니라 암이 발병했을 때 관음에 의지해 투병시기를 견뎌내고 치유될 수 있었다. 자신의 삶에서 관음의 힘을 직접 체험한 것이다.

관음의 보관에 자리한 위대한 여신

『그녀 나타나다!』는 서구여성들이 고백한 관음과의 만남을 여섯 개의 장으로 분류해 소개한다. 그녀들에게 관음은 자연에 살아있는 신성한 힘이자 형상이며 질병의 고통 속에 있을 때 찾아와 위로하고 치유해 주는 신이다. 또 자비로운 어머니이며 구제가 필요할 때 찾아와 영적 성장을 이끄는 안내자이다. 그녀는 내 밖에도 있고 내 안에도 있다.

그런가 하면 관음은 전사적 기질을 가진 사회활동가이기도 하다.

증오와 혼란, 의심이 지배할 때 관음은 칼을 들어 그것들을 끊어내며, 지혜와 정의의 길로 용감하게 나아가도록 독려한다. 친절과 부드러움이 오히려 문제를 악화시킬 때는 관음의 "맹렬한" 자비를 사용해야 하는 것이다. 이는 동아시아 여성관음에게서는 찾기 힘든 성질이다. 마지막으로 관음은 죽음을 마주한 사람들에게 위안을 주고 편안히 죽음을 맞을 수 있도록 도와주는 존재다.

관음이 서구여성들과 맺고 있는 관계는 새롭게 창조된 그녀의 이미지나 형상들을 통해서도 알 수 있다. 위 책에도 매우 흥미롭고 놀라운 이미지들이 다수 담겨 있다.

한 여성은 유방암 생존자들을 위해 가슴이 하나인 관음상을 그렸고, 다른 여성은 사막 위에 산의 형상으로 앉아있는 관음을 그렸다. (사진자료 17 참조) 하와이의 화산의 여신 펠레와 함께 있는 관음, 성모 마리아와 나란히 앉아 있는 관음도 있다. 명상 중인 관음의 연꽃자궁에서는 치유의 물과 에너지가 흘러나와 물결을 이룬다.

가장 인상적인 것은 유구한 여신의 역사를 표상하는 관음이다.

카렌 보겔이라는 여성이 나무에 조각한 관음상인데 얼핏 보면 전통적 윤왕좌 관음상에 현대적 터치를 가한 정도인 것 같다. 하지만 내용은 전혀 다르다. 관음이 쓰고 있는 보관의 중앙에는 아미타불이 자리하기 마련인데 태고적 여신상이 대신하고 있기 때문이다. 구석기 시대 여신상으로 유명한 로셀의 비너스다. 관음의 가슴도 볼록 솟아있다. (사진자료 18, 19 참조)

보겔은 관음을 불교전통에서 빼내 선사시대 이래의 여신전통 속에 재위치시켰다. 이는 불교 가부장제에 대한 도전이면서 동시에 여성관음을 탄생시킨 여신신앙을 불러내는 매우 정치적인 행위라고 할 수 있다. 물론 유구한 불교전통 속 관음을 섣불리 전유했다는 비판은 피하기 힘들 것이다.

어쨌거나 흥미로운 것은 과거 토착여신들을 포섭하며 여성화됐던 관음이 이제 여신운동에 거꾸로 포섭되고 있는 현실이다. 고향인 인도를 떠나 동아시아에서 여성으로 바뀐 관음이 다시 서구로 가서 현대적인 여신으로 거듭나고 있는 것이다. 구원을 요청하는 모든 중생들의 상황과 요구에 맞게 천변만화하는 보문시현의 능력이 글로벌한 차원에서 더 확장된 결과다.

관음이 발현하는 여성적 신성

서구여성들에게 관음이 가지는 의미는 『그녀 나타나다!』에 실린 추천사들을 통해서도 알 수 있다. 서구불교계와 여신운동 진영에서 유명한 여성들이 다수 추천사를 썼다. 그중 리타 그로스, 진 시노다 볼린 그리고 설산수행으로 유명한 텐진 팔모 스님의 추천사를 간략히 소개한다.

이 책에 실린 내용들은 불교학자와 수행자들 모두에게 적절할 것이다. 학자들에겐 많은 사랑을 받는 이 동아시아 여신이 어떻게 지금 여기에서 사람들의 삶에 영향을 미칠 수 있는가에 대한 동시대적이고 문화적으로 친근한 설명들을 제공한다. 수행자들에겐 동양 출신이지만 서양인들의 삶 속으로 들어온 이 여신을 더 신앙하게 만드는 직접적인 영감을 제공한다.
– 리타 그로스(종교학자, 불교 페미니스트)

(이 책에서) 관음은 여러 형태로 왔다: 대개는 위기의 시기에 깊은 자비심, 힐

링 에너지, 무조건적 모성애로. 그녀는 종종 느낄 수 있는 현존이고 또한 이미지로 보여진다. 그녀는 심리적 원형이고 아시아 여신이며 불교의 보살이다. (…) 구원을 요청하는 모든 이들에게 관음은 자비심을 쏟아붓고 위로를 준다.

– 진 시노다 볼린(정신분석가, 신경정신과 전문의)

어머니와 함께 안거에 들어갔을 때였다. 어머니는 입문식을 받기로 된 날 아침에 일찍 일어났다. 그런데 흰색 타라가 연꽃을 쥐고 옆에 서 있는 것이었다. 타라는 빛 속으로 사라지면서 연꽃을 어머니에게 건넸다. 후에 라마는 말했다.

"누구든 타라를 보게 됩니다."

물론 심리적 투사라고 말할 수 있을 것이다. 그러나 분명한 사실은 그녀가 나타났다는 것이다! 타라, 관음 혹은 성모 마리아로서의 여성적 신성은 우리에게 매우 가까이 있고, 언제든 가능할 때 도와줄 준비가 돼 있다. 그녀의 자비로운 조력은 아이와 함께 있는 엄마처럼 실재하는 것이다. 여러 형태와 변장한 모습들로 나타나면서, 여성적 신성은 우리 모두를 위해 그곳에 있다.

우리가 그녀에게 다가가고자 한다면.

– 텐진 팔모(티벳불교 비구니)

서구에서 등장한 33관음도: 관음의 페미니스트 에너지

서구여성들은 동아시아의 33관음도도 새롭게 창조했다. 이는 2007년 출간된 『관음: 여성적 신성의 힘에 다가서기』라는 책에 담겨 있다. 관음을 오랫동안 신앙해온 영성가 다니엘라 셴커가 친구와 함께 동양전통과 서구전통을 함께 고려해 만든 책이다. 그들은 묵상을 위한 33개의 관음 이미지들을 창조했다. 셴커의 설명을 보면 서구여성들이 관음을 어떻게 받아들이고 있는지 한 단면을 알 수 있다.

> 우리 둘은 관음의 페미니스트 에너지를 개발시켜 그것을 서구독자들에게 전달하고자 했다. 비록 고대 문서들은 이 신격의 남성적 재현에 대해 자주 언급하고 있지만 우리는 그녀를 오늘날 가장 공통적으로 알려진 대로 묘사했다. 오로지 여성형태로만 그린 것이다.
> 그녀는 불교의 자비의 이상을 체현한 존재이자 치유와 자비의 정병을 들고 있는 강력한 치유자일 뿐 아니라 남성지배 사회의 제한들에도 불구하고 수세기에 걸쳐 여성적 이상들feminine ideals을 보존해온 여성들의 강력한 에너지를 나타내는 예이기도 하다.

이들이 만들어낸 33관음도는 대체로 전통적 양식을 따르고 있으나 완전한 여성형상이고 이름도 상당한 정도로 다르다. "비이원성 관음", "통합의 관음", "어머니 관음", "무외無畏 관음", "기쁨의 관음", "기도의 관음", "정수淨水 관음", "의술의 관음", "푸른 목의 관음", "불경을 든 관음" 등이 새롭게 등장했다. (사진자료 20, 21, 22 참조)

당연히 이미지에도 변형이 일어나 관음이 흰 사자를 타고 있거나 해골막대를 들고 있거나, 포도와 도끼를 들고 있다. 도끼는 악의 힘에 대적하고 중생을 억압으로부터 보호하는 상징이라고 한다. 팔이 여러 개인 관음도 보인다. 이 책의 서문에서 관음은 "우주의 신성한 여성적 힘의 체현"으로 소개돼 있다.[60]

4 여성부처가 필요하다

서구여성들에게 관음은 자비의 여신만이 아니다. 페미니즘의 맥락에서 여성적 신성을 표상하는 강력한 여신이기도 하다. 동아시아에서도 관음은 여성들과 특별한 관계를 맺어왔지만 서구에서는 한 차원 또 달라진 관계를 보이고 있다.

그렇다고 관음이 여성들과 배타적인 관계를 맺고 있는 것은 아니다. 적지 않은 남성들도 관음여신을 신앙하고 있기 때문이다. 서구에서 등장한 여신 관음이 현대여성들, 더 넓게는 현대사회에 던지는 의미는 무엇일까?

바우처가 여신관음에 대해 밝힌 아래의 견해부터 보자.

여성으로 태어난 우리는 여성 몸을 한 영적 안내자를 보고 싶어 한다. 불교는 깨달음이 젠더를 초월한다고 주장하는데 이는 물론 누구든 사려 깊은 사람에게는 합당하게 느껴질 것이다. 하지만 아직 깨닫지 못한 우리들은 일상생활과 영적 공동체에서 작동하는 젠더 차이와 불평등을 겪고 있다. 우리는 우리에게 영감을 주는 존재들이 여성의 몸을 하고 있는 걸 너무나 보고 싶다.

만약 내가 부처의 경지에 오르고 싶다면, 내가 여성의 몸으로 매일 경험하는 의식과 반응들을 같이 나누는 부처의 모델을 갖는 것이 나의 발전을 위해 얼마나 더 좋을 것인가.

내가 남자라 하더라도 여성부처를 보면 안도할 것이다. 보다 통합적인 불교의 길을 보게 돼서 감사할 것이다.

바우처가 말한 대로 불교에서는 깨달음 혹은 불성이 젠더와 무관하다고 가르친다. 성별 자체가 근본적으로 실체 없이 공한 것이기 때문이다. 하지만 그렇다고 불교에서 성별을 인정하지 않는 것은 아니다. 천녀와 사리불의 대화에 나오듯 성별은 있는 것도 아니지만 "없는 것도 아니기" 때문이다. 즉 색즉시공만 있는 게 아니라 공즉시색도 있다. 없음(공)과 있음(연기)이 공존하며 움직이는 것이다.

젠더가 인정되지 않았다면 불교 가부장제와 성차별이 발생하지 않았을 것이다. 더구나 가르침과 달리 불보살의 몸은 남성으로 표상된다. 정토 역시 남성들의 땅이다.

가부장제 이후의 불교와 성적 차이

깨달음이 성별을 초월한다는 불교의 교리는 흔히 성평등한 것으로 이해된다. 하지만 포르는 그렇게 보지 않는다.

불교 교리의 성별 부정은 성평등의 관점이라기보다 초월을 지향하며 몸을 부정하는 관점에서 이해해야 한다는 것이다.

그리고 불교에서 세속적 성적 차이와 깨달음 차원의 평등은 후자가 전자를 무력화하는 게 아니라 오히려 상호의존적이다. 깨달음의 차원이 드러나기 위해서는 현실 속에서 성적 차이나 차별이 전제돼야 하기 때문이다. 즉 현실의 성적 차이는 궁극적인 성별 초월의 짝이다. 간단히 말해 비이원론의 이원적 관점이다.

포르는 불교에서 깨달음이 남성성과 관련돼 온 역사도 지적한다. 깨달음의 상태가 남성의 몸이나 그 활동과 관련해 표상돼 온 것이다. 부처가 갖췄다고 하는 삼십이상 팔십종호가 대표적이다. 인도불교는 물론 선불교의 역사도 마찬가지다. 그러므로 전녀성남의 논리가 등장하는 것이다.

포르는 대승불교가 성별을 부정하는 수사적 평등만을 말하고 있을 뿐 아니라 그것이 변혁의 시도를 막는 기능을 한다고 비판한다. 막스 베버가 말했듯 "성적 차이의 상징적 폐기는 성차별과 함께 한다"는 입장이다. 따라서 불교가 진실로 차별없는 평등한 종교로 거듭나기 위해서는 성적 차이를 드러내야 한다는 것이다. 즉 남성부처만이 아니라 여성부처도 있어야 한다. 이는 여신관음의 존재나 역할과 관련해 매우 중요한 통찰이다.

이와 관련해 주목되는 존재가 티벳불교의 타라여신이다. 그녀는 여성과 남성의 구분이 없음을 보이기 위해 계속 여성의 몸을 취할 것을 서약했기 때문이다.

세속의 공주였던 타라가 보리심을 일으키자 승려는 "가르침에 맞게 수행하면 남성으로 몸이 변할 것"이라고 했다. 그러자 오랜 토론 끝에 그녀는 이렇게 말했다.

"이 세상에 남성이니 여성이니 하는 구별은 없다. 어리석은 중생들이나 이것에 의해 미혹될 뿐이다…. 남성의 형상으로 깨달음을 얻으려는 이는 많으나 여성의 형상으로 중생의 편안함을 위해 일하려는 이는 거의 없다. 그러므

로 나는 여성의 형상을 가지고 윤회가 없어질 때까지 중생의 편안함을 위해
일하겠다."

그로스 역시 젠더에 무관한 "가부장제 이후의 불교"를 구축하려면 역설
적으로 젠더를 거론해야 한다고 말했다. 평등하고 통합적인 불교를 위해서
는 여성 젠더가 분명히 드러나야 한다는 것이다. 한국의 불교학자인 안옥선
도 불교가 양성적으로 재구성될 필요를 주장했다. 불교교리는 성별의 공성
만 얘기하는 게 아니라 가변적 성별을 긍정하므로 불교계가 성차별 논의를
거부해서는 안 된다는 것이다.

여성의 신성을 옹호한 신라 여성관음

한국 여성관음의 역사에서 우리가 특히 주목할 것은 신라의 관음이다.
그녀들은 서구의 여신관음과 비견될 정도로 여성의 몸과 지혜 그리고 신
성을 옹호했기 때문이다. 흥미롭게도 중국과 일본에서는 큰 영향을 미쳤던
『혈분경』이 한국에는 수용되지 않았다고 한다. 월경수건을 빨고 출산을 했
던 그녀들이 있었기 때문 아니었을까?
석굴암 십일면관음은 육감적인 몸으로 여성의 섹슈얼리티를 발산한다.
대상화된 것이 아니라 주체적이고 성스러운 섹슈얼리티다. 그 강력한 힘은
앞서 소개한 현대 문인들의 시를 통해 잘 느낄 수 있다. 경덕왕이 아들을 낳
기 위해 지은 것이지만, 아니 오히려 바로 그 이유 때문에 석굴암의 실질적
주인공은 십일면관음이라고도 할 수 있다.
십일면관음은 석굴 맨 뒤 가장 깊숙한 곳에 현묘한 여성으로 서 있다.

생명을 주는 물이 가장 많이 나오는 곳이다. 주실 밖에서는 본존불에 가려 보이지 않지만 그녀야말로 본존불을 탄생시킨 만병 같은 존재인지 모른다. 그렇게 둘은 불이의 관계를 이룬다. 밖에서 보이는 주실은 현상계이고 뒤쪽에 감춰진 십일면관음은 근원계라고 할 수도 있다.

십일면관음 머리 위의 연화문 광배도 더 깊이 생각해 볼 필요가 있다.

불교적 성스러움과 함께 근원적 자궁을 뜻하는 중의적 상징일 수 있기 때문이다. 아미타 정토에 왕생할 때 연꽃 위에서 태어난다는 연화화생 사상은 연꽃이 자궁상징임을 시사한다. 밀교에서는 연꽃이 자궁의 상징인데 십일면관음은 밀교계 관음이다. 인도의 고대 민속에서도 연꽃은 여성의 생식력을 표상했다.[61] 이는 인도불교 자체에도 토착신앙이 습합됐음을 말해준다. 앞서 말했듯 신라 여신신앙에서도 꽃은 자궁을 상징했다. 석굴암이 기자치성소였다는 사실은 연화문 광배가 석굴이나 샘물과 같은 자궁상징이었을 가능성을 높인다.

석굴암을 건축한 사람들은 〈안락국태자경〉 창작자들과 달리 본존불과 십일면관음을 위계적 관계로 상상하지 않은 것 같다. 관음은 본존불을 협시하지 않는다. 둘은 서로 일치하면서도 독립적으로 자리한다. 또 관음은 머리 위의 연화문 광배와 함께 주실의 둥근 벽면에 자리한 많은 존상들을 거느리며 본존불을 에워싸고 있다.

5 보덕의 잃어버린 성기 되찾기

〈안락국태자경〉은 원앙부인을 가부장제 가족 내에 위치시켰다.

그녀에게서는 석굴암 십일면관음의 도도한 존엄이 느껴지지 않는다. 자신을 살아있는 부처라고 선언하며 아버지와 승려의 깨달음을 이끌었던 보덕의 모습도 뚜렷하지 않다.

아버지를 가르치는 보덕은 중국의 묘선공주보다 훨씬 강력하다. 그녀는 가부장제 가족에 속한 딸이 아니다. 아마도 동아시아 여성관음의 역사상 가장 주체적이고 강력한 관음이 아닐까 싶다. 어떤 배경에서 그런 관음이 탄생했는지 구체적으로 알기는 불가능하나 그 뿌리에 여신신앙이 있음은 부인하기 힘들다.

그런데 보덕은 십일면관음이 발산하는 섹슈얼리티가 결여돼 있다. 그 결과 뒷날 성기를 잃어버리는 상황에까지 이르고야 말았다. 가장 강력한 여성관음이 그 힘의 근원을 상실하고 만 것이다.

한국여성들이 관음을 새롭게 탄생시키기 위해서는 보덕의 잃어버린 성기를 되찾아야 한다. 남근상징이 중심인 한국사회에 "새로운 오래된 상징"

인 여근을 다시 드러낼 필요가 있는 것이다. 그래야 상징적이고 심층적인 차원에서 젠더 간 균형이 이루어질 수 있다.

관음의 중요한 역할 중 하나가 아이를 점지하는 것이었다는 사실을 고려하면 보덕의 사라진 성기는 아이러니가 아닐 수 없다. 여성혐오가 빚어낸 아이러니이자 삶의 현실에 부응할 수밖에 없으면서 현실부정적 초월을 지향하는 불교신앙의 아이러니다.

현대에 새로 등장할 여신관음은 그 아이러니를 해결하는 존재가 될 수 있다. 그녀는 여성적 신성을 주장함으로써 전녀성남 논리를 없애버릴 것이다. 그리고 섹슈얼리티와 생명의 탄생을 축하하고, 자연의 신성함을 주장할 것이다. 또 그것들을 현실긍정적 초월, 현실을 품는 초월의 차원과 연결시킬 수 있을 것이다.

여근상징들을 복합적으로 품고 있는 석굴암에서 "아들에 집착하면 나라가 위태로워진다"는 하늘의 경고가 내린 사실은 의미심장하다. 이 경고는 오늘날에도 유효하다.

한국의 여신, 관음

한국의 유구한 역사와 문화 속에서 현대 한국인들에게 힘이 될 수 있는 여신자원을 찾는다면 누가 있을까? 한반도 역시 강력한 여신들이 존재해 온 땅이므로 적지 않은 여신들을 떠올릴 수 있다.

마고할미, 지리산성모천왕, 설문대할망, 서술성모, 정견모주, 유화, 바리공주, 당금애기, 자청비, 가믄장아기(…) 그리고 관음이다. 관음은 한반도에서도 여성화되었고, 현재도 한국인의 심상에서 여성신격으로 여겨지기 때문이다.

그런데 한국여신의 계보에서 관음이 차지하는 위상은 매우 특별하다. 불교가 한국의 지배적 종교가 되면서 토착여신들이 그녀에게 흡수되었기 때문이다. 따라서 그녀는 한국여신들의 총화라고도 할 수 있다. 관음은 또 심오하고 풍부한 불교 사상체계와 다양한 의례들을 품고 있다. 지역적으로도 동아시아 전역에서 가장 사랑받고 숭배되는 여신일 뿐 아니라 서양에서도 영향력을 넓혀가는 중이다. 이러한 관음의 특성과 현실은 한국사회가 필요로 하는 여신으로서 그녀를 다시보게 만든다. 현대 한국여성들 혹은 한국사회와 관음의 관계를 재설정해 볼 필요가 있는 것이다. 불교의 보살이라는 경계를 넘어 한국의 여신으로서 관음을 새롭게 상상해 보았으면 한다.

고통구제를 위해 사회정의에 참여하는 관음

관음의 자비는 부드럽기만 한 게 아니다.

십일면관음의 11개 얼굴 중 세 개는 진상瞋相, 즉 분노한 얼굴이다. 악한 중생을 보고 슬픈 마음을 일으켜 고통을 없애고자 분노를 표출하고 있는 것이다.

지금까지 주류 불교계는 "문제해결을 마음에서만 찾고 사회를 바꾸는 데는 별 관심이 없다"는 널리 퍼진 인식이 말해주듯, 사회악을 다루는 일에는 거리를 두어왔다. 인간평등의 기치를 내걸고는 있지만 실체 없는 수사에 그친다는 비판이다. 평등의 사상을 현실 속에서 구체적으로 실현시켜 본 역사가 있느냐는 질문도 제기된다. 전체사회는 고사하고 불교계 내의 성평등과 사부대중의 평등, 민주주의 문제가 심각하다는 비판도 크다. 업설 등으로 기존체제를 정당화해왔다는 비판까지 더해지면 불교의 미래를 어둡게 하는 취약점이 드러난다.

여신관음이 갖는 미래적 가치는 이런 맥락에서도 두드러진다. 무엇보다 관음은 중생의 고통을 구제하는 대표적인 신격이기 때문이다.

여신관음은 중생을 구제하기 위해 기꺼이 진상도 취할 것이다. 지혜로운 그녀는 사회구조적 악을 해결하지 않고는 그 많은 중생들의 고통을 구제할 수 없다는 사실을 가르칠 것이다. 또 불교가 "해 끼치지 않기"를 기본윤리로 삼기 때문에 구조적 폭력을 다뤄야만 한다고 주장할 것이다.

관음의 정토는 초월적인 저 세상이 아니라 인도의 보타락가산에 있다. 그리고 그 정토는 중국의 보타도, 한국의 낙산으로 확장되며 "이 땅에서의 정토" 사상을 형성해왔다.

여신관음은 성차별 뿐 아니라 다양한 지배와 억압체제들로부터의 해방을 위해 사회정의 문제에 적극적으로 참여할 수 있다.[62] 해탈은 인간해방을 위한 수행과 함께 할 것이다.

6 미래를 여는 새로운 신, 관음

신은 여자인가, 남자인가? 젠더를 초월해야 하나, 젠더가 필요한가?

페미니즘 의식이 깨어나면서 신의 젠더 문제는 19세기 말부터 부각됐다. 그리고 20세기 후반에 이르러 서구 페미니즘의 중요한 의제로서 뜨거운 논쟁을 불러일으켰다. "아버지 하나님과 그 아들"이 독점한 신성의 이미지가 여성들의 삶에 미치는 부정적 영향을 간과할 수 없기 때문이었다.

1895년 미국에서는 『여성의 성서』가 출현했다. 엘리자베스 캐디 스탠턴의 주도로 만든 이 책은 여성과 관련된 성서 구절에 주석을 달아 모아놓은 일종의 주석집이었다. 그런데 그 내용이 현대 페미니스트 성서해석자들과 비슷할 정도로 시대를 앞서 있었다. "신성 안에 남성적 요소와 여성적 요소가 동등하게 출현했다"고 하면서 "하늘 아버지에게 뿐만 아니라 하늘 어머니에게도 기도해야 한다"고 주장했다.

그런데 당시에는 이미 그보다 더 급진적인 견해가 출현해 있었다. 마틸다 조슬린 게이지가 1893년 펴낸 『여성, 교회와 국가』다. 중세 마녀사냥을 가부장제 교회에 의한 여성문화의 탄압이자 처벌로 분석한 것으로 유명한 책이다. 그런데 게이지는 첫머리에서부터 고대 모권제 사회들을 언급하며 여성적 신성에 주목했다. 그리고 이집트의 이시스 숭배, 로마의 여신숭배를 비롯한 여신의 역사를 소개했다.

하지만 게이지는 물론 스탠턴의 기독교 비판도 당시 사람들이 수용하기엔 너무 과격하고 급진적인 것이었다. 『여성의 성서』가 출간 후 불티나게 팔렸음에도 불구하고 이들의 작업은 시간이 흐르면서 잊히고 말았다. 특히 게이지는 아예 역사에서 삭제되다시피 했다.

"신이 남자라면 남자가 신이다"

페미니즘의 종교비판 목소리가 재등장한 것은 제2물결 여성운동이 시작되던 1960년대 후반에서 1970년대 초반이었다. 메리 데일리는 『교회와 제2의 성』『하나님 아버지를 넘어서』를 출간해 기독교의 남성신 개념과 이미지에 급진적인 도전을 던졌다. 가부장제적 사회구조의 뿌리에 "최고의 남근"인 "아버지 하나님"이 있다는 분석이었다. 따라서 그녀는 여성들이 교회 밖에서 새로운 신의 이름을 지어야 한다고 주장했다. 그녀의 명확한 입장은 "신이 남자라면 남자가 신이다"라는 유명한 발언에 잘 드러나 있다.

데일리는 초기에는 인간형상의 신 이미지에 반대했지만 80년대 중반부터 여신을 받아들이기 시작했다. 여신 이미지들이 여성 에너지의 부활에 매우 유용하다고 판단했기 때문이다.

여성들에게 여신이 필요하다고 주장해 온 또 다른 페미니스트 사상가로는 뤼스 이리가라이가 있다. 그녀는 신에 관한 모든 진술은 이상화된 인간본성의 투사라는 견해를 받아들여 "신은 인간의 거울"이라고 보았다. 그렇다면 지금까지 남성신만 존재해온 기독교 사회는 여성에게 인간이 될 기회를 박탈해 온 셈이 된다.

따라서 이리가라이는 남성신이 남성 주체성의 근거가 돼 온 것처럼 여성들도 주체로 서기 위해 여신이 필요하다고 주장했다. "만약 여성이 그녀의 이미지로 만들어진 신성한 어떤 것이 없다면 그녀는 주체성을 확립하거나 그녀 자신의 목표를 이룰 수 없다"는 것이다.

이리가라이의 이론은 종교철학자인 그레이스 얀첸에게도 큰 영향을 미쳤다. 그녀는 종교에서 성적 차이가 드러나야 한다면서 "우리 젠더에 의거한 신"을 새롭게 그려볼 것을 주장했다. 그리고 종교철학에서 죽음보다 생명탄생이나 모성에 우선적 관심을 두어야 한다고 제안했다.

기독교와 유대교에서 시작된 페미니즘 운동은 북미지역의 불교에도 영향을 끼쳤다.

앞에서 소개한 리타 그로스는 페미니즘의 관점에서 불교교리에 대해 분석한 최초의 책인 『가부장제 이후 불교』를 써서 큰 호응을 받았다. 그녀 역시 여신에 대해 우호적이다. 때문에 탄트라 불교의 풍부한 여신들과 동아시아 대승불교의 관음을 소중한 자원으로 여긴다.

『인도의 불교여신들』을 쓴 미란다 쇼는 불교문헌들이 초기부터 탄트라 시기에 이르기까지 '여신'이라는 용어를 사용해왔다는 사실을 강조한다. 불교는 전통적으로 여성적 신성을 포용해왔다는 것이다.

불교에서 여신전통을 회복시키는 일은 불교의 성평등적 재구성이라는 과제와 관련해 매우 중요하다. 앞서 소개했듯 신라인들에게는 불교여신인 변재천녀와 길상천녀가 친숙한 존재였다. 마야부인 역시 성스런 어머니로 여겨졌던 것 같다.

젠더경계에 갇힌 여신운동

현대사회가 여신을 필요로 한다는 가장 급진적이고도 강력한 주장은 여신운동에서 나왔다.

이 운동은 풀뿌리 운동으로 지난 50년간 성장해왔으며 중심조직이나 대표경전도 없이 자유롭고 다채로운 양상으로 발전 중이다. 최근 들어 급속한 성장세를 보이면서 자연과 지구에 기반한 영성 혹은 종교로 자리 잡았다.

이 운동을 대표하는 학자인 캐롤 크리스트는 여신의 필요성을 가장 강력하게 주장하는 인물이다. 그녀는 종교적 상징이 한 사회와 그에 속한 사람들의 가장 심오한 가치들을 정의하는 문화적 에토스를 형성한다고 보았다. 따라서 남성신을 숭배하는 기존종교들은 여성들을 남성들의 권위에 심리적으로 의존하게 하고, 아버지와 아들들의 정치사회적 권위들도 정당화시킨다는 것이다. 따라서 여성이 스스로의 권위와 신성, 힘을 회복하기 위해서는 여신이 반드시 필요하다는 입장이다.

그런데 이 여신은 젠더이분법에 갇힌 존재로서 많은 비판을 받았다.

지금까지 논의에서 알 수 있듯 여신은 여성들과 배타적인 상응관계를 맺는 것으로 보이기 때문이다. 물론 여신운동가들은 "여신은 우주 자연이고 만물에 다 드러나 있기 때문에 모든 생명체를 다 포용한다", "여신은 모든 것이다"라는 주장을 하지만 실제 현실에서는 다르다. 여신운동은 "여성들의 종교"라고 불릴 만큼 여성들이 독점하고 있는 모양새다. 신이 여성이라는 사실이 여성들에겐 큰 의미와 힘을 주지만 다른 성들을 배제하는 결과를 빚는 것이다.

이는 신의 차별 없는 보편성이라는 이상에서 큰 문제를 야기한다. 그리고 결국 여신이 기존의 남신들을 비판하고 부정하면서 성만 바꿔 똑같은 잘

못을 저지르는 것 아니냐는 비판을 부른다. 또 실제 신앙현실은 복잡해서 남신이 여성에게 힘을 줄 때도 있고 반대의 경우도 있다.

젠더이분법에 자리한 여신은 그 외에 존재하는 다양한 젠더들과도 갈등을 부른다. 동성애자, 트랜스젠더, 퀴어 등도 배제하면서 그들과 만나지 못하는 것이다.

그런데 관음은 여신운동이 당면한 딜레마적 상황에 효과적으로 대응할 수 있다.

다른 여신들에겐 없는 독특한 속성을 가지고 있기 때문이다. 즉 젠더를 포함해 어떤 경계와 분리도 넘을 수 있고, 어떤 중생도 품을 수 있는 "넓은 문普門"이다. 또 어떤 정체성에도 매이지 않는 트랜스적 유동성이다. 이는 관음의 걸림 없는 응신사상과 성변화가 말해준다. 관음의 응신은 계층의 위계에도 구애받지 않는다. 부처에서 분황사의 종까지 오간다. 서구 여신관음은 현재 외모가 서구화하는 중이어서 조만간 인종적 변화가 기대되기도 한다.[63]

퀴어신으로서의 관음

인도에서 남성이었던 관음은 동아시아에서 여성화되었다.

그러나 동아시아 관음의 여성성은 본질적이지 않다. 불교에서 젠더는 실체 없이 공한 것이기 때문이다. 따라서 여성관음도 언제든지 다시 남성으로, 혹은 다른 젠더로 변화할 수 있다.

다양한 상황과 요구에 따라 얼마든지 천변만화할 수 있는 관음은 불안정하고 유동적이어서 고정된 경계 안에 갇히지 않는다. 따라서 관음은 여성의 몸을 온전히 취하면서도 여성의 경계를 넘을 수 있다. 즉 트랜스젠더 관음이다. 실제로 트랜스젠더 관음은 미국의 성소수자들에게 수호신으로 받아들여지고 있다.

관음의 형상은 여성, 남성, 양성, 비남비녀 등 다양하게 표현돼 왔다. 한국 관음상의 역사나 현실만 보아도 이를 쉽게 알 수 있다. 그런데 어떤 젠더도 취할 수 있는 관음은 젠더를 초월하기도 한다. 본래 젠더를 초월한 존재기에 무수한 젠더를 드러낼 수 있기 때문이다.

결론적으로 관음은 젠더를 초월할 수도 드러낼 수도 있으며, 무수한 젠더들을 횡단하며 변화할 수 있는 유일한 신이다.

이처럼 독특한 성격의 관음은 최근 서구 신학계나 종교학계에서 탐구 중인 대안적 신성과도 상통한다. 특히 퀴어신학이라 불리는 급진적인 흐름과 만나는 부분이 많다.

퀴어신학에서는 모든 성적 정체성이 유동적이고 수행적이라고 보고, 경계들을 부정하며 다양성을 옹호한다. 어느 누구도 배제하려 하지 않는 것이다.

퀴어신학은 아직 주변부의 목소리에 불과하지만 미래의 신학을 전망할 때 중요하게 언급되는 분야다. 단일하게 고정된 '서양 남성 유일신' 이미지가 발생시키는 여러 지배와 배제의 문제들이 갈수록 부각되고 있기 때문이다.[64] 이런 상황에서 관음이 갖고 있는 '동양여신이자 퀴어신'의 특성은 미래를 열어가는 신으로서 관음의 가치를 다시 보게 만든다.

원효가 남긴 책 중에 『대승육정참회大乘六情懺悔』라는 게 있다. 대승불교의 참회법을 요약한 것이다. 내용 중 일부를 소개한다.

저와 중생이 시작도 없는 때부터
모든 법이 본래 생겨남이 없음을 알지 못하고
망상으로 전도되어 나와 나의 것을 헤아려서
안으로는 육정六情을 세워 의지하여 식識을 내고
밖으로는 육진六塵을 만들어 실유라고 집착합니다.
이것이 모두 제 마음이 지어 낸 것으로
허깨비 같고 꿈 같아서 결국에는 있는 것이 아님을 알지 못하고
그 가운데 **남자다 여자다 하는 등의 상相을 멋대로 헤아려**
모든 번뇌를 일으키고 스스로 얽매이고 묶임으로써
오래도록 고통의 바다에 빠져 있으면서도 벗어나기를 구하지 않으니
고요히 생각할 때 매우 기이합니다.[65]

불교의 새로운 하늘을 떠받칠 아들을 원했던 원효는 결국 성차별의 부질없음을 깨달았던 것일까? 아니면 다시 성적 욕망을 부정하며 불교적 초월의 세계에 집착한 것일까?
해석은 우리 모두에게 열려 있다.

1 성은 생물학적 몸과 관련된 성별이고, 젠더는 남성성이나 여성성 등 몸을 토대로 사회문화적으로 작동하는 성질, 역할과 정체성, 태도 등과 관련된 성별이다. 이 책에서는 필요에 따라 성, 성별, 젠더를 다 사용한다.

2 2017년 개봉된 영화 〈오두막〉은 하느님을 뚱뚱한 중년의 흑인여자로 등장시켜 화제를 모았다. 그녀의 몸은 고대여신의 중요한 표상 중 하나인 '검은 어머니'를 그대로 체화하고 있다.

　　메가셀러를 기록한 소설 『다빈치코드』는 기독교의 왜곡된 남성지배 전통을 비판하면서 여성적 신성을 주제로 내세웠다. 이 소설에서는 고대 여신신앙 전통과 그 의미가 반복적으로 강조된다. 역사적 흥행을 기록한 영화 〈아바타〉도 원시적 여신신앙을 서사와 주제의 주요배경으로 설정했다.

3 불보살 명호를 사찰의 이름에 채택하고 있는 한국사찰들 중 관음관련 명칭을 사용한 경우가 압도적으로 많다. 조계종의 경우 종단에 등록된 공찰 중 관음관련 명칭을 가진 사찰이 37%가 넘는다. 또 대부분의 사찰들에서 관음을 따로 모신 관음전 혹은 원통전(圓通殿)을 볼 수 있다.

4 33관음 중에는 인도 기원의 관음이 가장 많고, 중국에서 생긴 관음(백의관음, 수월관음, 어람관음, 마랑부관음 등)도 있다. 또 「보문품」의 33응신의 모습에서 고안된 관음도 있다.

5 6도(六道)를 교화하는 여섯 가지 모습의 관음. 십일면관음, 천수관음, 성관음, 마두관음, 준제관음, 여의륜관음이다. 여기에 불공견삭관음을 붙여서 칠관음이라고 하기도 한다.

6 이상 관음에 대한 소개는 필자의 서울대학교 박사학위 논문 〈서구 여신담론과 관음여신의 대안가능성〉에 실린 내용을 축약하거나 일부 수정한 것이다. 이하 중국 관음의 여성화 과정과 서구 여신관음의 현황 소개(1부 1, 3장), 『삼국유사』 관음설화와 백제의 여성관음 설화를 여신신앙의 관점에서 새롭게 해석한 내용과 석굴암 십일면관음 관련내용(2부 4,5,7장), 조선시대 이후 관음의 여성화 과정을 소개한 내용 중 일부분(2부 10, 11장)도 박사논문의 내용을 수정보완한 것이다. 관음신앙과 여성의 삶을 다룬 내용 중 일부분(4부 1, 2장)도 마찬가지다.

7 이 책에서 여성관음은 현대 페미니즘의 적극적인 의미화 맥락 전이나 밖에서 여성으로 인식된 관음을 가리킨다. 반면 여신관음은 20세기 후반 페미니즘을 기반으로 주로 북미대륙에서 여신으로 재탄생한 관음 혹은 그러한 성격을 가진 관음을 의미한다.

8 "관세음보살", 『한국민족문화대백과사전』
⟨http://encykorea.aks.ac.kr⟩

9 마조(媽祖)라는 이름으로 더 널리 알려져 있다.

10 밀교경전에 나오는 백의를 입은 관음이 백의관음의 기원이라는 견해가 있지만 친 팡위는 백의관음의 실제적인 도상 창조는 완전히 중국적인 것이라고 한다.
33관음도는 한국에도 많이 알려져 있다. 어람관음은 손에 물고기가 가득한 어람 (魚藍)을 들거나 큰 물고기를 타고 있는 모습이다. 합리관음(蛤利觀音)은 대합 속 에 앉았거나 서 있는 형상이다. 마랑부관음(馬郎婦觀音) 신앙은 송나라 이후 성 행했다.

11 선재동자는 『화엄경』 입법계품에서 관음을 찾아 보살도를 묻는 인물로 관음도에 거의 빠지지 않고 등장한다. 용녀는 『법화경』 제바달다품에 나오는 8세의 소녀로, 변성성불을 이룬다.

12 『유로설전』은 18세기 중엽 편찬된 설화집으로 총 141편에 이르는 오키나와 설화 들이 수록돼 있다.

13 수혈은 현재 중국 길림성 집안시 동쪽 17km 거리에 위치한 통천동(通天洞)이라는 용암동굴로 판단된다. 이곳에서 압록강은 400m 정도 떨어져 있다.

14 아부카허허에 대해서는 다음 책을 참고. 김재용·이종주, 『왜 우리 신화인가』, 동 아시아, 2004.

15 "오금잠제", 『한국민족문화대백과』, 네이버 지식백과.
⟨http://terms.naver.com/entry.nhn?docId=568063&cid=46655&category-Id=46655⟩

16 "산방덕", 『향토문화전자대전』, 네이버 지식백과.
⟨https://terms.naver.com/entry.nhn?docId=2625345&cid=51955&catego-ryId=55526⟩

17 "옥련정", 『한국구비문학대계』⟨https://gubi.aks.ac.kr/web/VolView1_html5.asp?ur10no=tsu_2651&ur20no=Q_2651_2_02A&dbkind=1&hilight=옥련 정&navi=검색;옥련정⟩

18 "전통 민속 풍습 이어져 오는 마을", 『당진시대』, 2012.2.19.
⟨http://www.djtimes.co.kr/news/articleView.html?idxno=46388⟩

19 점찰법회는 점복신앙과 불교수행이 결합된 것이다. 『점찰경』에 따른 참회중심의 법회라고 하나 과거의 선악업보와 현재의 고락길흉을 점을 쳐 살핀다는 점에서 점

복신앙과 관련된다.

20 "해랑신", 『두산백과』, 네이버 지식백과.
    〈http://terms.naver.com/entry.nhn?cid=200000000&docId=1161936&mo-
    bile&categoryId=20000008〉

21 일연은 낭자의 출산을 마야부인이 부처를 낳아 해탈문(解脫門)을 보인 『화엄경』의
    내용에 비유했다. 낭자가 낳은 게 두 부처라는 것이다. 하지만 낭자와 두 승려의 관
    계는 마야부인과 부처 모자관계와 여러 모로 다르다. 이 설화에서 중요한 것은 마
    야부인의 경우와 달리 누구를 낳느냐가 아니고 출산행위 자체다. 낭자가 낳은 아
    이에 대해서는 언급조차 없다.

22 "죽음의 빛깔 묘지명, 그 역설의 미학", 『연합뉴스』, 2006.7.11. 〈https://news.
    naver.com/main/read.nhn?mode=LSD&mid=sec&sid1=103&oid=001&a
    id=0001354301〉

23 "비바리", 디지털제주시문화대전.
    〈http://jeju.grandculture.net/Contents?local=jeju&dataType=01&contents_
    id=GC00700964〉

24 이 두 기록은 〈유점사본말사지〉에 실려 있다.

25 『규원사화』에는 한자가 '寶德'으로 되어 있지만 내용상 같은 인물이다.

26 "오세암", 『한국민족문화대백과』, 네이버 지식백과.
    〈https://terms.naver.com/entry.nhn?docId=568258&cid=46648&category-
    Id=46648〉

27 "총에 맞고 살아난 한용운 선사", 문화콘텐츠닷컴〈http://www.culture-
    content.com/content/contentView.do?search_div_id=CP_THE004&cp_
    code=cp0433&index_id=cp04331491&content_id=cp043314910001&-
    search_left_menu=2〉

28 고전문학자 이래종이 김만중의 아들 김춘택(金春澤)의 한역본을 저본으로 우리말
    로 옮긴 것이다.

29 "'33관세음보살도' 사찰순회展 여는 남종진 화백", 『불교신문』, 2013.2.21.
    〈http://www.ibulgyo.com/news/articleView.html?idxno=124351〉

30 길상사 홈페이지. 〈http://kilsangsa.info/frame.asp?N_M=comp&N_F=com-
    p&N_L=comp&N_T=comp_01&N_P=comp_0101〉

31 절에서 배포한 자료에 의하면 창건주보살이 손가락이 썩어들어가는 불치병에 걸

렸다가 기도 끝에 완치가 되어 법당을 건립했다. 그리고 그 보살이 후일 관음의 화신으로 여겨져 관음석굴에 관음을 모셨다고 한다.

32 "동락정서낭", 『한국민족문화대백과』, 네이버 지식백과.
    〈https://terms.naver.com/entry.nhn?docId=544202&cid=46655&category-
    Id=46655〉

33 〈안락국태자경〉의 서사양식은 산문과 운문을 교합한 변문(變文)이다. 이는 당나라 때 대중포교를 위해 불경을 대상으로 새롭게 만들어낸 양식으로서 한국에도 수입되었다. 〈안락국태자경〉은 정토계 경전들과 관련돼 창작된 것이다.

34 위제희 부인은 석가모니와 같은 시대를 산 마가다국 빈바사라왕의 아내다. 아사세라는 아들을 두었다. 그런데 아들이 아버지를 감옥에 가뒀고 이어 위제희 부인까지 유폐시켰다. 석가모니는 부인의 간절한 기도에 응해 그녀 앞에 모습을 드러낸다.

35 자재암 홈페이지 〈http://www.jajaeam.org/〉

36 〈기림사중창기〉에는 임정사가 "林井寺"로 표기돼 있다.

37 〈홍유후실기목록〉은 설총에 대한 역사기록을 편집해 놓은 고서다. 순창설씨 임자보 편찬위원회에서 1912년 처음으로 간행했다. 오래되지 않은 문헌이기는 하나 편찬의 근거가 된 자료들이 다양하고 어느 정도 신빙성이 있는 것으로 평가된다.

38 법장 비구가 발심 후 성불하기까지 5겁이라는 시간이 걸린 데 비해 사라수왕은 현생에서 성불한다. 그런데 이것도 현신성불한 달달박박과 노힐부득에서 보이듯 신라적인 특성이다.

39 "설총", 『한국민족문화대백과사전』
    〈http://encykorea.aks.ac.kr/Contents/Index?contents_id=E0029102〉

40 남동신은 석굴암을 김대성이 창건했고, 주실의 본존불이 도리천에서 어머니인 마야부인을 위해 설법하는 석가모니라고 보았다.

41 이에 대해 "미타굴"이라는 말이 문맥상 아미타불이 계시는 곳을 두루 일컫는 말이어서 석굴암을 지칭하는 것으로 봐서는 안된다는 견해가 있다. 하지만 그것이 클리셰적 표현이라 하더라도 상동문 첫머리에 미타굴을 언급한 것에 의미가 없지는 않을 것이다.

42 고부조는 비도 입구 좌우에 있는 금강역사상도 마찬가지지만 주실에 한정해 논의를 전개 중이므로 금강역사상 부분은 생략했다.

43 "경주 석굴암 석굴", 『한국민족문화대백과』, 네이버 지식백과.
    〈https://terms.naver.com/entry.nhn?docId=574694&cid=46648&category-

Id=46648&mobile〉

44 〈안락국태자경〉에는 안락국이 처음 자현장자의 집에서 도망칠 때 그를 잡아온 장자 집의 종과 안락국에게 원앙부인의 죽음을 알리는 소치는 아이가 더 있다. 하지만 이들은 서사의 극적 효과를 위한 장치에 불과해 없어도 서사전개에 무리가 없다. 때문에 이들은 등장인물들의 과보를 전하는 마지막 부분에 등장하지 않는다.

45 유마거사는 중생이 아파 자신도 아프다며 자주 칭병하고 누워 문안오는 사람들에게 불교의 진리를 설파했다고 한다. 그렇다면 자현장자의 악도 중생의 악을 의미하는 것일 수 있다.

46 원효『금강삼매경론』(해제), 생애 해설, 2006, 서울대학교 철학사상연구소, 네이버 지식백과.
〈https://terms.naver.com/entry.nhn?docId=990427&cid=41884&category-Id=41886〉

47 자궁상징을 품고 있는 무덤은 여신신앙의 성소였던 것으로 보인다. 무덤인 고인돌이 마고할미 설화를 품고 있거나 제사시설로 쓰였던 데서 이를 유추할 수 있다. 그렇다면 원효가 무덤에서 깨달았다고 주장한 것도 여신신앙을 불교로 포섭하기 위한 전략이었을 수 있다.

48 "원효 이야기길 회고", 문화콘텐츠닷컴.
〈http://www.culturecontent.com/content/contentView.do?content_id=cp090102330001〉

49 "기자도끼",『한국민속대백과사전』, 네이버 지식백과.
〈https://terms.naver.com/entry.nhn?docId=3561045&cid=58728&category-ryId=58728〉

50 "중놀이",『한국민속예술사전』, 네이버 지식백과.
〈http://folkency.nfm.go.kr/kr/topic/%EC%A4%91%EB%86%80%EC%9D%B4/1411〉

51 "도끼누이",『한국전통연희사전』, 네이버 지식백과.
〈https://terms.naver.com/entry.nhn?docId=3325820&ref=y&cid=56785&-categoryId=56785〉

52 여신신앙에서 무덤은 재생의 장소이기도 하다. 그래서 석가가 열반한 사라수 아래서 원효가 태어났다는 설화가 생겨났을 것이다.

53 『삼국유사』에는 아미타신앙 관련 기사가 총 14건 등장하는데 이 중 5건이 경덕왕

대의 일로 가장 많은 수를 보인다.

54 "선덕왕",『삼국사기』, 네이버 지식백과.
〈https://terms.naver.com/entry.nhn?docId=1642692&categoryId
=49615&cid=49615〉

55 태자제도는 기록상 진흥왕 때 최초로 시행된 것으로 보인다. 상고시대에도 태자라
는 용어가 보이지만 왕위계승자란 의미를 갖는 것은 아니었다. 진흥왕도 태자 동
륜이 왕위에 오르지 못한 채 죽자 다시 태자를 지명하지 않았다.

56 "정강왕",『삼국사기』, 네이버 지식백과.
〈https://terms.naver.com/entry.nhn?docId=1642722&categoryId
=49615&cid=49615〉

57 신라 말기에 박씨 왕들이 등장한 사실도 이와 관련해 생각해 볼 필요가 있다. 그런
데 원성왕은 태자제도와 오묘제를 적극적으로 시행하기도 했다. 왕위계승에 정통
성이 매우 약한 데다 왕이 되기 전과 후의 입장 차이 등도 작용했을 것이다.

58 주목할 것은 〈별본기림사사적〉 고기의 경우 이 대목에서 무속신화를 그대로 차용
하고 있다는 사실이다. 안락국은 어머니의 뼈들을 이어놓고 그 위에 광유성인에
게 받은 오색꽃을 놓는다.

59 토우의 커다란 남성성기는 지배적인 남성성이 아니라 활발한 생명력을 상징한다.
남성성기지만 여신신앙에 속하는 상징이다. 이러한 예는 세계의 다른 여신전통들
에서도 보인다.

60 한국 관음신앙에도 큰 관심을 가진 셴커는 현재 한국에 머물고 있다.

61 "연꽃",『두산백과』, 네이버 지식백과.
〈https://terms.naver.com/entry.nhn?docId=1126415&cid=40942&category
Id=32175〉

62 사회정의의 실현 등 현대 여신관음에게 기대할 수 있는 역할들에 대해서는 〈서구
여신담론과 관음여신의 대안가능성〉 5장을 참고.

63 최근 일본에서는 AI 관음까지 등장했다. 인도에서 중국으로, 그리고 서양으로 이
주하며 젠더 뿐 아니라 인종과 지역, 문화의 경계들을 넘어 변화해온 관음이 인간
과 기계의 경계도 넘은 것이다.

64 퀴어신으로서의 관음에 대해서는 필자의 논문 〈퀴어신학과 관음신앙〉 참고.

65 "대승육정참회", 디지털불교.
〈http://kr.buddhism.org/?p=212〉

참고문헌 | 인용 및 참고자료

◉ 단행본

강우방,『수월관음의 탄생』, 글항아리, 2013.
강희정,『지상에 내려온 천상의 미』, 서해문집, 2015.
김신명숙,『여신을 찾아서』, 판미동, 2018.
김영재, 『고려불화』, 운주사, 2004.
김재용·이종주, 『왜 우리 신화인가』, 동아시아, 2004.
김태곤·최운식·김진영,『한국의 신화』, 시인사, 2012.
김태신, 『어머니라 부르지 마라』, SHBOOKS, 2015.
신동흔,『살아있는 한국신화』, 한겨레출판, 2014.
유동식,『한국무교의 역사와 구조』, 연세대학교출판부. 1975.
임춘, 진성규 옮김, 『서하집』, 지식을만드는지식, 2015.
조흥윤, 『한국의 원형신화 원앙부인 본풀이』, 서울대학교출판부, 2000.
최광식,『한국 고대의 토착신앙과 불교』, 고려대학교출판부, 2007.
한국학문헌연구소, 乾鳳寺本末事蹟·楡岾寺本末寺志, 서울亞細亞文化社, 1977.

메리 데일리, 황혜숙 옮김, 『교회와 제2의 성』, 여성신문사, 1994.
_____, 황혜숙 옮김, 『하나님 아버지를 넘어서: 여성들의 해방철학을 향하여』,
    이화여자대학교 출판부, 1996.
진 시노다 볼린, 이경미 옮김, 『우리 속에 있는 지혜의 여신들』, 또하나의문화, 2003.

Bernard Faure, *The Red Thread: Buddhist Approaches to Sexuality* (Vol. 1), Prince-
    ton University Press, 1998.
_____, *The Power of Denial: Buddhism, Purity, and Gender*, Princeton
    University Press, 2003.
Carol Christ, *Rebirth of the Goddess: Finding Meaning in Feminist Spirituality*,
    Routledge, 1997.
Chün-fang Yü, *Kuan-Yin: The Chinese Transformation of Avalokitesvara*, Columbia
    University Press, 2001.

Daniela Schenker, *Kuan Yin*, Sounds True, 2007.

Diana Paul, *Women in Buddhism: Images of the Feminine in the Mahayana Tradition*, University of California Press, 1985.

Grace Jantzen, *Becoming Divine: Towards a Feminist Philosophy of Religion*, Indiana University Press, 1999.

John Blofeld, *Bodhisattva of Compassion: The Mystical Tradition of Kuan Yin*, Shambhala Publications, 2009.

Joslyn Gage, *Woman, Church and State: A Historical Account of the Status of Woman through the Christian Ages: With Reminiscences of Matriarchate*, General Books, 2010.

Luce Irigaray, *Sexes and Genealogies*, Columbia University Press, 1993.

Marija Gimbutas, *The Language of the Goddess*, Thames & Hudson, 1989.

Martin Palmer, Jay Ramsay & Man-Ho Kwok, *The Kuan Yin Chronicles: The Myths and Prophecies of the Chinese Goddess of Compassion*, Hampton Roads Publishing, 2009.

Miranda Shaw, *Buddhist Goddesses of India*, Princeton University Press, 2006.

Patricia Monaghan, *The Goddess Path: Myths, Invocations & Rituals*, Llewellyn Worldwide, 2004.

Rita Gross, *Buddhism after Patriarchy: A Feminist History, Analysis, and Reconstruction of Buddhism*, State University of New York Press, 1993.

Sandy Boucher, *Discovering Kwan Yin: Buddhist Goddess of Compassion*, Beacon Press, 1999.

_____, *She Appears!-Encounters with Kwan Yin, Goddess of Compassion*, Goddess Ink, 2015.

Sarah Nelson, *Shamans, Queens, and Figurines: The Development of Gender Archaeology*, Left Coast Press, 2014.

Z Budapest, *The Grandmother of Time: A Woman's Book of Celebrations, Spells, and Sacred Objects for Every Month of the Year*, Harper One, 1989.

◉ 논문, 북 챕터

강삼혜, "토함산 석굴의 11면관음보살상 연구", 『강좌미술사』, 44, 2015.

강우방, "石窟庵 佛敎彫刻의 圖像的 考察", 『미술자료』, 56, 1995.

강은해, "『삼국유사』 고승담(高僧談)의 갈등양식과 의미", 『한국문학이론과 비평』, 24, 2004.

강인구, "昔脫解와 吐含山, 그리고 石窟庵", 『정신문화연구』, 24(1), 2001.

곽승훈, "新羅 元聖王의 政法典 整備와 그 意義", 『진단학보』, 80, 1995.

권영오, "신라 中古·中代期 상대등과 왕위계승", 『역사와 경계』, 47, 2003.

김명숙, "서구 여신담론과 관음여신의 대안가능성", 서울대학교 박사학위논문, 2013.

＿＿＿, "퀴어신학과 관음신앙", 『종교와 문화』, 25, 2013.

김상현, "元曉行蹟에 關한 몇가지 新資料의 檢討", 『新羅文化』, 5, 1988.

＿＿＿, "百濟 威德王의 父王을 위한 追福과 夢殿觀音", 『한국고대사연구』, 15, 1999.

김선자, "중국 남부 소수민족 신화에 나타난 꽃의 여신[花婆]과 민속, 그리고 서천꽃밭", 『비교민속학』, 45, 2011.

김선주, "신라사회 여성의 정치활동", 『史學研究』, 77, 2005.

김선풍, "神話를 通해 본 東海岸 地域의 女神", 『동방논집』, 3(1), 2010.

김승호, "사찰 연기설화의 소설적 조명-소위〈봉학동지전〉과〈보덕각씨전〉을 중심으로", 『古小說研究』, 13, 2002.

＿＿＿, "박연(朴淵)의 노힐부득 달달박박과 설화이주(說話移住)의 양상과 의미", 『語文研究』, 46(4), 2018.

김연민, "密本의 『藥師經』신앙과 그 의미", 『한국고대사 연구』, 65, 2012.

김열규, "용녀전승과 재생주지", 『國文學論集』, 4, 1970.

김영미, "신라승려들의 여성에 대한 인식과 그 영향", 『天台學研究』, 11, 2008.

＿＿＿, "『삼국유사』「남월산」조와 감산사 미륵·아미타상 조상기의 재검토", 『신라문화제학술발표논문집』, 36, 2015.

김영자, "한국 부적의 역사와 기능", 고려대학교 박사학위논문, 2007.

김영재, "관음도상의 여성화와 토속신앙의 영향", 한국불교학결집대회 발표논문, 2002.

김영태, "삼국(麗-濟-羅)의 관음신앙", 동국대학교 불교문화연구원 엮음, 『韓國觀音信仰』, 한국언론자료간행회, 1997.

김용의, "『日本靈異記』 관음신앙 설화의 유형 및 서사구조", 『日本語文學』, 55, 2012.

_____, 「『유로설전(遺老說傳)』 관음설화의 유형과 양상」, 『일어일문학연구』, 85(2), 2013.

김은령, "원효 설화의 연구", 영남대학교 석사학위논문, 2012.

김재경, "新羅 土着信仰의 分化進展", 『역사학보』, 174, 2002.

김정연, "淸末民初 廣東 金蘭會의 기원과 金蘭會員의 생활 연구", 경희대학교 석사학위논문, 2008.

김창현, "신라왕실과 고려왕실의 칭호", 『한국고대사 연구』, 55, 2009.

김태식, "釋迦塔(无垢淨光塔) 重修記에 대한 초보적 검토", 『新羅史學報』, 9, 2007.

김택규, "新羅上代의 土着信仰과 宗敎褶合", 『신라문화제학술발표논문집』, 5(1), 1984.

남동신, "元曉와 芬皇寺 關係의 史的 推移", 『신라문화제학술발표논문집』, 20(1), 1999.

_____, "천궁(天宮)으로서의 석굴암", 『미술사와 시각문화』, 13, 2014.

문경현, "武烈王 體制의 成立", 『신라문화제학술발표논문집』, 8(1), 1987.

문명대, "경주 석굴암 석굴의 유가종(瑜伽宗)적 조성사상과 장육(丈六) 석가불좌상(釋迦佛坐像) 및 협시군상들의 도상해석학 연구", 『강좌미술사』, 44, 2015.

박경하, "삼척 오금잠제 연구", 『국제아세아민속학』, 2, 1998.

박대재, "경주 동천동 표암 刻石의 銘文과 역사적 환경", 『新羅文化』, 41, 2013.

박미선, "義湘과 元曉의 관음신앙 비교", 『한국고대사연구』, 60, 2010.

박형국, "慶州 石窟庵 諸佛像에 관한 佛敎圖像學的 考察", 『신라문화제학술발표논문집』, 21, 2000.

사재동, 「「안락국태자경」의 연구」, 『인문학연구』, 13(2), 1986.

서정범, "미르(龍)語를 通해서 본 龍宮思想", 『경희대학교 논문집』, 8, 1974.

서태선, "新羅時代 茶人硏究", 원광대학교 석사학위논문, 2013.

선석열, "신라의 왕위계승 원리", 『역사와 세계』, 32, 2007.

송보혜, "신라 太賢의 阿彌陀 信仰과 사회적 의미", 『한국고대사 연구』, 72, 2013.

송정화, "中國神話에 나타난 女神 硏究", 고려대학교 박사학위논문, 2002.

송화섭, "중국 보타도와 한국 변산반도의 관음신앙 비교", 『비교민속학』, 35, 2008.

신동원, "전녀위남법(轉女爲男法)의 고고학", 『역사민속학』, 9, 1999.

신영훈, "石佛寺 石室 金堂構造論", 『정신문화연구』, 15(3), 1992.

안상희, "大乘經典에 나타나는 불교페미니즘 硏究", 위덕대학교 석사학위논문, 2012.

안토니오 도애민, "한국 여성신도의 신심활동에 관한 종교문화적 연구", 서강대학교 석사학위논문, 1999.

양상현, "불국토사상에 따른 다불전사찰의 조영개념 연구-불국사, 법주사, 부석사의 불전 배치를 중심으로", 『건축역사연구』, 14(2), 2005.

오대혁, "[안락국태자경]의 신이본", 『한국문학연구』, 23, 2000.

_____, "「안락국태자경」과 「이공본풀이」의 전승관계", 『불교어문논집』, 6, 2001.

유경희, "朝鮮 後期 白衣觀音壁畵의 圖像과 信仰 硏究", 『미술사학연구』, 265, 2010.

유근자, "황수영 박사의 한국불상 연구", 『강좌미술사』, 43, 2014.

유동식, "한국의 문화와 신학사상-풍류신학의 의미", 『神學思想』, 47, 1984.

이경화, "석굴암 십일면관음의 교학적 해석", 『불교미술사학』, 17, 2014.

이동근, "『홍유후실기(弘儒侯實紀)』 소재 설화의 유형과 캐릭터적 성격", 『선도문화』 11, 2011.

이래종, "사씨남정기 관음찬(觀音贊)의 전승과 그 의미", 『동양예학』 19, 2008.

이인경, "한자에 투사된 고대중국의 생육숭배 문화", 『중국학연구』 77, 2016.

이재환, "新羅 眞骨 硏究", 서울대학교 박사학위논문, 2015.

이진희, "봉산탈춤 오청(吳晴) 채록본 연구", 한국예술종합학교 석사학위논문, 2018.

이철헌, "懶翁 惠勤의 硏究", 동국대학교 박사학위논문, 1997.

이효원, "한국의 관음신앙 연구", 한국학중앙연구원 박사학위논문, 2010.

임영애, "『유마경』의 유마거사사상과 문수보살상", 『미술사학연구』, 286, 2015.

임재해, "맥락적 해석에 의한 김알지 신화와 신라문화의 정체성 재인식", 『비교민속학』, 33, 2007.

임채우, "한국선도(韓國仙道)에서의 여신선의 계보와 위상: 조선시대의 선도자료를 중심으로", 『동서철학연구』, 73, 2014.

장정룡, "낙산사 관음신앙의 설화적 표출", 『정토학연구』, 17, 2012.

장충식, "吐含山 石窟의 點定과 그 背景", 『신라문화제학술발표논문집』, 21, 2000.

전관수, "불국사 창건설화 연구", 『동방학지』, 151, 2010.

전덕재, "신라 東宮의 변화와 臨海殿의 성격", 『史學研究』, 127, 2017.

정용미, "원효의 정토사상에 있어서 정토왕생의 논리와 수행체계", 『동아시아불교문화』, 6, 2010.

정우영, "〈安樂國太子經變相圖〉의 畵記와 한글자료 判讀", 『口訣研究』, 34, 2015.

조승미, "여성주의적 관점에서 본 佛敎修行論 연구", 동국대학교 박사학위논문, 2005.

조현설, "동아시아 관음보살의 여신적 성격", 『한국 서사문학과 불교적 시각』, 역락, 2005.

_____, "지훈 조동탁의 불교문화사 인식 일고", 『한국불교사연구』, 3, 2013.

주수완, "토함산 석굴 문수, 보현보살상 연구", 『강좌미술사』, 44, 2015.

진명화, "高麗時代 觀音信仰과 佛畵의 圖像 硏究", 연세대학교 박사학위논문, 2010.

최삼룡, "李宜白의 《梧溪日誌集》에 대하여", 『道敎文化硏究』, 5, 1991.

최성호, "공 사상을 통해 해석한 불교적 여성관: 『유마힐소설경』 제 7품에 나오는 천녀와 사리불의 대화를 중심으로", 『哲學論究』, 34, 2006.

최영성, "석굴암 석굴 重修上棟文(1891) 연구", 『보조사상』, 47, 2017.

_____, "신라 성덕대왕신종의 명문(銘文) 연구-'사상성' 탐색을 겸하여", 『한국철학논집』, 56, 2018.

최의광, "新羅 下代 王位繼承 樣相과 性格", 고려대학교 박사학위논문, 2013.

최재목, "'東'의 誕生", 『양명학』, 26, 2010.

한운진, "中國 妙善觀音故事의 형성과 발전", 고려대학교 박사학위논문, 2016.

_____, "한·중 관음고사(觀音故事)에 나타난 불교주제", 『中國學論叢』, 59, 2018.

한정호, "『三國遺事』 석굴암 창건기록의 미술사적 타당성 검토", 『文物硏究』, 26, 2014.

해주 역주, 『정선 원효』, 한국전통사상서간행위원회, 2009.

황금순, "中國과 韓國의 白衣觀音에 대한 考察", 『불교미술사학』, 18, 2014.

황수영, "石窟庵 本尊名 號考", 『신라문화제학술발표논문집』, 21, 2000.

황인덕, "전설로 본 원효와 의상", 『語文硏究』, 24, 1993.

베르나르 포르, "Random thoughts: Wonhyo's "Life" as thought", 『佛敎硏究』, 11, 12, 1995.

Barbara Reed, "The Gender Symbolism of Kuan-yin Bodhisattva." In J. I. Cabezón (Ed.). *Buddhism, Sexuality, and Gender*, State University of New York Press, 1992.

Chelsea Foxwell, "Merciful Mother Kannon and Its Audiences", *Art Bulletin* 92(4), 2014.

C. N. Tay, "Kuan-Yin: The Cult of Half Asia", *History of Religions* 16(2), 1976.

Hidenori Kiyomoto, "Avalokiteśvara Bodhisattva (Kannon) in Shin Buddhism", *The Pure Land* 8, 1992.

James Ford, "Jōkei and Kannon: Defending Buddhist Pluralism in Medieval Japan",

The Eastern Buddhist 39(1), 2008.

Jeff Wilson, "'Deeply Female and Universally Human': The Rise of Kuan-Yin Worship in America", *Journal of Contemporary Religion* 23(3), 2008.

John Chamberlayne, "The Development of Kuan Yin: Chinese Goddess of Mercy", *Numen* 9, 1962.

Jonathan Lee, "Avalokiteśvara and Compassion: Faith and Practice for Harmonious Living beyond Asian/Asian American Communities", undv.org, 2011. ⟨http://www.undv.org/vesak2011/panel2/12LeeFINAL.pdf⟩

Patricia Fister, "Merōfu Kannon and Her Veneration in Zen and Imperial Circles in Seventeenth-Century Japan", *Japanese Journal of Religious Studies* 34(2), 2007.

Sarah Aptilon, "Goddess Genealogy: Nyoirin Kannon In The Ono Shingon Tradition", In *Esoteric Buddhism and the Tantras in East Asia,* Brill Academic Publishers, 2010.

원문과 함께 읽는 『삼국유사』- 네이버 지식백과.
⟨https://terms.naver.com/list.nhn?cid=49615&categoryId=49615⟩
원문과 함께 읽는 『삼국사기』- 네이버 지식백과.
⟨https://terms.naver.com/list.nhn?cid=62145&categoryId=62145⟩
역주 한국고대금석문, "고선사 서당화상비", 한국사데이터베이스.
⟨http://db.history.go.kr/id/gskr_010_0010_0010_0030⟩
한국구비문학대계.
⟨https://gubi.aks.ac.kr/web/Default.asp⟩

여성관음의 탄생

한국 가부장제와 석굴암 십일면관음

초판 1쇄 인쇄 2019년 11월 7일
초판 1쇄 발행 2019년 11월 13일

지은이 김신명숙
펴낸이 유숙열
편집장 조박선영
편집인 유지서
표지디자인 임지인
본문디자인 채지연
마케팅 김영란
제작·출력 제이케이프린팅 장인국

펴낸 곳 이프북스 ifbooks
등록 2017년 4월 25일 제2018-000108
주소 서울 마포구 독막로 18길 5
전화 02.387.3432
팩스 02.3157.1508
이메일 ifbooks@naver.com
SNS https://www.facebook.com/books.if
홈페이지 http://www.onlineif.com

ISBN 979-11-90390-01-9(03220)